새 명상의 씨

Copyright © 1961 by The Abbey of Gethsemani,Inc.
Under the title *New Seeds of Contemplation*
Translated and used by the permission of New Directions Publishing Corp.
through the arrangement of rMaeng2.
Korean copyright © 2006, 2023 by Catholic Publishing House

새 명상의 씨

1996년 3월 2일 교회 인가
1996년 3월 20일 초판 1쇄 펴냄
2005년 6월 30일 개정판 1쇄 펴냄
2023년 4월 20일 개정 2판 1쇄 펴냄
2025년 11월 10일 개정 2판 3쇄 펴냄

지은이 · 토마스 머튼
옮긴이 · 오지영
펴낸이 · 정순택
펴낸곳 · 가톨릭출판사
편집 겸 인쇄인 · 김대영
편집 · 박도연, 김지영, 박다솜, 허유정
디자인 · 강해인, 우지수, 이경숙, 정호진
마케팅 · 임찬양, 안효진, 황희진, 노가영, 이영실

본사 · 서울특별시 중구 중림로 27
등록 · 1958. 1. 16. 제2-314호
전자우편 · edit@catholicbook.kr
전화 · 1544-1886(대표 번호)
지로번호 · 3000997

ISBN 978-89-321-1856-7 03230

값 22,000원

성경 ⓒ 한국천주교중앙협의회, 2023

이 책의 한국어 출판권은 (재)천주교서울대교구 가톨릭출판사에 있습니다.
저작권법에 의해 보호를 받는 저작물이므로 무단 전재와 무단 복제를 금합니다.

가톨릭의 모든 도서와 성물, 디지털 콘텐츠를 '가톨릭북플러스'에서 만날 수 있습니다.
https://www.catholicbookplus.kr | (02)6365-1888(구입 문의)

새 명상의 씨

토마스 머튼 지음
오지영 옮김

가톨릭출판사

어둠 속에 있는 사람은
희망을 가지십시오.
태양도 샛별을 어둡게 하지는 못합니다.

개정판 서문

    이 책은 단순히 옛 책을 새로 꾸민 것이 아니라, 여러 면에서 완전히 새로운 책입니다. 일부 문장을 약간 수정하고 삭제한 것 외에는 옛 책의 전체 내용을 그대로 살렸고, 많은 내용을 덧붙였습니다. 이 개정 작업의 목적은 작은 책을 그저 크게 만들려는 것이 아니고, 옛 것에 보탬이 될 수 있는 새로운 것들을 더 많이 다루기 위해서입니다. 이미 말한 내용을 다른 방법으로 새롭게 말하려는 데에는 나름대로 분명한 이유가 있습니다.

  초판이 나오고 12년이란 세월이 흘렀습니다. 이 책을 처음 썼을 때 저는 다른 사람들의 요구와 문제점들을 대하는 데 경험이 없었습니다. 저는 이 책을 고립된 상태에서 제 자신의 묵상 생활 체험을 바탕으로

썼습니다. 이런 책은 아마 고독 속에서만 훌륭하게 쓰일 수 있을 것입니다. 개정판 역시 초판 때 못지않은 고독한 상태에서 쓰였습니다. 그러나 저의 은거 생활은 은거 생활을 하는 다른 사람들과의 접촉, 제가 소속된 수도 공동체 수련자들과 학자들이 느끼는 어려움과 고독 그리고 단순성을 접하고, 수도회 밖의 사람들과 교회 밖의 사람들의 고독을 대함으로써 어느 정도 달라졌습니다.

이와 같은 새로운 관점의 결과로 저는 옛 책을 다시 손보게 되었습니다. 그런데 이 작업을 하면서 많은 의문점이 떠올랐고, 특히 명상이라는 단어의 사용에 대해 많은 생각을 하게 되었습니다. 명상이라는 말은 여러 면에서 오해를 불러일으킵니다. 이 말을 잘못 알아들어 거의 환상에 가까운 엄청난 기대를 갖는 사람들도 있습니다. 그것은 마술처럼 들리기도 해서 마술이 아니면 적어도 영감을 준다고까지 느끼기도 하는데, 그 말 역시 좋지 않기는 마찬가지입니다.

그러나 명상이라는 단어가 가진 가장 큰 위험은, 그것이 사람이 가질 수 있는 어떤 객관적 성질, 영적으로 필요한 어떤 물건, 그것을 소유하면 어려움이나 불행에서 헤어날 수 있는 그 어떤 것처럼 들린다는 것입니다. 이는 마치 우리가 일생 동안 해야 할 수많은 일 가운데 새롭게 시작해야 하는 일이 있는데, 그것이 바로 명상가가 되는 것이라고 제안하는 것과 같습니다.

이 책의 첫 번째 판의 그릇된 점 중 하나는 독자들에게 '명상가가 되는 법'을 가르치려는 것처럼 보인다는 것입니다. 그것은 제가 의도한 바가 아니었습니다. 누구도 다른 사람에게 '명상가가 되는 법'을 가르치는 것은 불가능한 일이기 때문입니다. 그것은 '천사가 되는 법'이란 책을 쓰는 것과 다를 바가 없습니다.

'명상'이란 단어를 거부하면 이 책의 개정 작업은 불가능합니다. 그래서 이 책은 최초에 사용한 말을 버리지 않으면서 개정했습니다. 설명을 덧붙였고, 처음 두 장章은 독자들이 명상을 체험할 때 주의해야 할 사항들을 설명해 놓았습니다.

이 책의 첫 번째 판은 의외로 많은 사람이 읽었습니다. 이 책이 대상으로 삼았던 많지 않은 사람에게 전해지기만 한다면, 이 개정판을 많은 사람이 읽든 읽지 않든 상관없습니다. 이 책은 모든 이를 위해 쓴 것이 아닙니다. 모든 종교인을 위해 쓴 것도 아닙니다. 제가 어려운 문제를 설명하는 데 있어 매사에 가톨릭 신학에 맞는 용어를 쓰려고 한 것은 확실하지만 가톨릭 신자를 주 대상으로 해서 쓴 것도 아닙니다.

이런 책을 필요로 하지 않는 종교인들도 매우 많습니다. 그들의 영성이 다르기 때문입니다. 그들에게 이 책이 아무런 의미가 없다고 해도 걱정할 필요는 없습니다. 반면에 어떤 특정한 종교와 관련이 없으면서도 이 책의 몇 대목에 관심이 있는 사람들도 있을 것입니다. 그런 분들이 있다면 저는 기쁨을 느낍니다. 다른 사람들보다 더 그분들에게 빚을 지고 있음을 느끼기 때문입니다.

초판 서문

        이 책은 수도 생활을 하는 사람이라면 누구나 자연스럽게 쓸 수 있는 그런 책입니다. 이런 종류의 책이 별로 없는 것은 아마 그와 같은 이유도 있을 것입니다. 사람들이 내적 생활과 그 삶의 의미를 깊이 생각하기에는 그들 스스로 느끼는 정욕이나 육체가 갖는 힘이 너무 강합니다. 하지만 내적 생활과 명상은 우리에게 가장 우선적으로 필요한 것입니다(저는 하느님의 사랑에서 솟아나는 명상에 대해서만 말합니다).

  이 책에서 말하는 성찰들은 수도자들만이 아니라 이 시대를 살아가는 모든 사람이 마음 깊이 갈망해야 합니다. 그렇기 때문에 이 책에 나오는 내적 생활과 관련된 생각과 의견 및 격언들이 다소 두서없어 보일지라도 변명하거나 양해를 구할 필요는 없다고 생각합니다. 심지어 이와 같은 종류의 책들이 다소 낯설게 느껴진다 하더라도 말입니다.

혹 읽어 가면서 이와 같은 주제를 다뤄 왔던 오랜 전통에 관심이 있다면 파스칼의 《팡세》, 십자가의 성 요한의 《영적 권고》, 카르투시오 회 귀고의 《묵상》, 토마스 아 켐피스의 《준주성범》이 도움이 될 것입니다. 이런 위대한 분들을 언급한 이유는 감히 그분들을 모방해 보겠다는 것이 아니라 저의 이 책이 단편적인 생각과 개인 묵상을 모은 것에 지나지 않는다는 점을 밝히기 위해서입니다.

이 책에 나오는 것들은 시토회 수사라면 누구나 가질 수 있는 생각들입니다.* 이따금씩 떠오른 생각들을 저는 시간이 날 때마다 별다른 순서나 규칙 없이 적어 놓았습니다. 그렇다고 내적 생활의 모든 것을 다루는 것은 아닙니다. 오히려 제가 추측하거나 전제하고 있는 부분들이 상당히 많습니다.

저는 그리스도의 복음과 베네딕토 성인의 규칙이 가르치는 모든 것과 그리스도교 수덕修德의 자기 수양과 관련해서 가톨릭의 전통이 받아들이는 모든 것을 이 책에서 당연한 것으로 여겼고 이것이나 다른 것에 대해서는 변호하려 하지 않았습니다. 여기에서 말하는 대부분은 그 근원과 정당성을 12세기 시토회의 저술, 특히 클레르보의 베르나

---

* 이 책이 출판된 후 12년 동안 적지 않은 시토회 수사님들이 이 책에서 말하는 것들이 시토회만의 영성적 특성은 아니며 또 특별히 자랑스럽게 내세울 만한 것도 아니라고 강력하게 주장했습니다. 아마 그게 사실일 것입니다.

르도 성인의 저술에 두고 있습니다. 베르나르도 성인은 제가 속하기도 한 관상 수도회의 영성을 만드는 데 큰 역할을 했습니다. 그러나 십자가의 성 요한을 잘 아는 사람들은 여기에서 말하는 명상 기도의 상당한 부분이 스페인의 가르멜 수도회가 만든 것과 같다는 점을 알게 될 것입니다. 그렇기 때문에 저는 이 책이 획기적이라거나 독창적이라고 주장하지 않습니다. 이 책이 그리스도교 전통에 새로운 어떤 것을 가미하는 일이 없기를 진정으로 바랍니다.

어떤 수도자라도 책을 쓸 수 있는 것은 이 때문입니다. 기질이나 성품은 서로 달라도 명상가들이 흔히 하는 생각들을 이 책은 말해 줍니다. 그리스도인의 은총의 삶이 평범하게 이루어져야 한다는 것을 보여 주는 것 외에 다른 목적이나 생각은 없습니다. 그렇기 때문에 여기에서 말하는 모든 것은 누구나 다 적용할 수 있습니다. 수도회 안에서뿐만 아니라 이 세상에서도 적용할 수 있습니다.

저는 이 책이 예술 작품이라고 생각하지 않습니다. 실제로 같은 관심을 가지고 있는 사람이라면 누구라도 이보다 더 잘 쓸 수 있을 것입니다. 제가 이 책을 썼다는 사실이 이 책을 더 좋은 책 혹은 더 나쁜 책으로 만들지는 않습니다. 이러한 종류의 책은 책을 쓰는 사람에 의해서 그 효과가 달라지지도 않고 달라질 수도 없기 때문입니다.

하느님 앞에서 쓴 이 책을 여러분이 어떤 경로로든 하느님과 하나되어 읽을 수 있게 된다면, 이 책은 여러분의 관심을 끌 것이며 여러분은 아마 어떤 결실을 얻을 것입니다. 그것은 저자의 수고가 아닌, 하느님의 은총에 의해서일 것입니다. 그러나 이런 의식 없이 읽는다면 이 책은 분명 또 하나의 색다른 것에 지나지 않을 것입니다.

차 례

개정판 서문   7
초판 서문   10

1 · 명상이란 무엇인가?   19
2 · 명상이 아닌 것   25
3 · 명상의 씨   34
4 · 있는 모든 것은 거룩한 것   42
5 · 실체로 본 사물들   51
6 · 자신을 찾기 위해 기도하십시오   60
7 · 일치와 분열   72
8 · 혼자 있는 것은 분리가 아닙니다   77

9 · 우리는 한 사람입니다　　　　　　　90

10 · 뼈가 부러진 육신　　　　　　　　97

11 · 혼자 있기를 배우기　　　　　　　108

12 · 순수한 마음　　　　　　　　　　113

13 · 악마의 윤리 신학　　　　　　　　119

14 · 성실　　　　　　　　　　　　　127

15 · 문장　　　　　　　　　　　　　134

16 · 전쟁의 뿌리는 두려움입니다　　　143

17 · 증오로서의 지옥　　　　　　　　155

18 · 믿음　　　　　　　　　　　　　159

19 · 믿음으로부터 지혜로　　　　　　164

20 · 전통과 혁명	176
21 · 그리스도의 신비	184
22 · 그리스도 안에서의 삶	194
23 · 태양을 입으신 여인	203
24 · 나와 함께하지 않는 사람은 나를 거스르는 사람입니다	214
25 · 겸손과 절망	219
26 · 순명에 따른 자유	231
27 · 자유란 무엇인가?	239
28 · 초연함	244
29 · 마음의 기도	255

30 · 마음이 흩어짐	262
31 · 깨달음의 은총	266
32 · 무지몽매한 감각	275
33 · 황야의 여정	281
34 · 허황된 열정	287
35 · 끊어 버림	292
36 · 마음의 가난	305
37 · 명상의 결실을 나눔	312
38 · 순수한 사랑	320
39 · 다 함께 춤을	336

명상으로 들어가는 길은
나무도 물도 아름다움도 없는 사막에
있다는 것을 절대로 잊지 맙시다.

1.
명상이란 무엇인가?

명상은 지적이며 영적인 삶의 최고의 표현입니다. 명상은 깨어 활동하며 살아 있다는 것을 충분히 의식하고 있는 생명 자체입니다. 그것은 영적 놀라움입니다. 생명의 신성성, 존재의 신성성에 대해서 저절로 우러나오는 경외입니다. 그것은 생명, 의식 그리고 존재에 대한 고마움입니다. 우리 안에 있는 생명과 존재가 보이지 않는 초월적이며 무한히 풍요로운 '원천'으로부터 나온다는 사실을 생생하게 깨닫는 것입니다. 명상은 무엇보다 그 '원천'의 실체를 인식하는 것입니다. 명상은 그 원천을 설명할 수는 없지만 희미하게 '알 수' 있습니다. 그러나 이성과 단순한 믿음을 넘어서 확신합니다. 명상은 이성과 믿음이 본질적으로 염원하는 일종의 영적 통찰력이기 때문입니다. 영적 통찰력이 없으면 이성과 믿음은 결국 불완전한 것으로 남기 때문입니다. 그럼에도 불구하고 명상은 '보지 않으면서' 보고, '알지 못하면서' 알기 때문에 통찰력이 아닙니다. 명상은 보다 깊은 믿음이며 형상이나 말, 명확한 개념으로도 파악할 수 없는 아주 깊은 지식입니다. 명상은 말과 상징으로 암시될 수는 있지만 그 아는 것을 지적하려고 하는 순간, 안다고 생각했던 것을 취소하고 확인했던 것을 부인합니다. 명상 중에 우리는 '알지 못하므로' 알기 때문입니다. 이렇게 말하는 편이 더 나을 것 같습니다. 우리는 아는 것이나 '알지 못하는 것'을 모두 '초월하여' 압니다.

시, 음악 그리고 예술은 명상의 체험과 어떤 공통점을 가지고 있습니다. 그러나 명상은 심미적 통찰력 너머에, 예술과 시의 영역 저 너머에 있습니다. 명상은 정녕 철학과 사변 신학 저 너머에 있습니다. 명상은 이 모든 것을 점유하고 초월하며 완성하면서도 어떤 면에서는 이 모든 것을 대체하고 또 그것을 모두 부인합니다. 명상은 언제나 우리의 지식, 지각, 조직, 설명, 논쟁, 대화 그리고 우리 자신까지도 뛰어넘습니다. 명상의 영역에 들어가기 위해서는 어떤 의미로는 죽어야 합니다. 그러나 이 죽음은 사실상 보다 높은 생명으로의 진입입니다. 그것은 삶을 위한 죽음입니다. 즉 생명, 사상, 체험, 기쁨, 존재라고 생각하고 또 소중히 여기는 모든 것을 뒤로하는 것입니다.

그렇기 때문에 명상은 다른 모든 형태의 직관과 체험을 대체하고 폐기해 버리는 것 같습니다. 그 직관과 체험이 예술, 철학, 신학, 전례 또는 일반적 수준의 사랑과 신앙에 관한 것이라 할지라도 말입니다. 명상은 이 모든 것을 배제하지 않고 함께하며, 또 함께해야 합니다. 명상은 이 모든 것의 최고의 성취이기 때문입니다. 그러나 명상을 실제로 체험하면 다른 모든 체험은 잠정적으로 효력을 잃습니다. 이 모든 것은 보다 높은 수준의 생명으로 다시 태어나기 위하여 죽습니다.

  달리 말해서 명상은 초월적이며 표현할 수 없는 하느님을 체험하고 아는 데까지 뻗어 나갑니다. 명상은 하느님을 만지기라도 하듯 하느님을 압니다. 이렇게 말하는 편이 낫겠습니다. 명상은 하느님께서 보이지 않게 자기를 만져 주시는 것처럼 하느님을 압니다. 손이 없는 '그분'이 만져 주십니다. 그러나 '그분'은 순수한 실체이시며 모든 실재의 원천이십니다. 그렇기 때문에 명상은 일깨워 주는 뜻밖의 은총, 모든 실재 안에서 실체에 대해서 눈을 뜨게 해 주는 뜻밖의 은총입니다. 유한한 우리 존재의 뿌리에 있는 무한한 존재에 대한 생생한 일깨움입니다. 우리의 우연적 실재가 하느님께 받은, 거저 받은 사랑의 선물이라는 사실에 대한 깨달음입니다. '하느님께서 만져 주신' 존재라고 말할 때에 그것은 실존적 접촉입니다.

  명상은 부르심에 대한 응답이기도 합니다. 목소리를 가지고 계시지 않는 분, 그러나 존재하는 모든 것을 통해 말씀하시며 무엇보다도 우리 존재의 심연에서 말씀하시는 분의 부르심에 대한 응답입니다. 우리 자신은 '그분'의 말씀이기 때문입니다. 그러나 우리는 그분께 응답하고 대답하며 그분을 반향反響하며 어떤 의미로는 그분을 품고 그분을 상징하는 말씀입니다. 명상은 이런 반향입니다. 명상은 우리 삶이 자신의 분열된 목소리를 버리고, 보이지 않지만 살아 계시는 하느님의 권능과 자비를 되울리는, 영혼의 가장 깊은 중심에서 깊이 울려 나는 반향입니다. 그분께서는 우리 안에서 당신 스스로 대답하십니다. 이 대답은 모든 것을 새롭게 하는 하느님의 생명이며 하느님의 창조성입니다. 우리 자신은 하느님의 반향이 되고 하느님의 대답이 됩니다. 그것은 마치 하느님께서 우리를 창조하실 때에 질문을 던지시고, 우리를 명상하라고 일깨우실 때에 그 질문에 대답을 하시는 것과 같아서 명상하는 사람은 질문인 동시에 답이 됩니다.

명상은 두 단계의 깨달음을 내포하고 있습니다. 첫째는 질문에 대한 깨달음이고, 둘째는 대답에 대한 깨달음입니다. 이 둘은 분명히 서로 구분되고 엄청나게 다른 단계이지만, 실제로는 같은 것에 대한 깨달음입니다. 질문 그 자체가 바로 대답입니다. 그리고 그 둘 다 우리 자신입니다. 그러나 우리가 두 번째 종류의 깨달음을 얻기 전에는 이것을 알 수 없습니다. 우리는 질문과는 철저히 구별되는 대답을 찾기 위해서 깨어나는 것이 아니고 질문이 바로 그 질문의 대답이라는 사실을 의식하기 위해 깨어납니다. 그리고 모든 것은 하나의 의식, "나는 존재한다."라는 명제가 아닌 체험의 깨달음으로 요약됩니다.

여기에서 제가 말하는 명상은 철학적인 것이 아닙니다. 명상은 변치 않는 영원한 정신적 객체로서 이해되는 형이상학적 본질에 대한 정적靜的 인식이 아닙니다. 명상은 추상적 개념에 대한 상념이 아닙니다. 명상은 하느님 안에 있는 나의 생명을 통해서, 또는 신약 성경이 말하는 '자녀 됨'을 통해서 하느님을 종교적으로 이해하는 것입니다.

"하느님의 영의 인도를 받는 이들은 모두 하느님의 자녀입니다. 이 성령께서 몸소, 우리가 하느님의 자녀임을 우리의 영에게 증언해 주십니다."(로마 8,14-16 참조)

"그분께서는 당신을 받아들이는 이들, 당신의 이름을 믿는 모든 이에게 하느님의 자녀가 되는 권한을 주셨다."(요한 1,12)

그렇기 때문에 제가 말하는 명상은 종교적이고 초월적인 선물입니다. 그것은 지적 노력으로, 우리 본성의 능력을 개발하여 우리의 힘만으로 얻을 수 있는 것이 아닙니다. 그것은 우리 안에 있는 영靈에 정신을 집중함으로써 얻는 자기 최면도 아닙니다. 우리 노력의 결과도 아닙니다. 그것은 우리의 마음과 정신을 밝혀 줌으로써, 우리는 그분이 하신 말씀이며 창조주이신 성령께서 우리 안에 계시고 우리는 그분 안에 산다는 사실을 일깨워 줌으로써 우리 안에 감추어진 신비로운 창조 사업을 자비로이 완성해 주시는 하느님의 은총입니다. 우리는 '그리스도 안에' 살고 그리스도는 우리 안에 사십니다. 성령께서는 우리의 자연적 생명을 그리스도 안에서 완성하시고 들어 올리시고 변화시켜 충만하게 해 주십니다. 명상은 각자가 막연하게 믿는 것을 의식하고 인식하는 것입니다. 어떤 의미로는 '체험'이라고도 할 수 있습니다.

"이제는 내가 사는 것이 아니라 그리스도께서 내 안에 사시는 것입니다."(갈라 2,20)

그러므로 명상은 하느님에 대한, 추상적 진리에 대한 깊은 생각 이상의 것이며 우리가 믿는 것들에 대한 열정적 묵상 이상의 것입니다. 명상은 일깨움이며 계몽이고, 하느님께서 창조적이며 역동적으로 우리의 일상생활에 개입하신다는 것을 사랑을 통해 확신하게 해 주는 놀라운 직관적 인식입니다. 명상은 단순히 하느님에 대한 명확한 개념을 '찾고', 그 개념의 한계 안에 하느님을 한정시켜 놓고, 죄수처럼 그곳에 묶어 놓고 언제나 찾아가 볼 수 있게 하는 것이 아닙니다. 도리어 하느님께서는 당신의 영역, 당신의 신비와 자유 안으로 명상을 이끌어 주십니다. 명상은 순수하고 흠 없는 지식입니다. 그러나 개념으로는 빈약하며 추론으로는 더더욱 부족합니다. 그러나 바로 그 청빈과 순수함으로 인해 '주님께서 어디로 가시든지' '말씀'을 따를 수 있습니다.

2.
명상이
아닌 것

명상에 대한 잘못된 개념을 없애 버리는 유일한 방법은 명상을 해 보는 것입니다. 인생을 살면서 이런 큰 변화의 성격과 새로운 수준의 실재에 대한 일깨움을 알지 못하는 사람은 명상에 대해서 이미 말한 모든 사항으로 인해 오도될 수밖에 없습니다. 명상은 가르칠 수 있는 것이 아니기 때문입니다. 명상은 명확하게 설명할 수도 없습니다. 명상은 빗대어 말하거나 변죽을 울리거나 멀리서 손가락으로 가리키거나 상징적으로 표현할 수밖에 없습니다. 보다 객관적이고 과학적으로 명상을 분석하려 하면 할수록 명상의 진정한 내용은 없어집니다. 이런 경험은 말로 표현할 수 없으며 이성으로도 알아들을 수 없기 때문입니다. 명상의 체험을 과학적이랍시고 정의하는 것보다 더 불쾌한 것은 없습니다. 왜냐하면 그런 정의를 시도하는 사람은 심리학적 방법을 쓰는데 아직은 명상에 대한 적절한 '심리학'이 없기 때문입니다. '반응'과 '느낌'으로 명상을 설명하는 것은 명상을 있지도 않은 곳에, 즉 반성을 통해서 성찰하는 피상적 의식을 명상의 자리에 놓는 것입니다. 그러나 이런 반성과 의식은 외적 자아의 한 부분일 뿐 명상에 대한 순수한 일깨움이 이루어지면 없어지고 더러운 옷과 같이 한편에 버려지게 됩니다.

명상은 이런 외적 자아의 기능이 아니며 또 그런 기능일 수도 없습니다. 명상에서만 깨어나는 초월적인 깊은 자아와 일반적으로 단수 일인칭으로 불리는 피상적인 외적 자아는 정반대입니다. 이런 피상적인 '나'는 우리의 진정한 자아가 아니라는 사실을 알아야 합니다. 그것은 우리의 '개체성'이며 우리의 '경험적 자아'입니다. 그러나 그것은 하느님 앞에서 존재하는, 참으로 숨겨져 있는 우리의 신비로운 인격이 아닙니다. 세상에서 일하고 생각하며 자신의 반응을 관찰하며, 자신에 대해서 말하는 '나'는 그리스도 안에서 하느님과 일치하고 있는 진정한 '나'가 아닙니다. 그것은 기껏해야 우리 대부분이 죽기 전에는 찾지 못하는 신비스럽고도 알려지지 않은 '자기'의 흔적, 가면, 위장에 지나지 않습니다.** 우리의 외적이며 피상적인 자아는 영원하지도 않고 영적이지도 않습니다. 그와는 거리가 멉니다. 이러한 자아는 결국에 굴

** '지옥'은 하느님 안에 있는 진정한 자신, 우리의 참존재로부터의 영원한 소외라고 말할 수 있습니다.

뚝에서 나는 연기처럼 완전히 사라지고 맙니다. 그것은 대단히 연약하고 덧없는 것입니다. 명상은 이런 '나'가 사실은 '내가 아니'라는 것을 의식하는 것이고 관찰과 반성의 범주를 넘는, 설명할 수 없는, 알려지지 않은 '나'를 자각하는 것입니다. 말이 많은 사회에서 그것은 본래 숨겨져 있고 이름도 없으며 알려지지도 않기 때문에 감히 자신 있게 '나'라고 말할 수 없습니다. 이런 세상에서 진정한 '나'는 뚜렷하게 말로 할 수도 없으며 눈에 보이지도 않습니다. 그것은 할 말이 너무 많으면서도 정작 자신에게 해당하는 말은 한마디도 없기 때문입니다.

데카르트의 "코기토 에르고 숨 cogito ergo sum"보다 명상에 더 낯선 것은 없습니다. "나는 생각한다. 그렇기 때문에 나는 존재한다." 이 말은 자기의 정신적 근원에서 추방되어 유리된 존재, '생각한다'는 사실에 근거하여 '자기 존재를 증명함'으로써 어떤 위안을 얻으려 애쓰는 소외된 존재의 선언입니다. 그의 생각이 자기 존재의 개념에 이르기 위한 방편으로 필요한 것이라면, 그는 사실 진정한 자기 존재에서 더 멀어지고 있는 것입니다. 자신을 한 개념으로 축소시키는 것입니다. 그는 자기 존재의 신비를 직접 또는 즉각적으로 체험하는 것을 스스로 불가능하게 하는 것입니다. 동시에 하느님을 하나의 개념으로 축소시켜 표현할 수 없는 하느님의 실체에 대한 어떤 직관도 할 수 없게 만드는 것입니다. 그는 마치 자기 존재를 객관적 실체인 양 여깁니다. 그것은 그가 자기와 다른 그 무엇으로서 자기를 인식하려고 노력한다는 말입니다. 그리고 그는 '사물'이 존재한다는 것을 증명합니다. 그는 확신합니다. "그렇기 때문에 나는 어떤 '것'이다." 그다음으로는 무한하고 초월자이신 하느님께서는 우리가 생각하는 다른 유한하고 한정된 사물들과 같은 '사물'이며 '객체'라고 확신합니다.

이와 반대로 명상은 경험을 통해 실체를 '주관적인' 것으로 파악하는 것입니다. ('외적 자아에게 속하는 것'으로서 상징되는) '나의 것'이 아닌 실존적 신비 안에 있는 '나 자신'으로 파악하는 것입니다. 명상은 연역演繹을 통해서가 아닌 직관적 깨달음을 통해 실재에 도달합니다. 그 직관적 깨달음 안에서 우리의 자유롭고 인격적인 실재는 그 깊이에 있어 충만한 생동감을 얻게 되고 그때 우리는 하느님의 신비에 우리 자신을 열어 놓게 됩니다.

명상은 '나는 생각한다cogito'도 '그렇기 때문ergo'도 아니고 다만 '나는 존재한다Sum, I am'일 뿐이기 때문입니다. 개체성을 최종적 실체라고 쓸데없이 주장하는 것이 아니고, 하느님께서 거처하시는 인격으로서 우리의 신비로운 존재를 무한한 기쁨과 양보할 수 없는 힘을 가지고 겸손되이 깨닫는 것입니다.

명상은 분명 수동적이고 조용한 성품에 관계된 것만은 아닙니다. 그것은 단순히 나태함에 지나지 않는 것도 아니며 무위無爲나 정신적 평화로 기우는 경향도 아닙니다. 명상하는 사람은 그저 앉아서 생각이나 하기를 좋아하는 사람이 아니고 더구나 초점을 잃고 멍하니 앉아 있는 사람도 아닙니다. 명상은 깊은 생각에 잠기거나 반성하는 그 이상의 것입니다. 깊은 상념에 빠지거나 반성하는 것이 생각 없이 행동하고 기계적으로 행동하는 우리의 현실에서 무시당할 일이 아님은 확실합니다. 그것은 사람을 명상으로 이끌 수도 있습니다.

명상은 기도를 잘하는 것도 아니요, 전례를 통해 평화와 만족을 얻으려고 하는 것도 아닙니다. 이것들 역시 훌륭한 것들입니다. 이들은 명상을 체험하기 위하여 준비하는 과정으로서 거의 필수적입니다. 그러나 그것들이 저절로 명상에 이르게 해 주지는 않습니다. 그런 체험을 하게 해 줄 수 있는 것은 결코 아닙니다. 명상의 직관은 성격과는 아무런 관계가 없습니다. 성품이 조용한 사람이 명상가가 되는 경우가 종종 있습니다만, 매우 수동적인 성격은 일반적으로 혁신적이며 깊은 깨달음을 가져다주는 내적 몸부림을 피하게 만드는 경우도 있습니다.

반면에 활동적이고 정열적인 사람이 별다른 노력 없이 갑자기 명상을 체험하는 경우가 있기도 합니다. 그러나 어떤 성격의 활동가는 명상에 맞지 않아 대단한 어려움을 겪지 않고는 절대로 명상에 이르지 못한다는 것을 알아야 합니다. 정말 그들은 명상에 대한 생각도 시도도 하지 말아야 하는지도 모릅니다. 그렇게 하다가 의미도 없고 목적도 없는 어리석은 수고로 지치고 상처를 입는 경향이 있기 때문입니다. 그런 사람들은 상상과 열정 그리고 정복욕에 사로잡혀 명상이 마치 물질적 부나 정치적 권력 혹은 교수직이나 고위 성직인 양, 어떤 물건처럼 생각하여 그것을 차지하려고 온힘을 다 기울입니다. 명상은 우리가 실용적인 목적으로 얻으려고 계획하는 어떤 것이 아니고 사냥꾼에게 쫓긴 사슴이 황무지에서 물을 찾듯 목말라하는 영혼의 생명수입니다.

우리를 일깨우려 선택하는 것은 우리 자신이 아니고 하느님이십니다.

명상은 황홀이나 무아지경도 아니고, 갑자기 어떤 형언할 수 없는 말을 듣는 것도 아니며, 어떤 빛에 대한 상상도 아닙니다. 명상은 종교적 열정과 더불어 오는 감정적 흥분이나 감미로움이 아닙니다. 어떤 절대적인 힘의 포로가 되고 알아들을 수 없는 광란으로 해방감을 느끼는 감격이나 열광이 아닙니다. 이런 것들이 일상적 의식과 경험적 자아에 의해 훈련되는 통제를 정지시킨다는 점을 생각하면 어떤 면에서는 명상적 깨달음처럼 보입니다. 그러나 그들은 '심연의 자아'가 하는 일이 아니고 다만 감정과 육체적 무의식의 결과일 뿐입니다. 이들은 디오니소스적 이드id의 영향으로 가득합니다. 물론 이런 현상들은 깊고 순수한 종교적 경험을 수반합니다. 그러나 그런 것들이 제가 여기에서 말하는 명상은 아닙니다.

명상은 예언의 은사도 아니며 사람의 속마음을 읽는 능력을 의미하지도 않습니다. 이런 것들은 명상에 따라오는 어떤 것이기는 하지만, 명상에 있어 본질적인 것은 아니며 이들을 명상과 혼동하는 것은 잘못된 것입니다.

경험적이며 외적인 자아에서 벗어나게 하는 많은 것이 있습니다. 그것들은 명상 같기는 하지만 실은 명상이 아닙니다. 예를 들면 전체주의 국가에서 벌이는 퍼레이드 속에서 집단적 열광에 사로잡혀 자기 자신을 잃는 체험이나 양심을 눈멀게 하고 계급, 국가, 정당, 인종 또는 파벌의 이름으로 모든 범죄 행위를 용인하는 당에 대한 독선적인 충성심의 고조 등이 있습니다. 국가와 계급에 대한 잘못된 신비감이 갖는 위험과 매력은 바로 어떤 깊고 순수한 정신적 욕구에 대해서 더 이상 의식하지 못하는 사람들에게 만족을 준다고 유혹하며 만족을 주는 척 가장하기 때문입니다. 집단 사회에 대한 그릇된 신비주의는 자신과 하느님으로부터 소외된 사람들을 사로잡아 그들이 더 이상 순수한 영적 체험을 할 수 없게 합니다. 그것은 사람들의 가장 깊고 개인적 욕구에 대한 의식을 마비시키고, 진정한 자아로부터 소외시키며, 양심과 인격을 잠들게 하고, 자유롭고 합리적인 사람을 정치권력의 수동적 도구로 만드는 아편과도 같은 열광의 또 다른 형태의 대용물임에 틀림이 없습니다.

누군가에게 갈등과 번민 그리고 회의懷疑로부터의 도피를 명상에서 찾을 수 있다는 희망을 갖게 해서는 안 됩니다. 명상 체험에 대한 깊고 표현할 수 없는 확신감은 오히려 심한 번민을 일으키고 지혈이 되지 않는 상처와 같이 마음 깊은 곳에 있는 많은 의문을 열어 놓습니다. 깊은 확신감에서 얻는 모든 것에는 그에 상응해서 자라나는 피상적 의혹이 있기 때문입니다. 이런 의혹은 결코 순수한 신앙에 반대되지 않으며 도리어 일상생활의 겉치레 '신앙', 틀에 박힌 의견을 수동적으로 받아들이는 것에 지나지 않는 인간적 신앙을 무자비하게 검증하고 문제를 제기합니다. 우리가 흔히 가지고 있는 이런 거짓 '신앙', 우리의 '종교'와 혼동하기까지 하는 거짓 신앙은 냉혹한 질문의 대상이 됩니다. 이런 고통은 불로 단련하는 것과도 같습니다. 이 과정에서 우리는 명상의 어둠 속 섬광을 통해 우리에게 다가오는 보이지 않는 신앙의 빛으로 지금까지 교의인 양 받아들인 모든 선입관과 전통을 검증하고 의심해 보고 마침내는 거부하지 않을 수 없게 됩니다. 그러므로 진정한 명상은 자기만족과 편견을 독선적으로 받아들이는 것과는 양립할 수가 없다는 점이 분명합니다.

진정한 명상은 사람들이 생각하듯 '현 상태에' 마지못해 동의하는 것이 아닙니다. 이것은 명상을 정신적 마취의 수준으로 끌어내리기 때문입니다. 명상은 진통제가 아닙니다. 낡아 빠진 옛말, 판에 박은 문구, 구호, 그리고 이론이 서서히 타서 재가 되는 일이 벌어지는 것은 과연 어떤 희생의 번제입니까! 가장 나쁜 점은 실제로 '거룩한' 개념들마저 다른 모든 것과 함께 확실히 소멸되고 만다는 것입니다. 진정한 명상은 우상의 무서운 파괴요, 불사름이며 지성소의 정화입니다. 그렇게 해서 하느님께서 비워 놓으라고 하신 곳을 어떤 우상도 차지하지 못하게 하는 것입니다. 단순히 '있다'는 것이 중심이요 실존적 제단입니다.

끝에 가서 명상하는 사람은 '하느님께서 무엇인지 더 이상 알 수 없다.'라는 사실을 알게 되는 고통을 겪게 됩니다. 그는 결국에 이것이 위대한 얻음이라는 사실을 다행히 알 수도 있고 모를 수도 있습니다. 왜냐하면 하느님께서는 '무엇'이 아니며, '것'이 아니기 때문입니다. 그것이 정확하게 말해서 명상 체험의 본질적 특성 중 하나입니다. 하느님이라고 불릴 수 있는 '무엇도' 없다는 말입니다. 하느님으로서 '그런 것은' 없습니다. 하느님께서는 '무엇'도 아니고 '것'도 아니며 순수한 '누구'***이기 때문입니다. 그분은 '당신'이시며 그분 앞에서 우리의 가장 깊숙한 '나'는 순간 깨닫게 됩니다. 그분은 '나는 있다'입니다. 그분 앞에서 우리는 우리 자신의 가장 진실하고 고유한 목소리로 "나는 있다." 하고 공명합니다.

*** 이것을 하느님의 본성에 대해서 올바른 개념을 가질 수 없다는 의미로 받아들여서는 안 됩니다. 그러나 명상에 있어서 하느님의 본질에 대한 추상적 개념이 더 이상 중요한 역할을 하지 않습니다. 개념들이 사랑에 근거한 '인격체'로서의 하느님에 대한 구체적 직관, 사랑의 대상으로 대치되었기 때문입니다. 연구나 소유욕의 대상으로서 '본성'이나 '것'이 아닙니다.

3.
명상의
씨

지상에 사는 모든 사람은 매 순간, 모든 사건 때마다 자기 영혼에 무엇인가를 심습니다. 바람이 수없이 많은 씨를 나르듯, 매 순간은 사람의 마음과 의지에 모르는 사이에 자리 잡는 정신적 활기의 씨앗을 가져오기 때문입니다. 수없이 많은 이 씨는 대부분 말라 죽어 없어집니다. 사람들이 씨를 받아들일 준비가 되어 있지 않기 때문입니다. 이런 씨들은 아무 곳에서나 싹트지 않고 자유와 자발성 그리고 사랑의 좋은 흙에서만 싹을 틔웁니다.

이는 새롭게 떠오른 생각이 아닙니다. 오래 전 그리스도께서는 씨 뿌리는 자의 비유를 말씀하실 때, "씨는 하느님의 말씀이다."(루카 8,11)라고 하셨습니다. 우리는 이 말을 흔히 주일에 성당에서 읽히는 복음서의 말씀에만 적용합니다(아직도 교회에서 정녕 복음이 선포되고 있다면!). 그러나 하느님의 의지의 모든 표현 양식은 어떤 의미로는 하느님의 '말씀'입니다. 그렇기 때문에 새 생명의 씨앗입니다. 우리는 항상 변하는 현실에 살면서 하느님과 끊임없이 대화하는 법을 배워야 합니다. 이는 계속 '이야기하는 것'이나 때로 수도원에서 길러지기도 하는 대화 형태의 감성적 기도를 말하는 것이 아니고 사랑과 선택의 대화를 말하는 것입니다. 마음 깊은 곳으로부터의 대화.

삶의 어떤 상황에서든 하느님의 뜻은 비인격적인 법의 외적 지배로서만 오는 것이 아니고 무엇보다도 인격적 사랑의 내적 초대로서 우리에게 오는 것입니다. 하느님의 뜻이 마치 스핑크스나 어쩔 수 없는 적개심을 가지고 우리를 압도하는 변덕스러운 힘과 같은 것이라고 여기는 틀에 박힌 생각은 사람들로 하여금 신에 대한 믿음을 잃게 합니다. 그들은 사랑하는 것이 가능하다는 점을 알 수 없습니다. 하느님의 뜻에 대한 이런 관점은 나약한 사람들을 실망하게 하고, 그와 같은 관점이 맑은 정신으로는 인정할 수 없는 실망의 표현은 아닌지 의문을 갖는 사람도 있습니다. 난폭하고 감수성이 없는 아버지의 변덕스런 '지시'는 사랑의 씨가 되기보다는 미움의 씨가 되는 경우가 더 많습니다. 이런 것이 우리가 가지고 있는 하느님의 뜻에 대한 생각이라면, 우리는 명상 중에나 대할 수 있는 어렴풋하면서도 가까이 있는 신비를 찾을 수가 없습니다. 또한 하느님에게서 가능한 한 멀리 날아가 영원히 숨으려 할 것입니다.

하느님에 대한 우리의 개념(생각)은 대단히 중요합니다. 하지만 그러한 개념이 아무리 순수하고 완전한 것이라 할지라도 하느님에 대한 무개념이 하느님을 계시는 그대로 표현하는 데 더 적합합니다. 하느님에 대한 우리의 개념은 하느님보다 우리 자신에 대해서 더 많은 것을 말해 줍니다.

하느님의 사랑은 우리가 어떤 상황에 있더라도 우리를 찾으려 하고 우리의 선익을 추구한다는 사실을 알아야 합니다. 알아들을 수 없는 하느님의 사랑은 우리의 자각을 요구합니다. 이 자각은 우리의 외적 자아에 대한 일종의 죽음을 의미하기 때문에 우리가 이 외적 자아와 일치하고 거기에 애착하는 것에 비례해서 우리는 그분의 오심을 두려워할 것입니다. 그러나 우리가 삶과 죽음의 변증법을 알아들으면 신앙으로 인해 따라오는 위험을 감수하는 법과 틀에 박힌 생활에서 우리를 풀어 주고, 새로운 존재, 새로운 실재의 문을 우리에게 열어 주는 것을 택하는 법을 배울 것입니다.

틀에 박힌 진부한 개념에 사로잡힌 정신과 자기 욕망의 포로가 된 의지는 익숙하지 않은 진리와 초자연적 열망의 씨를 받아들일 수가 없습니다. 내가 종노릇하기를 좋아하는데 어떻게 자유의 씨앗을 받아들일 수 있으며, 내가 반대되는 다른 욕망으로 가득 차 있는데 어떻게 하느님께 대한 열망을 소중히 할 수 있겠습니까? 나는 갇혀 있는 몸이고 자유로워지려는 마음도 없기 때문에 하느님께서는 당신의 자유를 내 안에 심으실 수가 없습니다. 나는 나의 포로 신세를 좋아하며 나는 나 자신을 내가 증오하는 것 안에 감금합니다. 그리고 진정한 사랑에 항거하여 나의 마음을 굳게 닫습니다. 그렇기 때문에 우리는 익숙하고 또 평소에 흔히 경험하는 것들을 포기하고, 새로운 것, 나에게 알려지지 않은 것들을 받아들이는 법을 배워야 합니다. 하느님의 사랑에 양보함으로써 자신을 찾기 위해 '나 자신을 떠날' 줄을 알아야 합니다. 내가 하느님의 사랑을 갈구하기만 한다면 모든 일과 매 순간은 나의 의지 안에 하느님의 생명의 씨앗을 심을 것이며 어느 날엔가는 엄청난 수확을 거둘 것입니다.

나를 햇볕으로 따뜻하게 해 주는 것은 하느님 사랑이며, 시원한 비를 내려 주는 것도 하느님 사랑입니다. 음식을 주셔서 나를 육체적으로 성장시키시는 것도 하느님 사랑이며, 주림과 금식으로 나를 영적으로 성장시키시는 것도 하느님 사랑입니다. 내가 춥고 병들었을 때에 겨울을 보내 주는 것도 하느님 사랑이며, 내가 일하며 옷이 땀에 절었을 때에 뜨거운 여름을 보내 주는 것도 하느님 사랑입니다. 하느님 사랑은 강바람으로 속삭이시고 숲속의 미풍으로 나를 식혀 주십니다. 하느님의 사랑은 내 머리 위에 무화과나무 그늘을 드리워 주시고 일꾼들이 쉬고 나귀들은 나무 밑에 서 있을 때에 밀밭을 따라 샘에 가서 물을 한 통 길어 오는 소년을 보내 주십니다.

새들과 개울을 통해서 나에게 말하는 것은 하느님의 사랑입니다.

그러나 하느님께서는 또한 소란한 도시 뒤에서 나에게 심판을 말씀하십니다. 이런 모든 것은 다 하느님의 의지에서 나에게 보내진 씨앗입니다.

이 씨앗들이 나의 자유에 뿌리를 내리고 나의 자유에서 하느님의 뜻이 싹트면 나는 하느님이신 사랑이 될 것이고 하느님의 영광과 나의 기쁨은 나의 수확이 될 것입니다.

나는 수없이 많은 다른 자유와 함께 수확이 많고 밀로 가득 찬 황금 들판이 되어 하느님을 찬미할 것입니다. 내가 더위와 추위, 음식과 배고픔, 병고나 수고, 아름다움이나 쾌락, 성공과 실패, 물질적 부나 죄악이라고만 생각하는 모든 것에서의 일들이 내 뜻대로 이루어진다면 나는 행복이 아니라 공허만을 얻게 될 것입니다. 나는 양육되지도 않고 만족하지도 못할 것입니다. 나의 음식은 나를 만드신 분, 이것들을 통해서 당신을 나에게 주시려고 모든 것을 만드신 그분의 뜻이기 때문입니다.

내가 주로 염려해야 하는 것은 쾌락이나 성공, 건강이나 생명, 돈이나 다른 것들, 더 나아가 덕이나 지혜 같은 것까지 찾는 것이 아닙니다. 더구나 그 반대의 것들, 고통이나 패배, 병고, 죽음을 찾는 것도 아닙니다. 이 모든 것 가운데에 나의 원의, 나의 기쁨은 '하느님께서 나를 위해 의도하신 것이 여기에 있다. 이렇게 함으로써 그분의 사랑을 찾고, 이것을 받아들임으로써 나는 그분의 사랑을 그분께 되돌려 드릴 수 있고 나를 그분께 드릴 수 있다. 나 자신을 드림으로써 나는 그분을 찾을 것이다. 그분은 영원한 생명이시기 때문이다.'라는 사실을 아는 것이어야 합니다.

　기쁜 마음으로 그분의 뜻에 동의하고 기꺼이 그분의 뜻을 실천함으로써 나는 그분의 사랑을 내 마음에 간직합니다. 이제 내 뜻은 그분의 사랑과 같고 사랑이신 그분이 되는 길에 들어섰기 때문입니다. 그리고 그분에게서 모든 것을 받아들임으로써 나는 그분의 기쁨을 내 영혼에 받아들입니다. 받아들이는 것 그 자체 때문이 아니고 하느님께서는 계시는 그분이시며 그분의 사랑이 모든 것 안에 나의 기쁨이 있기를 의도하셨기 때문입니다.

　하느님의 뜻을 어떻게 알 수 있을까요? 합법적 요구처럼 순명에 대한 명시적 요구는 없다 하더라도 각 상황의 성격 자체가 일반적으로 하느님의 뜻을 말해 주는 어떤 징표를 가지고 있습니다. 진리, 정의, 자비 혹은 사랑이 요구하는 것은 무엇이나 다 하느님께서 원하시는 것이라고 확신해야 합니다. 하느님의 뜻에 동의하는 것은, 진실되고 진실을 말하며 적어도 진실을 찾으려는 것에 동의하는 일입니다. 그분께 순명하는 것은 다른 사람의 필요로 표현된 그분의 뜻에 응답하는 것이며 적어도 다른 이들의 권리를 존중하는 것입니다. 다른 사람의 권리는 하느님의 뜻과 하느님 사랑의 표현이기 때문입니다. 하느님께서는 다른 이의 권리를 존중하라고 명하심으로써 나에게 어떤 추상적이고 임의적인 법을 지키라고만 하시는 것이 아니고 우리가 당신의 자녀로서 형제에 대한 하느님의 보살핌에 함께할 수 있게 해 주십니다. 다른 사람의 권리와 필요를 무시하는 사람은 누구도 명상의 빛 속에서 살기를 바랄 수 없습니다. 그는 진리와 동정으로부터 등을 돌려 결국 하느님을 외면하기 때문입니다.

　어떤 일을 하도록 요구받는 것은 하느님의 뜻으로 이해할 수 있습니다. 정원의 잡초를 뽑거나 식사를 준비하기로 되어 있는데 만일 내가 하는 일에 충실하다면 그것이 하느님의 뜻에 순종하는 것입니다. 일의 성격에 맞게 사랑과 경외심을 가지고, 또 일의 목적에 부합하도록 주의를 기울이며 조심스럽게 일을 잘하는 것은 내가 일로써 나 자신을 하느님의 뜻과 일치시키는 것입니다. 이런 방법으로 나는 하느님의 도구가 됩니다. 그분은 나를 통해서 일을 하십니다. 내가 그분의 도구로 행동할 때에는 그 일이 얼마 동안은 나를 사로잡아, 하는 일에 정신이 팔려 명상을 할 수 없을 수는 있어도 나의 일 자체가 명상을 하는 데 장애가 될 수는 없습니다. 나의 일 그 자체는 나의 마음을 정화하고 평화롭게 하여 명상을 잘하도록 준비시켜 줍니다.

　공식적으로 말하면 별나고 성급하며 불안한 일, 욕심이나 두려움, 그 밖의 무절제한 욕망으로 하는 일은 하느님과 연관시킬 수 없습니다. 하느님께서는 그런 일을 직접적으로 바라시지 않기 때문입니다.

우리의 탓은 아니지만 우리의 허물이나 우리가 사는 사회의 악으로 인해 저지른 우리의 무모한 처신을 하느님께서는 용납하십니다. 그런 경우에 우리는 그것을 수용하며 피할 수 없는 것은 최대로 활용해야 합니다. 그러나 건전한 일과 부자연스러운 수고를 구별할 수 있어야 합니다.

어떤 경우에라도 우리는 언제나 '로고스logos' 또는 해야 할 일, 우리 앞에 주어진 의무의 진리에, 혹은 하느님이 주신 본성에 충실하도록 노력해야 합니다. 명상적 순명과 하느님의 뜻에 자기를 내맡기는 일은 사람의 삶과 그 하는 일에 그분께서 심어 주신 본래의 가치에 대한 인위적 무관심을 뜻하는 것이 절대 아닙니다. 무감각과 이탈을 혼동해서는 안 됩니다. 명상하는 사람은 확실히 이탈해야 합니다. 그러나 사회에서든 다른 사람에게서든 혹은 자기 자신 안에서든 인간의 참된 가치에 대해 스스로 무감각해지게 내버려 두어서는 안 됩니다. 그렇게 하면 그의 명상은 이미 뿌리에서부터 썩어 아무 쓸모가 없게 됩니다.

4.
있는 모든 것은
거룩한 것

사물로부터의 이탈은 마치 하느님은 또 다른 하나의 '것', 하느님의 창조물이 하느님의 경쟁자인 양 '하느님'과 '사물'들을 맞세워 놓는 것을 의미하지 않습니다. 우리가 하느님께 속하기 위해서 사물로부터 이탈하는 것이 아닙니다. 오히려 하느님 안에 하느님을 위해 존재하는 모든 것을 보고 사용하기 위해 '우리 자신에게서' 이탈하는 것입니다. 이것은 전적으로 새로운 관점으로서 진정으로 덕을 닦으려 하는 많은 사람이 전혀 보지 못하는 것입니다. 하느님께서 창조하신 그 어느 것에도 악이란 없습니다. 그분의 어떤 것도 그분과 우리의 일치에 장애가 될 수 없습니다. 장애는 우리의 '자아' 안에 있습니다. 즉 격리되고 외적이며 자기중심적인 의지를 유지하려는 고집스런 우리의 욕구에 있습니다. 이 외면적인 거짓 '자아'에게 모든 것을 돌림으로써 우리는 우리 자신을 현실과 하느님으로부터 소외시킵니다. 그렇게 되면 거짓 자아는 우리의 신이 되고 우리는 이 자아를 위해 모든 것을 사랑합니다. 말하자면 우리는 우리의 거짓된 자아인 이 우상을 숭배하기 위해 모든 것을 사용합니다. 그렇게 함으로써 우리는 사물을 악용하고 부패시키거나 사물과 우리와의 관계를 타락하고 죄스러운 관계로 만듭니다. 그로 인해서 우리가 사물을 악하게 만드는 것은 아닙니다. 그러나 우리는 사물을 우리 환영의 자아에 애착을 더 갖게 하는 데에 사용합니다.

하느님의 좋은 것들을 마치 죄악인 것처럼 취급함으로써 이런 환경에서 헤어나려는 사람은 스스로 엄청난 착각에 빠질 뿐입니다. 그들은 에덴에서 하와를 탓하는 아담, 뱀에게 책임을 돌리는 하와와 같습니다. '여인이 나를 유혹했습니다. 술이, 음식이 나를 유혹했습니다. 여자는 위험하고 술은 독약이며 음식은 죽음입니다. 나는 이 모든 것을 증오하고 멀리해야 합니다. 이런 것들을 싫어함으로써 나는 하느님을 기쁘게 할 것입니다…….' 이런 것은 어린아이의 생각과 태도이며 자기중심적 자아를 찾고 보호하기 위해 주문을 외우고 저주를 하고, 자기 안에 있는 만족할 줄 모르는 작은 신을 즐겁게 하는 우상 숭배자와 미개인의 생각과 태도입니다. 하느님 자리에 우상을 놓는 것은 가장 불행한 자기기만의 하나입니다. 그것은 사람을 광신자로 만들어 더 이상 진리와 접촉할 수 없게 하고 순수한 사랑을 할 수 없게 합니다.

광신자들은 자아ego를 '신성한' 어떤 것으로 믿으려 하면서도 다른 모든 것은 부정한 것으로 봅니다.

성인들과 위대한 명상가들은 사물을 절대로 좋아하지 않았으며 세상과 세상에 사는 사람들, 보이는 광경 그리고 들리는 소리를 이해하지도 못하고 그 진가도 몰랐다고 하는 것은 옳은 말이 아닙니다. 그들도 모든 것과 모든 사람을 사랑했습니다.

그들의 하느님에 대한 사랑이 모든 면에서 하느님을 반영하고 하느님에 대해서 말해 주는 사물에 대한 증오와 공존할 수 있었다고 생각합니까?

사람들은 성인들이 하느님께 푹 빠져서 하느님 이외에는 아무것도 보지 못하게 되어 있다고 말할 것입니다. 그렇다면 그들이 돌과 같이 굳은 얼굴로 다니며 자신들에게 말하는 사람의 소리를 듣지 못했거나 주변 사람들의 기쁨과 슬픔을 이해하지 못했다고 생각합니까?

성인들이 사물을 올바로 보고 평가할 수 있었던 것은 그들이 하느님께 몰입했기 때문이며, 그들이 모두를 사랑할 수 있었던 것은 그들이 하느님만을 사랑했기 때문입니다.

어떤 사람들은 성인은 사물에 대해서 어떤 관심도 가질 수 없다고 생각하는 것 같습니다. 어떤 형태의 자연스러움이나 즐김도 '타락한 본성'의 죄스러운 만족이라고 생각합니다. 많은 이가 초자연적이 된다는 것을 하느님에 대한 진부하고 자의적인 해설로 모든 자연스러움을 막는 것이라고 생각합니다. 이런 진부한 사상의 목적은 모든 것을 멀리하고, 자연스러운 반응을 좌절시키는 것이며 죄책감을 몰아내는 것입니다. 아니 어쩌면 그런 감정을 키우는 것일지도 모릅니다.

때로는 그런 정신 자세가 결국은 죄악을 좋아하는 것은 아닌가 하는 생각이 들 수도 있습니다. 사람들은 성인의 삶은 죄악과의 끊임없는 투쟁 외에는 다른 것이 될 수 없고, 그리고 목이 말라 냉수를 한 잔 마시려 해도 그것이 마치 무슨 대죄라도 되듯 통회를 발하지 않고는 마실 수 없는 사람이 성인이라고 생각합니다. 아름다움, 착함, 즐거움에 반응하는 것이 성인에게는 마치 죄를 짓는 것인 양. 성인은 기도와 자기의 내적 신심 활동이 아니면 그 어떤 것으로도 기쁨을 누려서는 안 되는 것으로 생각합니다.

성인은 창조된 것들을 사랑하고 그것들을 즐겨 사용할 수 있습니다. 하느님에 대해 틀에 박힌 말을 하지 않고, 자기의 신심을 의식하지도 않으며, 어떤 인위적인 엄숙함 없이 단순하고 평범하게 피조물을 대할 수 있습니다. 그가 가진 온화함과 부드러움은 어떤 영성적 규율에도 얽매이지 않습니다. 이들은 자신의 온유함으로부터 직접 진리의 빛과 하느님의 뜻으로 나아갑니다. 그래서 성인은 하느님을 드러나게 들먹이지 않으면서도 세상에 대해서 말할 수 있습니다. 그렇게 해서 성인의 말은 하느님께 보다 큰 영광을 드리고 덜 성스러운 사람의 관찰보다 하느님의 더 큰 사랑을 일으킵니다. 덜 성스러운 사람은 하느님과 사물을 임의로 연결 짓기 위해 상투적인 은유와 비유를 매개로 하느라 무척 애를 씁니다. 하지만 그들이 동원하는 은유와 비유는 너무나 빈약해서 그것을 듣는 사람에게 종교에 무슨 문제가 있는 것은 아닐까 하는 생각을 갖게 만듭니다.

성인은 하느님께서 만드신 세상과 모든 것은 좋은 것이라는 사실을 압니다. 반면에 성인이 아닌 사람들은 피조물은 성스러운 것이 아니라고 생각하거나 아예 관심도 갖지 않습니다. 그들은 자신에게만 관심이 있기 때문입니다.

성인의 시선은 아름다운 모든 것을 거룩하게 만들고, 성인의 손은 만지는 모든 것을 하느님의 영광을 위하여 축성합니다. 그리고 성인은 어떤 것으로도 상처를 받지 않으며 누구의 잘못도 판단하지 않습니다. 그는 죄를 모르기 때문입니다. 그는 하느님의 자비를 압니다. 지상에서의 사명은 모든 사람에게 자비를 가져오는 것이라는 것을 압니다.

우리가 하느님의 사랑과 하나가 될 때에 우리는 하느님 안에 있는 모든 것을 소유합니다. 그 모든 것은 당신의 아들 그리스도 안에 계시는 하느님께 바칠 우리의 것입니다. 모든 것은 하느님의 아드님께 속해 있고 우리는 그리스도의 것이며 그리스도는 하느님의 것이기 때문입니다. 우리는 그분의 영광 안에서 쉬면서 무엇보다도 쾌락과 고통, 기쁨과 슬픔, 온갖 선과 악, 모든 것 안에서 그들 자체보다는 그분의 뜻을 사랑합니다. 이것이 우리가 피조물을 하느님을 찬양하는 제사가 되게 하는 방법입니다.

이것이 하느님께서 창조하신 모든 것의 목적입니다.

지상에서의 유일하고 참된 기쁨은 우리 자신의 거짓된 자아라는 감옥에서 벗어나는 것입니다. 그리고 모든 존재의 본질과 우리 영혼의 심연에 기꺼이 거처하시는 생명과 사랑으로 일치하는 것입니다. 그분의 사랑 안에서 우리는 모든 것을 소유하고 그 결실을 즐기며 그 모든 것 안에서 그분을 찾습니다. 그래서 우리가 세상에 나가서 만나고 보고 듣고 만지는 모든 것은 우리를 더럽히는 것이 아니고 우리를 정화하며 우리 안에 명상적인 어떤 것, 천상적인 어떤 것을 심어 줍니다.

우리가 불완전하기 때문에 창조된 모든 것은 우리에게 기쁨이 아니라 고통을 가져다줍니다. 우리가 하느님을 완전히 사랑할 때까지 세상에 있는 모든 것은 우리에게 고통을 줄 수 있습니다. 그리고 가장 불행한 것은 우리가 받은 상처로 인해 죽는 것이며 그것이 무엇인지도 모르는 것입니다.

우리가 하느님을 완전히 사랑할 때까지 하느님의 세상은 모순으로 가득 차 있기 때문입니다. 하느님께서 창조하신 것들은 우리를 하느님께로 이끕니다. 그러면서도 우리를 하느님으로부터 떼어 놓습니다. 우리는 사물들 안에서 어느 정도 하느님을 찾습니다. 그런가 하면 그들 안에서 하느님을 전혀 찾지 못합니다.

그들 안에서 우리가 어떤 기쁨을 찾았다고 생각하는 바로 그때에 그 기쁨은 슬픔으로 변합니다. 그들이 우리에게 쾌락을 주기 시작하는 그 순간, 그 쾌락은 고통으로 바뀝니다.

아직 하느님을 완전하게 사랑하지 못하고 있는 우리는 창조된 모든 것 안에서 천상의 충만함을 보여 주는 것과 지옥의 고통을 말해 주는 것을 동시에 발견합니다. 우리는 축복의 기쁨을 느끼기도 하지만 동시에 벌인 상실의 고통을 체험하기도 합니다.

피조물 안에서 우리가 찾는 완성은 창조된 존재의 실체에 속해 있습니다. 그 실체는 하느님께 오는 것이며, 하느님께 속해 있고, 하느님을 반영합니다. 그들 안에서 우리가 겪는 고통은 실제로 있는 것보다는 우리가 원하는 대상 안에서 보다 큰 실체, 창조된 그 어떤 것이 줄 수 있는 것보다도 더 큰 성취를 찾으려 하는 우리 욕망의 무질서에 있는 것입니다. 하느님의 창조를 통해서 하느님을 흠숭하는 대신에 우리는 언제나 피조물들을 통해서 우리 자신을 숭배하려 합니다.

그러나 거짓 자아를 숭배하는 것은 아무것도 숭배하지 않는 것입니다. 그리고 아무것도 숭배하지 않는 것은 지옥입니다.

'거짓 자아'를 육체와 하나로 보아서는 안 됩니다. 육체는 죄악도 아니며 비현실적인 것도 아닙니다. 육체는 하느님께 받은 실체입니다. 그렇기 때문에 이 실체는 거룩한 것입니다. 그러므로 육체를 가리켜 하느님의 진리와 하느님의 완전한 실체가 우리 존재의 신비 안에 계신다는 뜻으로 '하느님의 성전'이라고 말하는 것은 상징적이기는 하지만 옳은 말입니다. 하느님께서 맡겨 주신 육신을 아무도 감히 증오하거나 멸시하게 내버려 두지 맙시다. 아무도 감히 이 육신을 학대하도록 묵인하지 마십시오. 영혼은 선이고 육신은 악인 것처럼 영혼과 육신을 대립시켜 자신을 쪼갬으로써 자기의 자연적 일치를 속되게 하지 않도록 해야 합니다. 영혼과 육신은 함께 감춰져 있는 내적 인격의 실체 안에 존재합니다. 둘이 서로 갈라지면 인격은 더 이상 존재하지 않으며 하느님의 모습대로 만들어진 실체는 살아 있지도 존재하지도 않습니다. 한 인격체 안에서의 영혼과 육신의 '결합'은 사람을 하느님의 모습으로 만드는 것들 가운데 하나입니다. 하느님께서 묶어 주신 것을 누구도 정신 건강을 해치지 않고는 갈라놓을 수 없습니다.

　영혼이 '자아의 전부'인 양 다루는 것이나 육신을 '자아의 전부'로 다루는 것은 다 같이 잘못된 것입니다. 전자의 실수를 범하는 사람은 육신을 하찮게 여기는 죄에 빠지고, 후자의 실수를 범하는 사람은 하느님께서 인간 본성에 부여하신 수준 이하에서 사는 것입니다(이는 마치 동물처럼 사는 것이라고 할 수 있습니다. 그러나 이 말이 언제나 어느 경우에나 맞는 말은 아닙니다). 육신과 '사물'과의 관계라는 실재에서만 사는 사람들 중에 많은 사람이 존경을 받을 만하고 또 일반적으로 도덕적입니다. 하지만 그들은 자신을 오관五官의 한계 안에서만 사는 삶으로 낮추었습니다. 따라서 그들의 자아는 감각적 체험에 근거한 환상에 지나지 않습니다. 이들에게는 육신이 허위와 속임의 근원이 됩니다. 그러나 그것은 육신의 탓이 아닙니다. 그것은 그 사람 자신의 탓입니다. 환상으로 만족하고 자기기만 안에서 안정감을 찾을 뿐, 자기 오관의 만족과 안정감의 경계를 넘어서 신앙을 통해 위험을 무릅쓰고 모험을 하라고 부르시는 하느님의 은밀한 목소리에 응답하지 않는 사람 자신의 탓인 것입니다.

5.
실체로 본
사물들

나무는 나무로 존재함으로써 하느님께 영광을 드립니다. 하느님께서 의도하신 그것이 됨으로써 나무는 하느님께 순명합니다. 말하자면 나무는 그분의 창조적 사랑에 동의합니다. 나무는 하느님의 생각을 표현하고 있습니다. 그 생각은 하느님의 본질과 다르지 않습니다. 그렇기 때문에 나무는 나무가 됨으로써 하느님을 모사합니다.

나무가 나무다워질수록 그 나무는 그만큼 더 하느님을 닮습니다. 나무가 자기에게 의도된 것 이외의 어떤 것이 되려고 한다면 그것은 하느님과 덜 비슷하게 될 것이며 따라서 하느님께 영광을 덜 드릴 것입니다.

창조된 것으로서 완전히 똑같은 것은 없습니다. 개체성은 결함이 아닙니다. 반대로 창조된 것 하나하나의 완전성은 추상적 원형에 단순히 부합하는 데 있지 않고 자체로서의 개체적 주체성에 있습니다. 이 나무는 이전에도 이후에도 그 어떤 나무도 할 수 없는 모습으로 땅속에 뿌리를 내리고 하늘에 가지를 뻗음으로써 하느님께 영광을 드릴 것입니다.

이 세상에 있는 피조물 하나하나가 창조주께서 이 세상에서 이루시지 못한 이상적 형태를 재현하기 위해 불완전한 시도를 하고 있다고 생각하십니까? 그것은 피조물들이 하느님께 영광을 드리지 않을 뿐 아니라 도리어 그분은 완전한 창조주가 아니라고 주장하는 것입니다.

그렇기 때문에 각 개체는 자기 고유의 특성과 구체적 본질 그리고 독립성으로 인해 자기의 모든 특색과 성격 그리고 훼손될 수 없는 정체성을 가지고 하느님께서 지금 여기에서 되기를 바라시는 바대로 그것이 됨으로써 그분의 사랑과 그분의 완전무결한 예술로 이루어진 환경에서 하느님께 영광을 드립니다.

생물과 무생물, 동물과 식물 그리고 모든 자연의 모양과 특성은 하느님께서 보시기에 거룩한 것입니다. 그들의 본질이 그들의 거룩함입니다. 그것은 하느님 지혜의 흔적이며 그들 안에 있는 하느님의 실체입니다.

봄날 구름 낀 들판에 있는 한 망아지의 별나게도 엉성한 매력은 그분의 창조적 지혜가 하느님께 바친 신성함입니다. 그것은 하느님의 영광을 명백하게 드러냅니다.

창밖에 있는 층층나무의 연한 빛깔의 꽃들은 성인들입니다. 길가에 핀 아무도 보지 않는 작은 노란 꽃들은 하느님의 얼굴을 바라보는 성인들입니다. 이 꽃잎은 자기 고유의 질감과 잎맥의 무늬와 성스러운 모양을 가지고 있습니다. 그리고 강물 깊이 숨어 있는 농어와 송어는 그 아름다움과 힘으로 시성諡聖되었습니다.

구릉 가운데에 숨겨진 호수들은 성인들이고 바다들도 우아한 춤으로 끊임없이 하느님을 찬미하는 성인들입니다. 크고 갈라지고 반쯤 벌거벗은 산도 또 다른 하느님의 성인입니다. 그 산과 똑같은 다른 산은 없습니다. 그 산은 자기 특유의 산세로 봐서 하나뿐입니다. 세상의 그 어떤 것도 하느님을 똑같은 모양으로 닮지 않았고 앞으로도 닮지 않을 것입니다. 이것이 그 산의 거룩함입니다.

그러면 당신은 어떻습니까? 나는 어떻습니까?

동물과 나무와 달리 우리는 우리의 본성이 의도하는 것이 되는 것만으로는 충분하지가 않습니다. 우리가 개체적 사람이 되는 것만으로 충분한 것은 아닙니다. 우리에게는 거룩함이 인간성 이상의 것입니다. 우리가 만일 사람, 사람들의 무리에 지나지 않는다면 성인이 되지 못할 것이며 그분의 거룩함을 닮는 닮음의 찬미를 하느님께 드릴 수 없을 것입니다.

나에게는 내가 '나 자신'이 되는 것이 성성聖性이고, 당신에게는 '당신 자신'이 되는 것이 거룩함이 됩니다. 이 논리로 보면 사랑과 은총을 함께 공유하는 경우가 아니면 당신의 거룩함이 나의 것이 될 수 없고, 나의 거룩함이 당신의 것이 될 수 없습니다. 이는 과연 옳은 말입니다.

나에게 성인이 된다는 것은 나 자신이 된다는 것을 의미합니다. 그렇기 때문에 거룩함과 구원의 문제는 사실 내가 누구인지를 찾고 진정한 자아를 발견하는 문제입니다.

나무와 동물들은 문제가 없습니다. 하느님께서는 그들과 의논하지 않으시고 지금의 그들을 만드셨습니다. 그들은 만족하고 있습니다.

우리의 경우는 다릅니다. 하느님께서는 우리가 원하면 무엇이든지 될 수 있는 자유를 주셨습니다. 우리는 우리가 원하는 대로 될 수도 있고, 안 될 수도 있습니다. 우리는 실재적인 모습이 될 자유도 있고 가상적인 모습이 될 자유도 있습니다. 우리는 진실할 수도 있고 거짓될 수도 있습니다. 선택은 우리의 것입니다. 우리는 지금 이 가면을 쓸 수도 있고 저 가면을 쓸 수도 있으며 아무 가면도 안 쓸 수도 있습니다. 원하면 우리의 얼굴을 드러낼 수도 있습니다. 그러나 우리의 이런 선택에는 책임이 따릅니다. 원인은 결과를 가져옵니다. 우리가 만일 우리에게나 다른 사람에게 거짓말을 한다면 우리가 진리와 실재를 필요로 할 때에 그것들을 찾기 힘들 것입니다. 우리가 거짓의 길을 선택했다면 우리가 진리를 필요로 하는 마지막 순간에 진리가 우리를 피해 가도 놀라지 마십시오!

우리의 소명은 단순히 '있는 것'만이 아니고 하느님과 함께 우리의 생명, 우리의 신원, 우리의 운명을 창조하는 것입니다. 우리는 자유로운 존재들이며 하느님의 자녀들입니다. 이것은 우리가 소극적으로만 존재하지 말고 진리를 선택함으로써 그분의 창조적 자유와 우리의 생명, 다른 사람의 생명에 적극 참여해야 한다는 것을 의미합니다. 좀 더 잘 설명하면, 우리는 하느님과 함께 우리의 참된 신원을 '창출'하도록 하느님께 부르심을 받았습니다. 우리는 이 책임을 가면을 써서 회피할 수 있고 또 그렇게 하기를 즐깁니다. 그것이 얼마 동안은 자유롭고 새로운 생활양식처럼 보일 수 있기 때문입니다. 이를 모든 사람이 좋아하는 것처럼 보입니다. 그러나 장기적으로는 치러야 할 대가와 슬픔이 대단히 큽니다. 성경에서 '우리의 구원을 이룬다.'라고 표현되는, 하느님 안에서의 우리의 정체성을 성취하는 것은 희생과 번뇌, 위험과 많은 눈물이 요구되는 노동입니다. 그것은 매 순간 현실에 대한 세심한 주의를 요구하며 하느님께서 희미하게나마 새로운 각각의 환경에서 당신을 신비로이 드러내 보이실 때 하느님에 대한 큰 신뢰심을 요구합니다. 우리는 이런 일의 결과를 미리 확연하게 알지 못합니다. 나의 온전한 정체성의 비밀은 그분 안에 감추어져 있습니다. 그분만이 나를 나로, 아니 결국 완성될 나로 만드실 수 있습니다. 그러나 내가 이 정체성을 원하고 또 그분과 함께 그분 안에서 그 정체성을 찾으려고 애쓰지 않는 한, 그 일은 이루어지지 않습니다. 이 일을 하는 방법은 내가 그분에게서만 배울 수 있는 비밀입니다. 믿음이 아니고는 그 비밀을 얻을 길이 없습니다. 그러나 명상은 보다 위대하고, 보다 소중한 은총입니다. 나로 하여금 그분께서 이루어지기를 바라시는 일을 보고 이해할 수 있게 하기 때문입니다.

하느님의 뜻에 따라 매 순간 나의 자유에 심어지는 씨앗은 내 정체성 자체의 씨앗이며 나의 실체, 나의 행복, 나 자신의 거룩함의 씨앗입니다.

이들을 거절하는 것은 모든 것을 거절하는 것입니다. 그것은 나 자신의 존재, 즉 나의 정체성, 나의 자아 자체를 거절하는 것입니다.

하느님의 뜻을 받아들이지도 않고 사랑하지도 않으며 실행하지도 않는 것은 충만한 나의 존재를 거절하는 것입니다.

내가 되어야 할 내가 되지 못하고 내가 아닌 나로 남는다면 나는 어떤 것인 동시에 아무것도 아닌 것이 됨으로써 영원히 나 자신과 모순된 삶을 살 것입니다. 살기를 바라는 생명은 이미 죽었고, 죽기를 바라는 죽음은 죽음을 이룰 수 없습니다. 죽기를 바라지만 아직은 살아야 하기 때문입니다.

내가 죄 중에 태어났다고 말하는 것은 내가 이 세상에 거짓 자아를 갖고 태어났다는 것입니다. 나는 가면을 쓰고 태어났습니다. 나는 모순의 징표를 안고 태어났으며 전혀 의도하지 않은 어떤 것이 되어 태어났습니다. 그렇기 때문에 예정된 나 자신을 부정하는 것입니다. 그래서 나는 존재하면서 동시에 존재하지 않습니다. 맨 처음부터 나는 내가 아닌 어떤 것이었기 때문입니다.

다시 말해 내가 어머니가 낳아 준 그대로라면 내가 되어야 할 사람과는 거리가 멀기에 결국은 내가 없는 것과 마찬가지입니다. 사실은 내가 태어나지 않은 것이 더 낫습니다.

우리 모두는 가공의 인격, 즉 거짓 자아로 가려 있습니다. 이것이 내가 되고 싶어 하는 사람입니다. 그러나 그런 사람은 존재할 수 없습니다. 하느님께서는 그런 사람에 대해서 아무것도 모르시기 때문입니다. 하느님께서도 모르실 정도로 비밀스러운 것이라면 그것은 그 누구도 알 수 없는 것입니다. 나의 거짓된 자아는 하느님의 의지와 사랑이 미치지 않는 곳에 있고 싶어 합니다. 즉, 현실과 생명의 밖에 말입니다. 그런 자아는 환영幻影일 수밖에 없습니다.

우리는 환영을 그리 잘 인식하지 못합니다. 그 환영은 우리가 자랑할 수 있는 것들 중에 가장 보잘것없는 것이며 우리가 타고난 것이며 죄악의 근원입니다. 대부분의 세상 사람들에게 이 거짓 자아보다 더 큰 주관적 실체는 없습니다. 하지만 그것은 사실 존재하지 않습니다. 이런 그림자를 숭상하는 삶을 죄의 삶이라고 합니다.

모든 죄는 나의 거짓 자아, 자기중심적 욕망에만 존재하는 자아가 생명의 근본적 실체라는 가정에서부터 시작됩니다. 그러한 가정에 따르면 우주에 있는 모든 것은 생명의 이 근본적 실체를 위해서 준비된 것입니다. 그래서 나는 이 거짓 자아를 꾸미고 이 하찮은 것을 어떤 객관적 실체로 만들려고 나의 삶을 쾌락에 대한 욕망과 체험, 권력, 명예, 지식과 사랑에 대한 갈망으로 소진합니다. 나는 마치 보이지 않는 몸을 가지고 있어서 어떤 것으로 껍데기를 싸야만 보이는 것처럼 경험으로 나를 감싸고 나 자신과 세상이 나를 알아볼 수 있도록 하기 위해서 마치 붕대처럼 쾌락과 영광으로 나를 동여맵니다.

그러나 내가 입고 있는 것들 안에는 실체가 없습니다. 나는 속이 텅 비고, 쾌락과 야심으로 지은 나의 집은 아무런 기초가 없습니다. 그것들을 통해 나는 다른 사람들에게 이러저러한 사람으로 여겨집니다. 그러나 그것들은 자신들의 우연성으로 인해 모두 사라지게 되어 있습니다. 그들이 모두 사라지고 나면 나의 것이라곤 남는 것이 아무것도 없고, 나의 실수라고 나에게 말해 주는 벌거숭이와 공허 그리고 텅 빔만이 남게 됩니다.

나의 정체성의 비밀은 하느님의 자비와 사랑 안에 숨겨져 있습니다. 그러나 하느님 안에 있는 모든 것은 다 하느님과 일치하는 것입니다. 그분의 무한한 단순성은 어떤 구분이나 차별도 인정하지 않기 때문입니다. 그렇기 때문에 그분 안에서가 아니면 어디에서도 나 자신을 찾을 희망을 가질 수가 없습니다.

마지막으로 내가 나 자신이 될 수 있는 유일한 길은 나의 존재 이유와 완성이 숨어 있는 그분과 하나가 되는 것입니다.

그렇기 때문에 나의 존재, 나의 평화 그리고 나의 행복, 이 모든 것이 달려 있는 문제는 오직 하나뿐입니다. 즉, 하느님을 찾는 것 안에서 나를 발견하는 것입니다. 내가 그분을 찾으면 나는 나를 찾을 것이고, 내가 나의 진정한 자아를 찾으면 나는 그분을 찾을 것입니다.

그러나 이것이 단순한 것 같지만, 실제는 대단히 어려운 것입니다. 사실 내가 나를 그대로 내버려 두면, 그것은 정말 불가능해질 것입니다. 나의 이성으로 하느님의 존재와 본성에 대해서 무언가 좀 알 수 있다 하더라도 그분과 접촉하고 그분을 소유할 수 있는 인간적이며 이성적인 방법은 없습니다. 진정 그분이 누구이시며 그분 안에 있는 내가 누구인지를 알 수 있는 길을 말입니다.

그것은 사람이 혼자서는 절대로 할 수 없는 어떤 것입니다. 우주에 있는 모든 사람과 모든 피조물도 이 일을 하는 데에 그를 도울 수가 없습니다. 하느님을 찾는 법을 나에게 가르쳐 주실 수 있는 유일한 분은 하느님 한 분뿐이십니다.

6.
자신을 찾기 위해 기도하십시오

하느님의 무한한 실체와 실질적이고 체험적인 접촉을 하는 가운데 내가 하느님을 만날 수 있는 어떤 장소가 있습니다. 이곳은 하느님의 '거처', 그분의 지성소입니다. 이곳은 나의 우연적 존재가 하느님의 사랑에 의존하는 곳입니다. 하느님께서 나에게 주신 존재의 은유적 극치는 나 자신 안에 있습니다.

하느님께서 나에게 하시는 말씀은 당신의 생각을 부분적으로 담고 있는 것 같습니다.

말은 그것을 이야기하는 목소리를 절대로 알아들을 수 없을 것 같습니다. 그러나 내가 만일 하느님께서 내 안에서 말씀하시는 개념에 어긋나지 않는다면, 만일 내가 구현하도록 되어 있는 그분의 생각에 어긋나지 않는다면 나는 그분의 실체로 충만해질 것이고 내 안에 어디에서든 그분을 찾을 것입니다. 그러나 어디에서도 나를 찾지 못할 것입니다. 나는 그분 안에서 몰아(沒我)될 것입니다. 즉, 나는 나 자신을 찾을 것입니다. 나는 구원될 것입니다.

그리스도교의 아름다운 은유인 '구원'이 흔해 빠진 단어가 되어, 그 때문에 경멸되는 것은 유감스러운 일입니다. 그 말은 '신심'이란 말처럼 생기 없는 단어가 되었고 윤리적 의미조차 잃어버리고 말았습니다. '구원'은 윤리적 올바름을 뛰어넘는 것입니다. 구원이라는 말은 사람의 기본적이고 형이상학적 실체에 대한 깊은 존경을 내포합니다. 그것은 사람에 대한 하느님의 무한한 관심과 사람의 마음 깊은 곳에 있는 존재에 대한 하느님의 사랑과 보살핌, 삶 안에 있는 당신의 모든 것, 당신 아드님에 대한 하느님의 사랑을 반영합니다. 하느님의 자비로 인해 '구원받는' 것은 사람의 본성만이 아니고 무엇보다도 사람의 '인격'입니다. 구원의 대상은 독특한 것이며 대치할 수 없는 것이고 말로 할 수 없는 것입니다. 즉, 나 자신뿐입니다. 이 진정한 내적 자아는 깊은 바다 밑에서 건져 올리는 보석과 같아야 하며 혼란과 무차별, 저속한 것들과의 뒤섞임, 특징이 없는 것, 하찮은 것, 더러운 것, 그리고 덧없는 것과는 구별되어야 합니다.

우리는 '세상'이라고 하는 거짓말과 욕정의 바다에서 구원되어야 합니다. 우리는 무엇보다도 우리의 현세적 자아인 혼동과 부조리의 심연에서 구원되어야 합니다. 사람은 개체(個體, 個人)로부터 구조되어야 합니다. 하느님의 자유로운 자녀는 환상과 욕정 그리고 관습의 맹종으로부터 구원되어야 합니다. 창조적이고 신비적인 영적 자아는 가면으로 자기를 감추려고만 하는 소모적이고 쾌락적이며 파괴적인 나$_{ego}$로부터 해방되어야 합니다.

'잃는다'는 것은 결국은 사라져야 하는 연기 같은 우연적 나$_{ego}$의 변덕과 겉치레에 나 자신을 내맡기는 것입니다. '구원된다'는 것은 침범할 수 없는 자기의 영원한 실체로 돌아오는 것이며 하느님 안에 사는 것입니다.

자기 안으로 들어가 자기에게 말씀하시는 하느님을 찾는다는 것은 무엇이겠습니까? 하느님을 찾는다는 것은 하느님이 아닌 모든 것을 포기하는 것뿐 아니라 자기의 생각과 원의를 비우는 것을 말합니다.

당신의 모든 생각과 욕심을 버려 마음을 비운다면, 당신은 정녕 당신의 심중에 들어가 당신의 생명이 하느님으로부터 솟아나는, 상상으로만 존재하는 그곳에 모든 것을 집중시킬 수 있을 것입니다. 그래도 당신은 아직 진정으로 하느님을 찾지는 못할 것입니다. 어떤 자연적 훈련도 당신을 그분과 생생히 접촉하게 해 줄 수는 없습니다. 그분이 당신 안에서 자신에 대해서 말해 주시지 않는다면, 그분이 당신의 영혼 한가운데에서 그분의 정체를 말해 주시지 않는다면, 당신이 그분을 안다고 하는 것은 돌이 관성에 의해 자리를 잡고 있는 땅을 아는 것과 다를 바가 없습니다.

우리가 하느님을 발견한다는 것은 어떻게 보면 하느님께서 우리를 발견하시는 것입니다. 우리가 그분을 찾아 천국에 갈 수는 없습니다. 우리는 천국이 어디에 있는지, 천국이 무엇인지를 알 길이 없기 때문입니다. 그분께서 천국에서 내려오셔서 우리를 찾으십니다. 어디에나 계시는 그분의 무한한 실존과 우리를 보시는 그분의 시선은 우리에게 새로운 존재와 새로운 정신을 주셔서 우리가 그분을 찾게 만듭니다. 우리가 하느님께 알려지는 만큼 우리는 하느님을 압니다. 그리고 그분에 대한 우리의 명상은 그분이 당신에 대해 명상하는 데 참여하는 것입니다.

하느님께서 우리 안에서 당신을 발견할 때에 우리는 명상하는 사람이 됩니다.

우리가 그분과 접촉하는 순간, 문은 활짝 열리고 우리는 무無의 한가운데를 통해 무한한 실체로 들어갑니다. 거기에서 우리는 진정한 우리의 자아를 인식합니다.

하느님께서 존재하는 모든 것 안에서 당신을 아신다는 것은 사실입니다. 그분은 그들을 보십니다. 그들이 존재하고 또 그들이 선善이기에 그들을 사랑하십니다. 그들에 대한 하느님의 사랑은 그들의 본질적 선입니다. 하느님께서 그들 안에서 보시는 가치가 그들의 가치입니다. 그분은 모든 것을 보시고 사랑하십니다. 모든 것은 하느님을 반영합니다.

그러나 하느님께서는 사물에 대한 당신의 지혜와 사랑, 능력과 보살핌을 가지시고 모든 것 안에 현존하신다고는 하지만, 반드시 하느님께서 그들에게 인식되고 알려지는 것은 아닙니다. 그분께서 당신의 지혜와 사랑을 기꺼이 나누어 주시는 사람들에게만 그분은 사랑을 받고 또 알려집니다.

있는 그대로의 하느님을 알고 사랑하기 위해 우리는 하느님께서 새로운 방법으로 우리 안에 사시게 해야 합니다. 위대하신 분으로서만이 아니라 아주 미소한 분으로서도 우리 안에 사시게 해야 합니다. 이로 인해 하느님은 당신을 비우시고 우리의 비움 속에서 비워지기 위해서 우리에게 내려오십니다. 그러고는 우리를 당신의 충만함으로 가득 채워 주십니다. 하느님께서는 당신과 당신을 사랑하도록 창조된 영혼들 사이에 펼쳐진 무한한 심연 위에 당신 생명의 초자연적 사명으로 다리를 놓아 주십니다. 모든 사물과 우리의 깊숙한 곳에 거처하시는 아버지께서는 당신의 말씀과 당신의 혼을 우리에게 전해 주십니다. 이들을 받으면 나는 그분의 생명으로 인도되고, 그분의 아들 안에서 그분과 하나 되어 그분의 사랑으로 하느님을 압니다.

나의 정체성에 대한 발견은 이들 사명 안에서 시작하고 완성됩니다. 내가 누구인가에 대한 비밀을 간직하시는 하느님께서는 나의 창조주로서뿐만 아니라 다른 나, 진정한 자아로서 내 안에 사시기 시작하십니다.

"이제는 내가 사는 것이 아니라 그리스도가 내 안에서 사시는 것입니다 Vivo, iam non ego, vivit vero in me Christus."

이런 사명들은 세례 때에 시작됩니다. 그러나 우리가 의식적으로 사랑을 실천할 수 있게 될 때까지 이런 사명들은 우리 영성 생활에 아무런 실질적 의미가 없습니다. 그러나 우리가 사랑을 실천하면서부터 우리 안에 계시는 하느님의 특별한 현존은 우리의 자유로운 의사 결정과 교감을 갖습니다. 그 후부터 우리 삶은 욕정의 환상과 이기적인 욕심으로 가득 찬 거짓 자아의 허구와 하느님의 자비에 대한 순수한 고마움에 부합하는 사랑 사이에 끊임없이 선택을 하게 됩니다.

나의 내적 자아에게 호소하고 나의 신앙을 일깨우는 하느님의 의지와 자비가 일상 안에서 나에게 다가올 때에 거기에 동의하면, 세상과 나 자신에 대한 판에 박힌 시각을 갖게 하는 피상적이고 외적인 자세를 깨고 감추어진 주권의 현존 안에서 나 자신을 발견합니다. 이 주권과 현존이 나 자신 밖에 있는 객관적인 어떤 것으로 나타날 수도 있습니다. 사실 초기의 성인들과 예언자들은 이런 하느님의 현존을 빛 혹은 천사나 사람, 타는 불 혹은 케루빔 천사가 든 영광의 불꽃으로 보았습니다. 그들은 그렇게 표현함으로써만 그들이 체험한 최고 실체에 대해서 가장 공정하게 말할 수 있었습니다. 이것이 우리가 눈으로는 보지 못하는 주권이며 그것은 우리 안에 있는 모든 것입니다. 그것은 성부께 와서 우리의 존재 깊은 곳에 계시는 말씀과 성령의 사명입니다. 그것이 우리에게 전해지고 우리와 함께 공유하게 되는 주권입니다. 그래서 우리의 모든 존재는 영광의 은총으로 가득 차고 찬미로 그에 응답합니다.

이것이 신비의 사명을 통해 우리에게 밝혀진 '하느님의 자비'입니다. 이 사명을 통해 하느님께서는 당신을 우리에게 밝혀 주시고, 당신 왕국의 상속자와 자녀로서의 우리 신원을 일깨워 주십니다. 이것이 우리 안에 있는 하느님의 왕국이며, 우리는 '주님의 기도'를 할 때마다 이 왕국의 도래를 위해 기도합니다. 하느님의 자비와 주권이 드러날 때 우리는 우리 자신의 인격적 비밀, 우리의 진정한 정체성에 대한 어렴풋한 직관을 갖게 됩니다. 내재하시는 하느님의 위격에 우리가 "예!" 하고 대답할 때에 우리의 내적 자아는 섬광과 더불어 순간적 인식으로 깨어납니다. 하느님의 영광을 우리 안에 받아들이겠다고 온전히 동의할 때에 우리는 진정한 우리가 됩니다. 그렇게 하면 우리의 진정한 자아는 하느님께서 당신의 아드님께 주시는 최상의 선물인 그 사명을 자유롭고 기쁘게 받아들이는 자아가 됩니다. 그 밖의 '자아'는 환영일 따름입니다.

세상에 사는 동안 우리의 정신과 의지는 하느님의 말씀과 성령의 사명에 다소 무감각합니다. 우리는 하느님의 빛을 쉽게 받아들이지 못합니다.

우리의 본성이 그 자체로 선한 것이라고는 하지만 순간마다 우리가 타고난 욕망은 우리 안에 살아 계시는 하느님의 실체에 반대되는 환상을 어떻게 해서든 우리 안에 유지하려는 경향이 있습니다. 자연스럽게 하는 행위가 좋은 것이라고는 할지라도 그 행위가 자연적이기만 할 때 그 행위는 나의 능력을 내가 아닌 사람, 내가 될 수 없는 사람, 내 안에 있는 거짓 자아, 하느님이 아시지 못하는 것에 집중시키는 경향이 있습니다. 이는 내가 이기심으로 태어났기 때문입니다. 나는 자기중심적으로 태어났습니다. 이것이 원죄입니다.

내가 하느님을 기쁘게 해 드리려고 노력할 때에도 나는 그분의 원수인 나의 야망을 채우려는 경향이 있습니다. 위대한 완성을 위한 열렬한 원의와 덕행, 거룩함에 대한 열망에도 불완전은 있을 수 있습니다. 우리가 진정한 명상은 이기심을 완전히 타파하는 것, 가장 순수한 청빈과 마음의 결백이라는 사실을 잊어버릴 때에는 명상에 대한 염원도 부정한 것이 될 수 있습니다.

하느님께서는 당신을 의식하지 못하는 사람들의 영혼 안에 살고 계신다고 할지라도 내가 그분을 모르거나 그분을 생각하지 않고, 그분에 대해 아무런 관심도 없고 그분을 찾거나 내 영혼 안에 그분이 현존하시기를 원하지도 않는다면 내가 그분을 찾았다고, 그분 안에서 나 자신을 찾았노라고 어떻게 말할 수 있겠습니까? 그분께 공식 기도나 몇 마디 바치고 돌아서서는 나의 모든 정신과 의지를 피조물에게 돌리고,

그분께 미치기에는 많이 부족한 것이나 바란다면 그게 무슨 보탬이 되겠습니까? 나의 영혼이 의롭게 되었다고는 하지만 나의 마음이 아직 그분께 속해 있지 않으면 나도 아직 그분께 속해 있지 않은 것입니다. 나의 사랑이 그분께로 뻗어 나가지 않고 그분께서 창조하신 것들에 흩어져 있다면, 내가 내 안에 계시는 그분의 생명을 나에게 진정한 영향력을 줄 수 없는 별 것 아닌 수준으로 끌어 내렸기 때문입니다.

오 하느님, 저의 영혼을 의롭게 해 주십시오. 그리고 당신의 샘에서 흐르는 정열로 저의 의지를 채워 주십시오. 설령 당신의 빛이 나에게는 '암흑'으로 느껴진다 하더라도 제 정신을 비추어 주십시오. 그리고 저의 마음을 당신의 거대한 생명이 차지하십시오.

저의 눈이 당신의 영광 외에는 세상에서 아무것도 보지 못하게 해 주십시오. 그리고 당신을 섬기는 것이 아니라면 제 손이 아무것도 만지지 못하게 해 주십시오. 당신의 크신 자비를 찬미하도록 저에게 힘을 주지 않는 음식이라면 제 혀가 아무 음식도 맛보지 않게 해 주십시오. 저는 당신의 목소리를 듣고 또 당신이 만드신 모든 것의 화음, 당신을 찬미하는 노랫소리를 듣겠습니다. 당신을 섬기며 살도록 양털과 들의 목화가 저를 넉넉하게 감싸 줄 것입니다. 저는 당신의 가난한 사람에게 휴식을 제공하겠습니다. 제가 모든 것을 사용하는 데 있어서 오직 한 가지, 당신께 영광을 드리는 데서만 기쁨을 찾게 해 주십시오.

저를 무엇보다도 죄악으로부터 지켜 주십시오. 제 영혼을 지옥으로 데려가는 대죄의 죽음으로부터 저를 지켜 주십시오. 제 영혼을 해치고 눈멀게 하는 매우 위험한 정욕으로부터 저를 지켜 주십시오. 감당 못 할 정열로 사람의 육신을 다 먹어 치우는 죄로부터 저를 지켜 주십시오. 돈을 좋아하는 것으로부터 저를 지켜 주시고, 저의 생명을 질식하게 하는 인색과 야심으로부터 저를 지켜 주십시오. 예술가들이 자존심과 돈과 명예 때문에 스스로 파멸에 이르고, 성인들이 그들의 다소 지나친 열성으로 인해 매몰되는 보람 없는 수고와 헛된 일로부터 저를 지켜 주십시오. 탐욕의 상처를 낫게 해 주시고, 무자비하게 제 본성을 착취하는 갈망을 꺼 주십시오. 사랑을 독침으로 쏘고 모든 기쁨을 없애는 질투하는 뱀을 짓밟아 주십시오.

저의 묶인 손을 풀어 주시고 제 마음을 게으름으로부터 **빼내** 주십시오. 어려운 일을 피하기 위해서 할 일도 없는데 일하는 것처럼 가장하는 게으름으로부터, 필요 없는 일을 하는 비겁함으로부터 저를 해방시켜 주십시오.

침묵과 평화 속에서 당신을 기다릴 힘을 저에게 주십시오. 휴식을 주는 오직 하나인 겸손을 저에게 주십시오. 그리고 가장 무거운 짐인 교만으로부터 저를 건져 주십시오. 단순한 사랑으로 저의 마음과 영혼을 전부 차지하십시오. 저의 모든 삶을 사랑이라는 한 가지 생각과 염원으로 채워 주십시오. 그 사랑은 보상을 받기 위한 사랑도 아니고 완덕이나 덕행을 위한 것도 아니며 성덕을 위함도 아니고 오직 당신만을 위한 사랑입니다.

사랑을 충족시키고 보상할 수 있는 것은 오직 하나, 그것은 당신뿐이시기 때문입니다.

하느님을 완전하게 찾는다는 것은 바로 이런 뜻입니다. 환상과 쾌락에서 물러서는 것, 현세적 불안과 욕망, 하느님이 원하시지 않는 일에서 물러서는 것입니다. 나의 자유가 언제나 그분 의지의 표현이 될 수 있게 내 마음을 혼란에서 벗어나게 하는 것, 마음의 침묵을 즐기며 하느님의 목소리를 듣는 것입니다. 희미한 사랑 속에 계시는 하느님과 은밀히 접촉하기 위해서 피조물의 영상으로부터 지적 자유를 개발하는 것, 겸손함으로 평화를 누리고 다른 사람들과의 갈등과 경쟁에서 물러나 평화를 찾는 것입니다. 논쟁을 피하고 판단하고 검열하며 비판하는 부담스러운 일과 의무도 없는 일에 대한 견해라는 짐을 내려놓는 것입니다. 언제든 자신의 뜻을 접을 수 있는 준비를 하고 하느님이 오시기를 조용히 기다리며 쉬기 위해 영혼의 모든 힘을 그의 깊은 속으로부터 끌어올리는 것입니다. 조용히 편안한 마음으로 그분께 의존하는 것, 나의 모든 것을 한데 모으고 내가 겪을 수 있거나 할 수 있고 될 수 있는 모든 것을 수용하는 것입니다. 하느님의 뜻을 실천하기 위한 완전한 사랑과 맹목적 신앙 그리고 하느님께 대한 순수한 신뢰마저 포기하고 모든 것을 하느님께 맡기는 것입니다. 그러고 나서는 평화와 비움 속에 모든 것을 잊고 기다리는 것입니다.

"침묵 속에 하느님의 구원을 기다리는 것은 좋은 일입니다 Bonum est praestolari cum silentio salutare Dei."

7.
일치와
분열

나 자신이 되기 위해서는 내가 항상 되고 싶어 하는 것이 되기를 포기해야 하며, 나 자신을 찾기 위해서는 나 자신으로부터 떠나야 하고, 살기 위해서는 죽어야 합니다.

그래야 하는 이유는 내가 이기심으로 태어났기 때문입니다. 그렇기 때문에 나 자신을 보다 현실적이고, 보다 나답게 만들기 위한 나의 본능적인 노력은 오히려 나 자신을 덜 현실적이고 덜 나답게 만드는데 그것은 그러한 노력이 거짓 주변을 맴돌기 때문입니다.

하느님에 대해 아무것도 모르는 사람들과 삶의 중심을 자신에게 두는 사람들은 세상과 싸워 자기들의 욕망과 야망 그리고 바라는 것을 주장함으로써만 자기 자신을 찾을 수 있다고 생각합니다. 그런 사람들은 자신의 의견을 다른 사람들에게 강요함으로써, 그리고 한정된 재화를 자신들에게 돌려서 자기들보다 가진 것이 적은 사람들이나 자기네에 비해서 아무것도 가진 것이 없는 사람과의 차이를 강조함으로써 진정한 자기가 되려고 합니다.

그들은 진정한 자기가 되는 길을 한 가지 밖에는 모릅니다. 다른 사람들에게서 자기를 격리시키는 것, 다른 사람들과 자신들을 비교하고 구별하는 벽을 쌓는 것뿐입니다. 그들은 우리가 서로의 지체肢體이기 때문에 실체는 분열이 아니라 일치로 얻어진다는 것을 모릅니다.

분열 속에 사는 사람은 인격체가 아니고 '개체'입니다.

"나는 네가 가지고 있지 않은 것을 가지고 있다. 나는 너와 같지 않다. 네가 못 가진 것을 나는 가지고 있으며 네가 알지 못하는 것을 나는 알고 있다. 그렇기 때문에 너는 고통을 겪고 나는 행복하고 너는 멸시를 당하지만 나는 칭찬을 받고, 너는 죽지만 나는 산다. 너는 아무것도 아닌 사람이지만 나는 중요한 사람이다. 네가 아무것도 아니기 때문에 더더욱 나는 중요한 사람이다."

이렇게 나는 상대방과 나의 차이에 탄복하며 한평생을 보냅니다. 때에 따라 이것은 나로 하여금 내가 가지고 있지 않은 것을 가진 다른 사람, 내가 아직 받아들이지 못한 것을 받아들인 사람, 내가 이해하지 못하는 것을 이미 알아들은 사람, 나는 칭찬받을 수 없는 것을 칭찬받는 사람, 그리고 내가 죽음으로써 사는 다른 사람 등을 잊게 만듭니다.

자신과 남을 갈라놓고 사는 사람은 죽음 속에 사는 것입니다. 그는 길을 잃었기 때문에 자기 자신을 찾을 수 없습니다. 그는 실체이기를 중단한 것입니다. 그가 자기라고 생각하는 사람은 사실은 악몽에 불과합니다. 그가 죽으면 그는 이미 오래 전에 자신이 존재하기를 그쳤다는 사실을 알게 될 것입니다. 무한한 실체이시며 존재하는 모든 것을 다 알고 계시는 하느님께서 "나는 너를 모르노라." 하고 그에게 말씀하실 것이기 때문입니다.

이제는 병인 영적 교만에 대해 생각해 보겠습니다. 나는 성인의 마음속으로 들어가 성덕이 성숙하기 전에 파괴해 버리는 특이한 비현실성을 생각하고 있습니다. 종교를 믿는 모든 사람의 마음속에는 이런 버러지 같은 것이 있습니다. 이들은 하느님께서 보시기에 좋은 어떤 것을 하자마자 그 결과를 자기에게로 돌려 그것을 자기의 것으로 만들려는 경향이 있습니다. 그들은 덕행을 자기의 것이라고 주장하고 또 자신에 대한 환상을 하느님의 가치로 덮어씌움으로써 자신들의 덕행을 파괴하는 경향이 있습니다. 다른 모든 사람과는 다른 환경을 염원하는 속마음을 누가 피할 수 있겠습니까? 현세에서 죄인들이 흔히 하는 것과는 조금 다른 어떤 것을 맛보려 하지 않고서야 누가 좋은 일을 할 수 있겠습니까? 이런 병은 그것이 마치 겸손인 것처럼 여겨질 때 가장 위험합니다. 교만한 사람이 자신을 겸손하다고 생각한다면 그에게는 희망이 없습니다.

육체적으로 감당하기 어려운 일을 많이 한 사람이 있습니다. 그는 어려운 시련을 겪었고 많은 일을 했습니다. 하느님의 은총으로 그는 용감하고 헌신적인 사람이 되어 드디어 어떤 수고도 고통도 아무렇지 않게 되었습니다. 그의 마음이 편안해지는 것은 당연합니다. 그러나 그가 이런 사실을 인식하기 전에 하느님과 뜻을 함께하는 이 고결한 평화는 자신의 출중함을 즐기는 의지의 자기만족이 되고 맙니다.

어려운 일을 성공적으로 했을 때 그는 기쁨을 느끼며 "나는 성인이야." 하고 조용히 자신에게 말해 줍니다. 그와 동시에 다른 사람들은 그를 자기들과는 다른 사람으로 인식하는 것 같습니다. 그들은 그를 동경하거나 아니면 피합니다. 죄인들의 애틋한 경의! 즐거움은 화염처럼 불타오릅니다. 그 불길의 열기는 하느님의 사랑처럼 느껴집니다. 그것은 관용을 키워 주는 덕과 동일한 덕에 의해 키워집니다. 그는 자신에게 탄복하면서 이렇게 생각합니다. '이것은 하느님의 사랑의 불이야.' 그는 자기의 자랑이 하느님의 성령이라고 생각합니다.

기쁨의 달콤한 온기가 그가 하는 모든 일의 기준이 됩니다. 자기 생각에 자기를 감탄할 만한 사람으로 만드는 행위에서 맛본 그 만족감은 그에게 단식이나 기도를 하게 하고, 또는 은거하거나 많은 책을 쓰게 하고, 교회와 병원을 짓거나 수많은 단체를 조직하게 합니다. 그는 원하는 것을 다 이루고 나면 느껴지는 만족감이 성령의 인증이라고 생각합니다.

기쁨의 은밀한 소리는 그의 마음속에서 노래합니다. "**나는 다른 사람들과 같지 않습니다** Non sum sicut caeteri homines."

끝없는 죄악의 길을 한 번 내딛고 나면 그의 자기만족은 하느님의 이름으로, 그분을 사랑한다는 명목으로, 그리고 그분의 영광을 위해서라며 일을 몰아칩니다. 그는 스스로 크나큰 만족감에 젖어 다른 사람의 권고를, 윗사람의 명령을 더 이상 받아들이지 않습니다. 누가 그의 의견에 반대하면 그는 겸손되이 두 손을 합장하고 얼마 동안은 그 말을 받아들이는 것처럼 보입니다. 그러나 속으로는 이렇게 말합니다. '나는 세상 사람에게 박해를 받고 있는 거야. 그들은 하느님의 성령으로 인도되는 사람을 이해할 수 없어. 성인들의 경우에도 항상 그랬어.' 그는 순교자가 되어 전보다 몇 십 배나 더 고집스러워집니다.

이렇게 자기를 예언자나 하느님의 사자使者 혹은 세상을 바로잡을 사명을 가진 자라고 생각하게 되는 것은 소름끼치는 일입니다. 그는 종교를 파괴할 수도 있고, 사람들에게 하느님의 이름을 증오하게 할 수도 있습니다.

어떻든 나는 나의 정체성을 하느님 안에서뿐만 아니라 다른 사람들 안에서 찾아야 합니다. 내가 마치 특별한 존재인 것처럼 나를 다른 사람들에게서 격리시킨다면, 나는 절대로 나 자신을 찾을 수 없을 것입니다.

8.
혼자 있는 것은
분리가 아닙니다

어떤 사람은 사람들을 피해야만 성덕을 닦을 수 있다고 생각해서 은수자가 되기도 합니다. 그러나 의도적 은거 생활의 정당성은 오직 하느님뿐 아니라 다른 사람도 사랑하는 데에 도움이 된다는 확신에 있습니다. 단지 싫어하는 사람을 피해서 사막으로 간다면 은둔도 평화도 얻지 못하고 악마들과 함께 자신을 격리시킬 뿐입니다.

사람은 한 분이신 하느님의 모상으로 창조되었기 때문에 일치를 추구합니다. 일치는 은거를 암시하며 따라서 물리적으로 혼자 있는 것이 필요합니다. 그러나 일치와 은거는 형이상학적 격리가 아닙니다. 자기중심적이고 외적 자아의 어떤 독립 같은 것을 즐기기 위해서 자신을 격리시키는 사람은 일치를 전혀 찾지 못합니다. 그는 여러 가지 서로 상치되는 욕망으로 분해되어 마침내는 혼란에 빠지고 전적인 부재로 귀결되기 때문입니다.

은거는 내 ego가 자신과 나누는 자아도취적 대화가 아니며 그런 대화가 될 수도 없습니다. 그런 공상은 유한한 자기를 무한한 것으로 만들고, 다른 모든 존재로부터 영원히 독립된 것으로 만들려는 헛된 시도입니다. 이것은 미친 짓입니다. 그러나 은둔자들에게는 이것이 이상한 광기가 아니라는 것을 알아두어야 합니다. 그러나 이런 일이 다른 사람들을 지배함으로써 자기만의 특이한 우월성을 주장하려는 사람들에게는 흔히 있는 일입니다. 이것은 보다 흔한 죄입니다.

진정한 은거의 필요성은 복잡하고 또 위험합니다. 그러나 그것은 진정으로 필요합니다. 집단주의가 사람들을 모양도 얼굴도 없는 집단으로 점점 더 집어삼키려는 오늘날 그 필요성은 보다 더 현실적입니다. 오늘날 '사랑'과 '순종'(집단의 의견이나 조직에 대한 수동적 굴종)을 동일시하려는 경향이 있긴 합니다. 하지만 이런 경향은 맹렬하고 눈에 띄게 달라 보이려 하고, 결국 스스로 또 다른 새로운 아둔함을 만들어 내는 자기중심적인 사람들의 쓸데없는 반항으로 강화될 뿐입니다.

진정한 은거는 고향과 같습니다. 그러나 거짓 은거는 개인주의자의 피난처입니다. 사람은 사랑할 수 있는 특이한 능력, 하느님이 만드신 모든 것을 돌볼 근본적 능력과 하느님께 사랑을 받을 수 있는 능력이 있습니다. 그와 같은 능력은 전망의 상실로 파괴됩니다. 은거에 필요한 어떤 요소가 없으면 거기에는 연민도 없습니다. 사람이 사회 조직의 흐름에 휩쓸려 들어가면 다른 사람들이 도움을 청해도 그것을 더 이상 개인적 책임의 문제로 인식하지 못하기 때문입니다. 사람은 군중 속으로 뛰어듦으로써 사람들에게서 도망갈 수 있습니다!

사람들을 피하기 위해서가 아니라 하느님 안에서 그들을 찾기 위해 사막으로 가십시오.

물리적 은거는 위험합니다. 그러나 과장할 필요는 없습니다. 현대인의 큰 유혹은 물리적 은거가 아니고 다른 사람들의 집단 속으로 빠져 드는 것입니다. 산이나 사막으로 도망가는 것(남자들이 흔히 선호하지만)이 아닌, 형태도 없는 엄청난 바다인 대중 속으로 피신하는 것입니다. 대중 속에서 자기를 잃고, 자기가 혼자라는 것을 모르고 있는 사람, 자기가 속한 사회의 일원으로 처신할 줄 모르는 사람의 은거보다 더 위험한 것은 없습니다. 그런 사람은 진정한 은거의 위험과 책임을 직시하지 않으며 오히려 군중에게 그의 모든 책임을 떠맡깁니다. 그럼에도 불구하고 그가 모든 걱정에서 해방되는 것은 아닙니다. 그는 산만함, 알 수 없는 불안, 말 못할 두려움, 잔잔한 욕정, 물이 바다를 채우듯 집단 사회에 만연하는 적개심의 부담을 갖고 있습니다.

단순히 다른 사람들과 함께 산다는 것이 우리가 그들과 하나 되어 살거나 그들과 의사소통하며 사는 것을 보장하지는 않습니다. 대중 사회에 속한 사람보다 더 의사소통할 대상이 적은 사람이 누구입니까?

할 말이 제일 많은 사람은 흔히 은거하는 사람입니다. 말만 많은 것이 아니고 그가 하는 말은 새롭고 실속이 있으며 특이합니다. 그것은 그 사람 자신의 것입니다. 그는 말을 적게 하더라도 소통할 수 있는 어떤 것, 다른 사람들과 나눌 수 있는 어떤 것을 가지고 있습니다. 그 자신이 진정한 실체이기 때문에 남에게 줄 수 있는 구체적인 어떤 것을 가지고 있습니다.

사람들이 진정한 대화 없이 한데 뒤엉클어져 사는 곳에 나눔도 많고, 순수한 일치가 있는 것 같아 보입니다. 그러나 이것은 일치가 아닙니다. 그것은 수없이 많은 표제어와 상투어가 계속 반복되어 마침내는 건성으로 들으며 생각 없이 대답하는 세상의 무의미 속으로 빠져 드는 것입니다. 빈말과 계속 돌아가는 기계의 시끄러운 소음, 끝없이 울려 대는 확성기 소리는 진정한 대화와 일치를 결국은 불가능하게 합니다. 군중 속의 각 개인은 불감이라는 두터운 층으로 격리됩니다. 그는 관심도 없고 듣지도 생각하지도 않습니다. 그는 행동하지 않고 밀려다닙니다. 그는 말을 하지 않고 특정한 소리에 자극을 받아 틀에 박힌 소리를 냅니다. 그는 생각 없이 상투적으로 말합니다.

혼자 산다는 것만으로 사람이 격리되는 것은 아닙니다. 단순히 사람이 함께 산다고 일치가 이루어지는 것도 아닙니다. 공동생활은 그것이 진정한 공동생활인지 아니면 여럿이 있는 곳에 그저 사는 것인지에 따라 사람을 더 나은 사람 혹은 덜 나은 사람으로 만들 수 있습니다.

사람다운 사람이 되기 위해서는 서로 일치하여 순수한 대화를 나누며 사는 것이 절대적으로 필요합니다. 그러나 서로 나누는 것이 아무것도 없고 단지 잡음과 소음만 공유할 때 그런 삶은 고통을 거의 느끼지 못하는 방법으로 사람을 실재에서 떼어 놓습니다. 그것은 그를 분해시켜 다른 사람들과 진정한 자기의 자아에서 분리시킵니다. 여기에서 죄는 자기는 다른 사람들과 다르다고 믿는 것이 아닌, 그들과 같아짐으로써 다른 모든 잘못을 보상하고도 남는다고 믿는 데 있습니다.

자신의 우월함을 탄복하는 개인의 자기만족은 그 자체로도 충분히 잘못된 것이지만, 그러나 평가의 대상이 될 피상적 자아마저도 가지고 있지 않아 자존감이 전혀 없는 사람의 만족에 비하면 나은 편입니다. 그는 사람도 아니고 개인도 아니며 단지 요소일 뿐입니다. 이와 같은 요소화한 존재는 어떤 때에는 겸손 또는 자기희생이라고 칭송받기도 하고 때로는 순명이라고 불리기도 하며 경우에 따라서는 계급 투쟁의 변증법에 대한 헌신이기도 합니다. 그것은 평화가 아닌 평화를 만들어 냅니다. 그것은 단지 갈등에 대한 신속하고 즉각적인 감정의 도피입니다. 그것은 사랑의 평화가 아니고 마취의 평화입니다. 그것은 자아 인식과 자기 헌신의 평화가 아니고 무책임으로의 피난입니다.

내적 은거 외에 참다운 은거는 없습니다. 그리고 이 내적 은거는 다른 사람과의 관계에서 자기의 올바른 자리를 받아들이는 사람에게만 가능합니다. 어떤 우연적 재주나 은총 혹은 덕행이 자기를 다른 사람과 구별하여 자기를 다른 이들보다 우월한 자리에 놓아 준다고 아직도 생각하는 사람에게는 진정한 평화가 가능하지 않습니다. 은거는 분리가 아닙니다.

하느님께서는 우리 자신만을 위해서 재주나 은총 혹은 덕행을 허락하시지 않습니다. 우리는 서로의 지체입니다. 지체에게 주어지는 것은 무엇이나 다 몸 전체에 주어지는 것입니다. 내가 발을 씻는다고 해서 발을 얼굴보다 더 예쁘게 하려는 것은 아닙니다.

성인들이 성덕을 사랑하는 것은 성덕이 그들을 우리에게서 분리해 그들을 우리보다 윗자리에 있게 하기 때문이 아니고, 그와 반대로 우리와 더 가까워지게 하고 어떤 의미로는 우리 밑에 있게 하기 때문입니다. 성인들에게 성덕이 주어지는 것은 그들이 우리를 돕고 우리에게 봉사하게 하기 위해서입니다. 성인들은 의사나 간호사와 같아서 건강하고, 환자를 치료하는 기술을 가지고 있다는 면에서 환자보다는 낫습니다. 그러면서도 의사와 간호사들은 환자의 종이 되고 그들의 건강과 치료 기술을 환자들에게 바칩니다.

성인이 성인일 수 있는 것은 그들의 성덕이 그들을 다른 사람들에게 경이의 대상이 되게 해서가 아니고, 성인이 되게 하는 은총이 그들로 하여금 다른 모든 사람을 존경할 수 있게 해 주기 때문입니다. 성덕은 성인들에게 가장 심한 흉악범에게서도 선을 찾을 수 있는 맑고 깨

끊한 동정심을 갖게 합니다. 다른 사람들을 판단하고 단죄하지 않게 해 줍니다. 연민과 자비와 용서로 다른 사람에게서 선을 끌어내는 법을 가르쳐 줍니다. 사람이 성인이 되는 것은 자기가 죄인보다 낫다고 믿기 때문이 아니라 자기도 그들 가운데 하나이고 우리는 모두 하느님의 자비를 필요로 한다는 것을 인식하기 때문입니다.

가장 위대한 자유는 겸손에 있습니다. 당신이 중요하다고 생각하는 상상의 자아를 옹호하는 한 당신은 마음의 평화를 잃을 것입니다. 당신은 그 환영을 다른 사람들의 환영과 비교하는 순간 모든 기쁨을 잃습니다. 실재하지 않는 것을 거래하기 시작했기 때문입니다. 존재하지 않는 것에는 기쁨이 없습니다.

자신을 중요하게 생각하고 자기의 덕목들이 자기의 것이기 때문에 중요하다고 생각하기 시작하는 순간 그는 자기 허영의 포로가 되고, 자기가 하는 가장 좋은 일도 자신을 눈멀게 하고 자신을 속일 것입니다. 자신을 보호하기 위해 당신은 다른 사람이 하는 일마다 거기에서 잘못과 허물을 보기 시작할 것입니다. 당신이 당신 자신과 당신이 하는 일에 비이성적인 중요성을 부여하면 할수록 다른 사람들을 비난함으로써 자기의 생각을 키워 나갈 것입니다. 덕망 있는 사람들도 때로는 고통스럽고 불행할 때가 있습니다. 그들은 자기도 모르게 다른 사람들보다 그들이 덕망이 더 있어서 행복하다고 믿게 되기 때문입니다.

겸손이 사람을 자기의 일과 명예에 대한 집착에서 해방시킬 때에 그 사람은 우리가 우리를 온전히 잊을 때에만 가능한 완전한 기쁨을 찾습니다. 결국 우리가 하느님 한 분만을 위해서 하느님을 완전하게 섬길 수 있도록 온전히 자유로워지는 것은 우리가 더 이상은 우리의 행위와 명예, 출중함에 관심을 가지지 않을 때뿐입니다.

가식적이고 마음의 가난과 솔직함을 갖추지 않은 사람은 자기도 모르는 사이에 해야 할 일을 하느님의 영광을 위해서가 아니라 자기를 위해서 하려는 경향이 있습니다. 그가 하느님을 사랑하기 때문이 아니고 다른 이들이 자기의 덕을 높이 사기를 바라기 때문일 것입니다. 그러나 매 순간은 그에게 고통스럽고 참기 힘든 어떤 좌절을 가져다줄 것이고, 그는 조바심하거나 안달할 것입니다.

그는 아주 멋진 일을 하려고 계획을 세웠습니다. 그는 후광이 없는 자기를 생각할 수 없습니다. 일상사가 그에게 그는 그리 중요한 인물도 아니고 평범한 사람이라는 것을 계속 일깨워 줄 때 그는 부끄러워하고, 그의 자존심은 아무도 놀라지 않는 평범한 진리를 받아들이지 못합니다. 가장 열심한 사람들도 서로 경쟁하느라 시간을 낭비합니다. 그 경쟁에서 얻어지는 것은 불행뿐입니다.

예수님께서는 당신 제자들을 여러 번 책망하셨습니다. 제자들은 서로 말다툼을 하고 하느님 나라에서의 첫째 자리를 놓고 싸웠습니다.

야고보와 요한은 하느님 나라에서 그분의 오른쪽과 그분의 왼쪽 자리를 차지하려 했습니다. 성인들이 서로 일치하지 않은 것을 보는 것이 그리 이상하지는 않습니다. 베드로가 바오로와 항상 일치한 것은 아닙니다. 필립보 네리와 가롤로 보로메오도 언제나 뜻이 맞지는 않았습니다. 대단히 성스러운 사람들도 때로는 과장이 대단히 심했고 함께 살기에 피곤했습니다. 내 말이 믿어지지 않는다면, 아마 성인들은 언제나 완벽했고 그들은 싸워야 할 허물이 없었다고 생각하기 때문일 것입니다.

그러나 하느님께서는 가끔 사람에게 어떤 허물, 불완전, 맹점 그리고 괴벽을 허락하십니다. 상당한 수준의 성덕을 닦은 사람에게도 그렇게 하십니다. 이런 것들 때문에 그들의 성덕이 자신과 다른 사람들에게 감추어져 있는 것입니다. 만일 모든 성인의 거룩함이 모든 사람에게 언제나 평범하게 확실히 드러난다면 성인들은 함께 사는 사람들에게서 오는 시련과 비판, 모욕과 반대로 갈고 닦일 수 없을 것입니다.

삶의 의미가 성덕이라는 사실을 알더라도 아직 성인이 되지 않은 것에 만족하십시오. 그렇게 하면 하느님께서 당신이 이해할 수 없는 길로 당신을 성덕으로 이끌어 주시는 것에 만족하게 될 것입니다. 당신은 더 이상 당신 걱정을 하지 않고 또 자신을 다른 사람들과 더 이상 비교하지 않는 암흑의 길을 걷게 될 것입니다. 그런 길을 간 사람들은 마침내 성덕은 모든 것에 있고 하느님께서는 그들 주변 곳곳에 계신다는 것을 알게 됩니다. 다른 사람과 경쟁할 모든 욕망을 포기하고 나면, 그들은 갑자기 깨어나 하느님의 기쁨은 어디에나 있다는 것을 알고 그들 자신이 할 수 있었던 것보다는 훨씬 더 다른 사람들의 덕행과 선행에 기뻐할 수 있게 됩니다. 그들은 함께 사는 사람들의 영혼 안에 계시는 하느님을 생각하고 감탄하여 그들이 다른 사람들에게서 보는 그 어떤 것도 단죄하지 않게 됩니다. 가상 큰 죄인에게서조차 그들은 누구도 볼 수 없는 덕행과 선행을 볼 수 있습니다. 그들이 아직도 자신들을 생각한다 해도 그들은 이제 감히 자신들을 다른 사람들과 비교하려 하지 않습니다. 이제는 더 이상 그런 생각을 할 수 없게 되었습니다. 그러나 이제 그것은 고통과 슬픔의 근원이 아닙니다. 그들은 마침내 자신의 비천한 지위를 당연하게 받아들이는 경지에 이른 것입니다. 그들은 더 이상 그들의 외적 자아에 관심을 갖지 않습니다.

내가 하느님의 모습대로 만들어졌다고 말하는 것은 하느님은 사랑이시기 때문에 사랑은 나의 존재 이유라고 말하는 것입니다. 사랑이 나의 진정한 신분입니다. 사심 없음이 나의 진정한 자아입니다. 사랑이 나의 진정한 인격입니다. 사랑이 나의 이름입니다.

그렇기 때문에 만일 내가 순수하게 하느님의 사랑을 위한 것이 아닌 어떤 것을 하거나 생각하고, 말하거나 안다고 하면 그것은 나에게 평화나 안식 또는 성취나 기쁨을 줄 수 없습니다.

사랑을 찾기 위해서 나는 사랑이 숨어 있는 지성소, 즉 하느님의 신비인 지성소로 들어가야 합니다. 그분의 지성소에 들어가기 위해서 나는 그분이 거룩하시듯 거룩해져야 하고, 그분이 완전하시듯 나도 완전해져야 합니다.

어떻게 감히 내가 그런 생각을 할 수 있습니까? 그것은 미친 짓이 아닐까요? 만일 내가 하느님의 성성聖性과 완전성을 정말 안다고 생각한다면, 하느님의 성성과 완전성을 흉내 낼 어떤 방법이 있다고 생각한다면 그것은 틀림없이 미친 짓입니다. 그렇기 때문에 하느님의 성성은 나와 다른 모든 사람에게 정말 신비스럽고 알아들을 수 없으며 완전성에 대한 그 어떤 형태의 최상의 개념도 뛰어넘어 사람의 어떠한 표현도 능가하는 어떤 것이라는 것을 인식하는 데서부터 시작해야 합니다.

내가 거룩해지려면 나는 내가 이해하지 못하는 어떤 것, 신비스럽고 감추어진 어떤 것, 명확하게 자기모순인 어떤 것이 되어야 합니다. 하느님께서는 그리스도 안에서 '당신을 비우셨기' 때문입니다. 하느님께서는 사람이 되시어 죄인들 가운데에 사셨습니다. 그분은 죄인 취급을 받았습니다. 그분은 하느님을 모독한 자로, 적어도 명시적으로는 아니지만 하느님을 부정한 사람으로, 하느님의 거룩함에 반기를 든 사람으로서 죽임을 당했습니다. 그리스도의 재판과 판결에서의 가장 큰 논란거리는 정확히 말해서 하느님과 하느님의 거룩함을 부인한 것이 없습니다. 그분의 거룩함이 사람들이 생각하는 거룩함과는 맞지 않았기 때문에 그분은 죽임을 당하셨습니다. 그분은 충분히 거룩하시지 못했으며, 사람들이 생각하는 형태로 거룩하시지도 않았고 그들이 기대하는 방법으로 거룩하시지도 않았습니다. 그렇기 때문에 그분은 전혀 하느님이 아니셨습니다. 그분은 버림을 받고, 자신에게까지도 버림을 받았습니다. 그것은 마치 성부께서 성자를 거부하시고, 하느님의 능력과 자비가 아주 실패한 것 같았습니다.

십자가 위에서 죽으심으로써 그리스도께서는 정반대로 하느님의 거룩함을 드러내셨습니다. 그러나 실제로 이런 드러냄顯示은 거룩함과 완전함에 대한 사람들의 모든 개념을 완전히 부인하고 거부하는 것입니다. 하느님의 지혜가 사람에게는 어리석음이 되었습니다. 하느님의 능력은 연약함으로 나타나고 하느님의 거룩함은 사람들의 눈에는 거룩하지 않은 것이 되었습니다. 성경은 말합니다. "사람들에게 높이 평가되는 것이 하느님 앞에서는 혐오스러운 것이다."(루카 16,15) 그리고 또 하느님께서는 "내 생각은 너희 생각과 같지 않다."라고 사람에게 말씀하십니다(이사 55,8 참조).

우리가 어떤 모양으로든 좀 거룩해지려면, 무엇보다도 먼저 우리 자신의 방법과 지혜를 포기해야 합니다. 하느님께서 하신 것처럼 우리도 '우리 자신을 비워야' 합니다. 우리는 '우리 자신을 부인하고' 우리 스스로 살기보다는 하느님 안에 살기 위하여 어떤 의미로는 우리 자신을 '아무것도 아닌 것'으로 만들어야 합니다. 우리는 있지도 않을 것 같은 힘과 빛으로 살아야 합니다. 우리는 항상 진정으로 비어 있고 그러면서도 언제나 우리를 뒷받침해 주는 확실한 비움의 힘으로 살아야 합니다.

이것이 거룩함聖德입니다.

이 중 어느 하나도 우리의 수고와 노력, 다른 사람들과의 어떤 경쟁으로는 이룰 수 없습니다. 이것은 사람이 따르고 이해할 수 있는 모든 방법을 제쳐 두는 것을 의미합니다.

사랑을 가지고 있지 않는 나를 사랑이 하느님과 일치시켜 주지 않는 한 사랑이 될 수 없습니다. 그러나 하느님께서 나와 내가 하는 모든 일 안에서 활동하시고 사랑하시기 위하여 당신 자신인 당신의 사랑을 보내 주신다면 나는 변화될 것이고 나 자신이 누구인지를 알게 될 것이며 하느님 안에 나 자신을 잃음으로써 나의 참된 신분을 갖게 될 것입니다.

이것이 바로 성덕이라고 하는 것입니다.

9.
우리는
한 사람입니다

신비 생활의 역설 중 하나는 이것입니다.

'자기 자신에게서 완전히 벗어나 자신을 비우고 그리고 사심이 전혀 없는 사랑으로 자기 자신을 다른 사람에게 줄 수 없다면 사람은 자기의 가장 깊은 마음속으로 들어갈 수 없고 또 그 마음을 통해 하느님께로 갈 수 없습니다.'

명상 생활에 있어 가장 나쁜 환상 중 하나는 자신을 자기 안에 가두어 놓음으로써, 철저한 집중력과 의지로 모든 외적 실체를 차단함으로써, 그리고 거북이처럼 자기를 자기 안에 가두고 문을 꽉 닫아 세상과 다른 사람들에게서 자기를 분리시킴으로써 하느님을 찾으려는 것입니다.

다행히도 이런 식으로 하는 사람들의 대부분은 절대 성공하지 못합니다. 자기 최면은 명상의 정반대이기 때문입니다. 하느님께서 당신의 빛과 무한한 열정으로 우리의 모든 능력 안으로 들어오실 때 우리는 하느님을 소유하게 됩니다. 우리는 하느님께서 우리를 완전히 소유하시기 전에는 하느님을 '소유'하지 못합니다. 그러나 이와 같이 자기를 속이고 살아 있는 모든 것으로부터 자기를 격리하는 것은 자기를 죽일 뿐입니다. 불이 얼어붙은 것을 어떻게 가질 수 있겠습니까?

내가 하느님과 일치하면 할수록 그분과 일치한 다른 사람들과 더욱 일치할 것입니다. 하느님의 사랑이 우리 모두 안에 사실 것입니다. 하느님의 영은 우리 모두를 위한 하나의 생명이며, 우리 모두의 생명이자, 하느님의 생명입니다. 우리는 하느님께서 우리를 사랑하시고 또 당신을 사랑하시는 그 같은 사랑으로 서로 사랑하고 하느님을 사랑할 것입니다.

그리스도께서는 성령과 일치하여 아버지와 하나이셨던 것같이 모든 사람이 하나가 되도록 기도하셨습니다. 그렇기 때문에 너와 내가 우리가 될 때에, 우리는 서로를 완전히 사랑하게 될 뿐 아니라 우리는 그리스도 안에 살고 그리스도는 우리 안에 산다는 것을 알게 되고, 우리는 모두 한 그리스도라는 것을 알게 될 것입니다. 우리 안에서 사랑하시는 분이 그분이라는 사실을 알게 될 것입니다.

명상 생활의 최종 완성은 사람들이 저마다 보는 하느님에 대한 개인적 직관인 개개인의 천국이 아닙니다. 그것은 선택된 모든 사람, 모든 천사와 성인들의 몸을 통해서 흐르는 사랑의 바다입니다. 그들의 명상은 그것을 나누지 않거나 나누더라도 소수의 사람이나 관찰력이 부족하거나 덜 기뻐하는 사람들과 나눈다면 불완전합니다.

만일 당신이 나와 함께 명상하기 위해서 천국에, 그리고 명상 중에 있다면 나는 그곳에서 보다 많은 기쁨을 누릴 것입니다. 우리 중에 보다 많은 사람이 함께 명상하기 위해 그곳에 있다면 우리 모두의 기쁨은 보다 클 것입니다. 명상은 함께하지 않으면 완전해지지 않기 때문입니다. 하느님의 영광이 우리에게서 흘러넘쳐 천국 전체에 전해져, 다른 모든 사람 안에서 하느님을 보고, 하느님은 우리 모두의 생명이시고 또 우리는 모두 다 그분 안에 하나라는 것을 앎으로써 명상을 통해 주어지는 하느님의 무한한 은총을 나누지 않으면 우리는 하느님의 영광에 대한 충만한 희열을 끝내 맛보지 못할 것입니다.

그것은 현세에서도 마찬가지입니다. 다만 희미할 뿐입니다. 이 일치는 신앙의 암흑에서가 아니면 우리가 인식할 수도 없고 즐길 수도 없는 것입니다. 그러나 현세에서도 우리가 하느님과 하나가 되면 될수록 우리는 서로 더욱더 일치하게 됩니다. 그리고 명상의 침묵은 하느님뿐만 아니라 사람들과도 함께하는 깊고 풍요로우며 끝이 없는 교제입니다. 명상가는 자기 안에 고립된 사람이 아니고 겸손과 순결한 마음으로 자기의 외적이고 자기중심적인 자아에서 해방된 사람입니다.

그렇기 때문에 거기에는 다른 사람들에 대한 단순하고 겸손된 사랑에 심각한 장애가 되는 것이 더 이상 없습니다.

우리가 하느님과 더불어 혼자 있으면 있을수록 서로 함께 있는 것이며 어둠 속이기는 하지만 많은 사람과 함께 있는 것입니다. 하느님의 의지와 사랑에 따라 우리가 일과 활동과 대화를 통해 다른 사람들에게 나아갈수록 우리는 더 많은 사람과 함께합니다. 그러면서도 우리는 은거 중에 있게 됩니다.

우리가 혼자 있으면 있을수록 우리는 더 함께 있게 됩니다. 그리고 도시와 군중이 아닌 진정한 사랑의 교제 안에 있으면 있을수록 그분과 더 홀로 있게 됩니다. 나의 영혼과 상대방의 영혼 안에서 나는 우리의 생명이신 같은 그리스도를 찾고 그분은 우리의 사랑 안에서 당신을 발견하십니다. 우리는 다 함께 낙원을 찾습니다. 그 낙원은 그분의 아버지께 대한 그분의 사랑을 성령의 위격 안에서 나누는 것입니다.

나의 진정한 인격은 신비로운 그리스도 안에서 다음과 같은 단 한 가지 방법으로 충만하게 될 것입니다. 다른 누구에게도 가능하지 않은 방법으로 그리스도와 그분의 영이 나를 통해서 당신과 모든 사람 그리고 하느님 아버지를 사랑할 수 있게 됩니다.

사랑은 하느님께 와서 우리 모두를 통해 그 사랑을 하느님께 되돌리기 위해 우리를 하느님께로 모으고, 그분의 무한한 자비에 따라 우리 모두를 그분에게로 되돌려 놓습니다. 그렇기 때문에 우리는 하느님께서 당신의 집을 되비추는 문과 창문들이 됩니다.

하느님의 사랑이 내 안에 있을 때 하느님께서는 나를 통해서 당신을 사랑하고 당신은 나를 통해서 하느님을 사랑할 수 있습니다. 나의 영혼이 그 사랑에 대해서 문을 닫으면 당신에 대한 하느님의 사랑과 하느님에 대한 당신의 사랑 그리고 당신과 내 안에 계시는 하느님에 대한 그분의 사랑은 다른 누구도 아니고 나를 통해서 이루어지는 그 특별한 표현 방식을 거부하는 것입니다.

하느님의 사랑이 내 안에 있기 때문에 하느님께서 내 안에 사시지 않으면, 그 사랑이 색다르고 특이한 방향에서 당신에게 올 수 있습니다. 그리고 하느님의 사랑이 당신 안에 있기 때문에 그곳이 아니면 오지 못하는 곳에서 나에게 올 수 있습니다. 그 사랑은 우리 둘 안에 있기 때문에 하느님께서는 보다 큰 영광을 받으십니다. 그분의 사랑은 달리 표현될 수 없는 둘 이상의 방법으로 나타납니다. 즉, 그것은 하느님께서 안 계시면 있을 수 없는 둘 이상의 기쁨입니다.

이런 사랑과 이런 기쁨 중에 삽시다. 당신과 나, 우리 모두 그리스도의 사랑 안에 그리고 명상 중에 삽시다. 여기에서 우리는 진정한 우리로서의 우리 자신과 서로를 찾기 때문입니다. 우리가 마침내 진정한 실체가 되는 것은 이 사랑에서뿐입니다. 우리가 삼위일체이신 한 하느님의 생명을 진정으로 나누는 것이 이곳이기 때문입니다.

실재적 관계의 삼위일체 안에 계시는 하느님께서는 모든 이기심을 무한히 초월하십니다. 하나이신 하느님께서는 당신의 본성상 홀로 떨어져 계시지 않기 때문입니다. 그분은 성부, 성자, 성령으로서 존재하십니다. 이 삼위는 하나이시고 하느님께서는 이 삼위를 떠나 하나로 존재하시지 않습니다. 그분은 삼위 더하기 하나의 본성, 그래서 넷이 아닙니다. 그분은 삼위이시지만 한 분이십니다. 그분은 무한한 홀로(하나의 본성)인 동시에 완전한 사회(삼위)이십니다. 실재하는 세 관계 안에 있는 하나의 무한한 사랑이십니다.

세 위位 안에만 계시는 하나이신 하느님께서는 당신의 무한한 실체와 사랑이 언제나 같고 항상 새로워지며, 완전하고 전체적이며, 언제나 시작이시고 끝이 없으며, 절대적이고 영원하며 충만한 관계의 순환입니다.

성부 안에서 하느님의 무한한 사랑은 언제나 시작하고 있으며 성자 안에 항상 가득 차 있고 성령 안에서 완전합니다. 그 사랑은 영원한 원천에 머무르기를 절대로 그치지 않습니다. 만일 당신이 이 위격 저 위격을 오가며 사랑을 좇는다면 그 사랑이 머무는 곳을 추적할 수 없으며, 어느 한구석으로 몰 수도 없고 붙잡을 수도 없습니다. 마치 다른 위격의 사랑의 결실을 홀로 차지하는 게 적절한 것인 양 삼위 중 한 위에 고정시킬 수도 없습니다. 왜냐하면 삼위의 하나의 사랑은 아무리 내주어도 끝이 없고 소진되지 않으며 단지 온전히 나누기 위해서만 받는, 하지만 자신을 온전히 내어 놓는, 무한히 풍요로운 자신을 주는 것이기 때문입니다.

그럴 수 있는 것은 하느님의 사랑이 그 사랑을 멈추고 빼앗을 수 있는 하나의 자만하는 '자아' 안에서 끝나지 않기 때문입니다. 하느님의 생명과 행복은 절대적으로 무한하며 완전하고 다함이 없습니다. 그렇기 때문에 하느님께는 이기심이 있을 수 없습니다. 하느님의 세 위격은 한 생명을 주시는 기쁨으로 흘러넘치고 사심이 없는 실존하는 세 관계이기 때문입니다.

하느님의 내적 생명은 완전한 명상입니다. 우리의 기쁨과 생명은 그분들의 생명에만 참여하게끔 되어 있습니다. 하느님의 위격이 서로의 위격 안에 사시듯 우리도 언젠가는 삼위 안에서 완전히 하느님과 우리들 서로 안에서 살 것입니다.

10.
뼈가 부러진
육신

당신과 나 그리고 모든 사람은 하나이신 신비로운 그리스도 안에서 우리의 정체성을 찾기 위해 창조되었습니다. 그리스도 안에서 우리는 모두 서로에게 '완전한 사람'이 되어 '충만하신 그리스도의 척도'가 됩니다.

우리가 모두 영광 중에 계시는 하느님을 명상하는 것인 완전한 사랑에 도달했을 때에 영원히 독립적으로 남아 있는 우리의 양도할 수 없는 인격이 하나로 어우러지기는 해도 각자는 다른 모든 이들 안에서 자기를 찾을 것이며, 하느님께서는 모든 이의 생명과 실체가 되실 것입니다. **모든 것은 모든 것 안에서 하느님이 됩니다** Omnia in omnibus Deus.

하느님은 태워 없애는 불입니다. 하느님만이 우리를 금처럼 정련하실 수 있고 당신의 영원한 삼위일체의 삶을 반영하는 완전한 일치 속으로 융화하도록 하기 위해서 우리를 찌꺼기와 이기적인 개성으로부터 분리하실 수 있습니다.

하느님의 사랑이 우리를 완전히 살라 당신과 일치시키시는 데 협조하지 않으면 우리 안에 있는 금은 바위와 흙 속에 숨겨져 있어 서로가 계속 분리되어 있게 됩니다.

우리가 하느님의 사랑으로 정화되지 않고 또 순수한 성덕으로 하느님처럼 되지 않으면 우리는 서로 갈라져 반대할 것이며 우리들 사이의 일치는 불확실하고 고통스러운 것이 될 것이고 고통과 슬픔으로 가득 차 지속적으로 결속되지 못할 것입니다.

이 세상 어디에서나 전 역사를 통해서, 믿는 이들과 성인들 사이에서까지도 그리스도는 사지를 잃는 고통을 당하십니다.

그리스도의 물리적 육신은 빌라도와 바리사이파 사람들에 의해 십자가에 못 박히셨습니다. 그리스도의 신비로운 몸은 세기를 두고, 우리 안에서 자라나고 키워지는, 이기적이기 좋아하며 죄로 기우는 분열의 고통 속에서 악마에 의해 끌려가 사지를 찢깁니다.

세상 도처에서 탐욕과 정욕은 사람들 사이에 끊임없는 분열을 만들어 냅니다. 그리고 서로의 일치를 파괴하는 상처는 사이를 벌려 전쟁을 일으킵니다. 살인, 대량 학살, 혁명, 증오, 사람의 영혼과 육신에 대한 살인과 고문, 수많은 사람의 굶어 죽음, 종족 살해, 마지막으로 핵 전쟁의 한없는 비인간성. 그리스도는 팔다리가 찢기고 사람들 안에서 살해됩니다.

세계 역사는 도시와 국가와 민족을 물질적으로 파괴함으로써 사람들의 영혼과 성인들의 영혼까지도 학정하는 내적 분열을 드러냅니다.

무죄한 사람들, 그리스도께서 사랑으로 그들 안에 사시는 사람들, 성심껏 서로 사랑하려는 사람들까지도 분리되어 따로따로 떨어지게 됩니다. 그들이 이미 그리스도 안에 하나일지라도 그들은 일치를 모릅니다. 그 일치는 아직도 그들 영혼의 비밀스런 실체만을 가지고 있기 때문입니다.

그러나 그들의 정신과 그들의 판단 그리고 그들의 욕망, 그들의 인간적 특성과 능력, 그들의 욕구와 생각들은 모두 순수한 사랑이 아직도 정화할 수도 없고 피할 수도 없는 이기주의의 찌꺼기 속에 갇혀 있습니다.

우리가 세상에 사는 동안에 우리를 일치시키는 사랑은 서로 간의 만남 안에서 우리에게 고통을 가져다줄 것입니다. 이 사랑은 부러진 뼈를 맞추는 작업이기 때문입니다. 성인들도 이 세상에서 다른 성인들과 함께 살면서 어떤 고민 없이, 서로 간의 차이로 인한 어떤 고통 없이 살 수는 없었습니다.

서로의 불일치에 따라오는 고통에 대해 사람이 할 수 있는 것이 두 가지가 있습니다. 그들은 사랑하거나 미워할 수 있습니다.

증오는 뼈를 다시 맞추는 값인 희생과 슬픔을 치르려 하지 않습니다. 증오는 재결합의 고통을 거절합니다.

약하고 무시당하고 소외된 사람에게는 누구에게나 자기의 무력함과 고독에서 비롯되는 증오의 고통이 있습니다. 증오는 외로움, 무가치함 그리고 부족함의 징표이며 표현입니다. 우리 각자가 외롭고 무가치하다고 느끼는 한 우리는 자기를 미워합니다. 우리 중 어떤 이는 이 자기 증오를 의식합니다. 이 때문에 불필요하게 자기를 꾸짖고 벌합니다. 벌이 우리가 무가치하게 느끼는 그 감정을 치유해 줄 수는 없습니다. 우리가 격리되어 있고 부족을 느끼고 무능하며 외톨이인 한, 거기에 대해 우리가 할 수 있는 것은 아무것도 없습니다. 자기 자신에 대한 증오를 덜 의식하는 사람들은 그 증오를 다른 사람들에게 발산함으로써 다른 형태로 그 증오를 인식합니다.

미워하는 것을 즐기는 교만하고 자신 만만한, 강력하고도 무자비한 증오도 있습니다. 그것은 다른 사람의 무가치함을 향해 밖으로 발산하기 때문입니다. 그러나 이렇게 강력하고 만족스러운 증오는 모든 증오가 그러하듯 증오하는 자기를 파괴해 없애 버린다는 것을 모르며 미움을 받는 것은 그 대상이 아니라는 것을 인식하지 못합니다. 어떤 형태의 증오이든 증오는 자멸적입니다. 그것이 물리적으로는 승리한다고 하더라도 그 승리는 자신의 정신적 멸망 위에 이루어지는 것입니다.

강력한 증오, 증오하는 것을 즐기는 증오는 강력합니다. 증오는 그 자체가 무가치하며 외톨이라는 것을 인정하지 않기 때문입니다. 증오는 정의를 구현하는 하느님의 지원, 전쟁의 신의 지원, 복수하며 파괴하는 신의 지원을 받는다고 생각합니다. 당신을 십자가에 맡기시고 인류를 불쌍히 여기시어 그들의 병적 잔인함에 고통을 당하신 하느님께서는 인류를 그런 피를 빨아먹는 잡신들에게서 구해 주셨습니다. 하느님께서는 죽음을 정복하심으로써 사람들의 눈을 뜨게 하시어 가치의 문제를 따지지 않는 사랑, 미움을 이기고 죽음을 없애 주는 사랑을 알아보게 해 주셨습니다.

그러나 사람들은 하느님의 이 용서를 거부하기에 이르렀고 따라서 그 전쟁의 옛 신들, 사람의 피를 한없이 마시고 그 고기를 먹는 잡신들에게로 돌아가고 있습니다. 증오의 신들은 집단적 환상주의를 신봉하기 때문에 증오의 신들을 섬기는 것은 더 쉽습니다. 증오의 신들을 섬기기 위해서는 집단의 욕망으로 눈이 멀기만 하면 됩니다. 사랑의 하느님을 섬기기 위해서는 자유로워져야 하고 또 자기에게 있는 것이든 자기 이웃에게 있는 것이든 모든 '무가치함에도 불구하고' 사랑하겠다는 결심에 대한 책임을 직면해야 합니다.

모든 증오의 저변에는 무가치함의 쓰라린 고통이 깔려 있습니다. 강력하게 증오하면서도 평온한 마음을 가질 수 있는 사람은 자기 자신의 무가치함에 대해서는 전혀 모르고 자기의 모든 잘못을 다른 사람에게서 명료하게 보는 사람입니다. 그러나 자기와 자기 형제의 무가치함을 의식하는 사람은 보다 미묘하고 아픔을 주는 증오에 빠집니다. 이런 모든 사물과 사람에 대한 전반적이며 아주 심한 증오, 구역질 나는 증오는 모든 것이 무가치함으로 얼룩져 있고 불결하며 죄로 더럽혀져 있다고 느끼는 데서 비롯됩니다. 이런 힘 없는 증오의 참모습은 약한 사랑입니다. 사랑할 수 없는 사람은 자신을 무가치하게 느끼고 동시에 가치 있는 사람은 '아무도 없다'고 느낍니다. 그는 자신이 사랑받을 가치가 없다고 생각하고 또 그 때문에 가치 있는 사람은 아무도 없다고 생각하기 때문에 사랑을 느낄 수 없는 것 같습니다.

증오와의 싸움을 시작할 때에 증오에 대한 그리스도교의 근본적 해결책은 계명이 아니며 계명을 지키고 알아듣기에 앞서 필연적으로 먼저 오는 것이 있습니다. 계명에 앞서 오는 그것은 '믿는' 것입니다. 그리스도교 사랑의 뿌리는 사랑하겠다는 의지가 아니고 '사랑받고 있다는 믿음'입니다. 사람은 '하느님에게' 사랑을 받는다는 믿음. 사람은 가치가 없어도, 아니면 그의 가치가 보잘것없어도 하느님께 사랑을 받는다는 믿음입니다.

그리스도의 사랑에 대한 참다운 그리스도교적 시각에서 보면 가치에 대한 생각은 그 의미를 잃습니다. 하느님 자비의 계시는 가치에 대한 모든 문제를 가소로운 것으로 만듭니다. (엄밀히 말해서 그런 사랑을 받을 만한 자격(가치)이 있는 사람은 아무도 없기 때문에) 자격이나 가치가 있다는 것이 아무런 의미가 없다는 것을 알게 되는 것은 정신의 진정한 해방입니다. 이런 것을 알기 전까지는, 하느님의 자비로 이런 해방이 이루어지기 전까지는 사람은 증오에 갇혀 있는 것입니다.

인도주의적 사랑만으로는 부족합니다. 우리가 아무도 미워하지 않는다고, 우리는 자비롭다고, 우리는 천성적으로 친절하다고 생각하는 한 우리는 우리를 속이고 있는 것입니다. 우리의 증오심은 자기만족의 낙관주의의 재 밑에 불씨로 남아 있을 뿐입니다. 우리는 가치 있다고 스스로 생각하기 때문에 확실히 다른 사람들과 평화롭게 지냅니다. 이것은 달리 말해서 우리는 무가치함의 문제를 직면할 능력이 전혀 없다는 말입니다. 그러나 우리가 하느님의 자비로 구원될 때에 그 문제는 더 이상 의미를 갖지 못합니다.

증오는 우리와 일치하지 않은 사람들을 없애 버림으로써 분열에 대한 치유를 하려 합니다. 그것은 모든 사람을 없애 버리고 우리만 남김으로 평화를 찾으려 합니다.

그러나 사랑은 재일치의 고통을 받아들임으로써 모든 상처를 치유하기 시작합니다.

사람의 삶에 있어서 하느님의 뜻이 무엇을 의미하는지 알고 싶다면 다음과 같이 생각하는 것이 좋습니다. 하느님의 뜻은 우리가 사랑으로 하나가 되기 위해서 우리에게 필요한 모든 것 안에 확실히 있습니다.

이것을 자연법의 기본 원리라고 불러도 좋습니다. 즉, 우리는 다른 사람들이 우리가 원하는 대로 대해 주기를 바라듯이 다른 사람들을 대해야 한다는 것이며, 다른 사람들이 우리에게 하기를 바라지 않는 것을 우리도 다른 사람들에게 하지 않는다는 것입니다. 간단히 말하면 자연법은 우리가 다른 사람들도 우리의 것과 같은 본성과 욕구, 권리와 운명을 가지고 있다는 것을 알아야 한다는 것입니다. 모든 자연법의 가장 평범한 요약은 다른 사람들을 사람으로 대하는 것입니다. 나만 사람이고 다른 모든 사람은 동물이나 가구처럼 대하지 않는 것입니다.

내가 실제로 다른 사람들을 사람으로 대할 수 있기 위해서 나에게 요구되는 모든 것은 하느님에 의해 자연법 안에 주어져 있습니다. 적절한 공식을 찾아내든 못 찾아내든 이 근본적 원칙을 계속 지키지 않는다면 내가 진정한 인간적 삶을 살 수 없다는 것은 자명합니다.

그러나 다른 사람들에 대해서 연민의 정을 가지고 있지 않다면 나는 다른 사람들을 사람으로 대할 수 없습니다. 내가 고통을 겪을 때에 느끼듯 그들도 고통을 겪을 때에 무엇인가를 느끼리라는 것을 인식할 충분한 동정심을 가져야 합니다. 어떤 이유로든 내가 다른 사람에 대한 이런 동정심을 자연스럽게 느끼지 못한다면 하느님의 뜻은 그 방법을 배우기 위해서 내가 할 수 있는 것을 하는 것입니다. 다른 사람들과 함께 그들의 기쁨과 고통, 그들의 생각과 필요와 염원을 나누는 법을 배워야 합니다. 이것을 나와 같은 계급, 같은 전문, 같은 종족, 같은 나라 사람들에 대해서만 할 것이 아니고 다른 무리에 속한 사람들, 원수처럼 보이는 단체에 속한 사람들에 대해서도 그렇게 해야 합니다. 이렇게 하면 나는 하느님께 순명하는 것입니다. 그렇게 하기를 거부하면 하느님께 순명하지 않는 것입니다. 그렇기 때문에 이것은 주관적 자유에 맡겨진 것이 아닙니다.

이것이 모든 사람에게 주어진 하느님의 뜻이기 때문에, 또 명상은 하느님의 뜻에 동의하지 않는 사람에게는 허락되지 않는 은총이기 때문에 명상은 다른 사람에 대한 동정심을 개발하려 하지 않는 사람과는 아무 관련이 없습니다.

그리스도교는 단순히 교리나 신앙의 체계가 아니고 그리스도께서 우리 안에 사시고 사람들을 당신의 삶과 일치 안에 하나가 되게 하는 것이기 때문입니다.

"아버지께서 제 안에 계시고 제가 아버지 안에 있듯이, 그들도 우리 안에 있게 해 주십시오. 아버지께서 저에게 주신 영광을 저도 그들에게 주었습니다. 우리가 하나인 것처럼 그들도 하나가 되게 하려는 것입니다."(요한 17,21-22 참조)

"너희가 서로 사랑하면, 모든 사람이 그것을 보고 너희가 내 제자라는 것을 알게 될 것이다."(요한 13,35)

"사랑하는 사람은 죽음에 머무르지 않습니다."

명상을 주로 인생의 불행으로부터의 도피 수단으로, 그리고 그리스도의 사랑으로 다른 사람들과의 재일치를 이루기 위해 몸부림칠 때 따라오는 고통과 수난에서 물러서는 것으로 생각한다면 명상이 무엇인지 모르는 것이고, 명상 중에 하느님을 절대로 찾지 못할 것입니다. 하느님을 찾아 아는 것은 바로 그리스도 안에서 우리 형제들과의 일치를 재발견하는 것이기 때문입니다. 그리고 그때 하느님의 생명은 우리의 영혼 안을 뚫고 들어오고 하느님의 사랑이 우리의 능력을 사로잡게 되는데, 우리는 걱정에 갇혀 있는 우리를 해방시켜 주시는 하느님의 자비를 체험함으로써 하느님께서 누구이신지를 알 수 있습니다.

세상으로부터의 진정한 도주는 오직 하나뿐입니다. 그것은 갈등과 불안, 고통으로부터의 도주가 아니고 분열과 분리로부터 다른 사람들과 사랑으로 이루는 일치와 평화를 향한 도주입니다.

그리스도께서 기도해 주시지 않는 '세상', 그리스도께서 당신의 제자들이 그 안에 살고는 있지만 거기에 속하지는 않는다고 말씀하시는 '세상'은 무엇입니까? 세상은 사람들이 자신들만을 위해 살기 때문에 끊임없는 싸움으로 서로 갈라지는 시끄러운 도시입니다. 그래서 그 도시는 끝없이 지옥 같을 것입니다. 세상은 한정된 재물을 차지하기 위해서, 모두가 나누어 가질 수 없는 부와 쾌락을 독점하기 위해서 싸우는 사람들의 도시입니다.

그러나 이런 세상을 피하기 위해서 단순히 도시를 떠나고 숨어 혼자 살려고 한다면 그것은 그 도시와 더불어 은거 생활을 하는 것에 지나지 않습니다. 그러나 하느님께서 자기의 이기심에서 자기를 해방시켜 주시도록 하고 또 사랑만을 위해서 산다면 그들과 함께 살면서도 세상으로부터 완전히 벗어날 수 있습니다.

세상으로부터의 도주는 이기심에서 떠나는 것일 뿐입니다. 이기심으로 자기를 꽁꽁 묶어 놓은 사람은 자기 안에 있는 악이 마치 악마처럼 그를 차지하거나 아니면 그를 미치게 하는 상황에 처하게 하는 것입니다. 단순히 혼자 있고 싶어서 은거 생활로 들어가는 일이 위험하다고 하는 것은 바로 이런 이유에서입니다.

11.
혼자 있기를
배우기

　　　　　물리적으로 혼자 있는 것, 외적 침묵 그리고 진정한 반성은 사실상 명상 생활을 하려는 사람 누구에게나 다 필요한 것입니다. 그러나 모든 피조물과 마찬가지로 그것들은 목적을 위한 수단에 불과합니다. 목적을 알지 못하면 우리는 수단을 잘못 사용하게 됩니다.

　우리는 사람들을 피하기 위해서 사막으로 가지 않고 사람들을 찾는 법을 배우기 위해서 갑니다. 그들과 아무것도 하지 않으려고 그들을 떠나는 것이 아니고 그들에게 가장 좋은 것을 해 주기 위한 방법을 찾아 떠나는 것입니다. 그러나 이것은 이차적 목적일 뿐입니다.

　모든 것을 포괄하는 하나의 목적은 하느님에 대한 사랑입니다.

　어떻게 은거 생활을 내적(영적) 생활과 아무런 관계가 없는 것처럼 행동하고 말할 수 있습니까? 진짜 은거 생활을 전혀 체험해 보지 못한 사람만이 입심 좋게 은거 생활은 별것 아니고, 중요한 것은 마음의 은거 생활이라고 말합니다. 하지만 하나의 은거는 또 다른 은거 생활로 이어져야 합니다.

그러나 진정한 은거는 사람 바깥에 있는 무엇이 아닙니다. 주변에 사람이나 잡음이 없는 것이 아닙니다. 은거는 영혼의 한가운데에 열려 있는 심연입니다. 내적 은거의 이 심연은 피조물로는 절대로 만족시킬 수 없는 갈구입니다.

은거를 찾는 유일한 방법은 배고픔과 갈증, 슬픔, 가난, 열망입니다. 은거를 찾은 사람은 마치 죽음으로 비워진 것처럼 비워집니다.

그는 모든 지평선을 이미 넘어섰습니다. 그가 여행할 수 있는 어떤 지점도 없습니다. 모든 곳이 중심이고 경계는 아무 곳에도 없는 그런 곳입니다. 여행으로는 찾을 수 없고 그저 가만히 서 있어야만 찾을 수 있습니다.

그럼에도 불구하고 가장 깊은 활동은 이런 한적함 속에서 시작됩니다. 움직이지 않고 활동을, 깊은 휴식인 수고를, 모호함 속에서 통찰력을, 그리고 한없는 충만감을 느낄 수 있는 곳이 바로 이곳입니다.

은거는 어느 곳에나 있다는 말이 사실이기는 하지만 지리적으로 사람들이 사는 마을이나 도시에서 격리된 구체적 공간을 찾는 데 있어 고려해야 할 것들이 있습니다. 거기에는 적어도 빈 장소, 아무도 당신을 찾지 못하고 방해하지도 못하며 당신을 알아차리지 못할 어떤 구석진 공간이 있어야 합니다. 세상을 끊어 버릴 수 있어서 자기를 자유롭게 하고, 보고 듣고 생각함으로써 다른 사람들의 존재에 당신을 묶는 모든 굵고 가는 끈을 풀 수 있어야 합니다.

"너는 기도할 때 골방에 들어가 문을 닫은 다음, 숨어 계신 네 아버지께 기도하여라."(마태 6,6)

그런 장소를 찾거든 그것으로 만족하십시오. 그곳에서 나와야 할 명분이 있어도 개의치 마십시오. 그곳을 사랑하고 그대로 머물도록 하십시오. 너무 빨리 바꾸려고 하지 마십시오.

시내 교회들도 때로는 조용하고 평화로운 은거의 장소, 침묵의 장소가 됩니다. 그래서 사람들이 비즈니스 세계의 감당 못할 오만을 피해 찾는 피난처가 될 수도 있습니다. 경우에 따라서는 자기 집의 자기 방에서보다 교회에서 더욱 홀로 있을 수 있습니다. 집에서는 언제나 실패하고 장애를 받습니다(어떤 때에는 사랑이 그것을 요구하기 때문에 그것을 나쁘게 생각해서는 안 됩니다). 그러나 이런 조용한 교회 안에서 아무에게도 알려지지 않은 사람으로 한구석에 편히 있을 수 있습니다. 교회 안 9일 기도 촛불을 켜는 곳에 낯선 사람이나 이상하고 시원찮은 형태의 석상이 있을 수는 있습니다. 교회가 볼품없어 보이면 안 되겠지만 초라하고 보잘것없어 보이는 교회는 혼자 숨어 있을 만한 곳을 보다 많이 제공합니다. 그렇다고는 하더라도 어둡기만 하면 별로 다를 것이 없습니다.

사람이 피신할 수 있는 조용하고 어두운 교회가 항상 있었으면 좋겠습니다. 조용한 가운데에 사람들이 무릎을 꿇을 수 있는 장소, 하느님의 현존으로 가득 찬 하느님의 집. 기도할 줄은 모르더라도 그들은 거기에서 적어도 가만히 있을 수 있고 숨을 편히 쉴 수 있습니다. 가쁜 숨을 몰아쉬지 않아도 되는 곳, 자연스럽게 편안히 숨 쉴 수 있는 곳을 어디엔가 만들었으면 좋겠습니다. 마음의 여유를 갖고 근심 걱정을 잊고 깊은 침묵에 빠져 남몰래 하느님 아버지를 찬미할 수 있는 장소, 따로 떨어진 장소가 아니라면 그곳에는 명상이 있을 수 없습니다.

명상을 하는 사람에게 중요한 은거는 무엇보다도 내면적이며 영적인 것이라고 앞서 말했습니다. 이 세상에 살면서 또 이 세상의 혼란 속에서도 깊고 평화로운 내적 은거 생활이 가능하다는 것 역시 인정했습니다. 그러나 이 진리는 종교에서 가끔 남용되고 있습니다. 하느님께 헌신적이어서 언제나 바쁘고 혼자 있고 싶은 마음이 정말 없는 사람들이 있습니다. 그들은 이론적으로는 물리적 은거가 좋다는 것을 인정합니다. 그러나 다른 사람들과 함께 살면서 내적 은거를 유지하는 것이 훨씬 더 좋다고 주장합니다. 실생활에 있어서 그들은 활동에 치이고, 속한 곳이 많아 숨이 막힐 지경입니다. 그들에게는 내적 은거가 불가능합니다. 그들은 내적 은거를 두려워합니다. 그들은 그 은거를 피하기 위해 온갖 것을 다합니다. 더욱 나쁜 것은 그들이 모든 사람을 활동으로 몰지각하게 끌어들여 자기네들처럼 헤어나지 못하게 하는 것입니다. 그들은 쓸데없는 일들을 부추깁니다. 그들은 모임, 연회, 발표회 그리고 강의를 주선하기를 좋아합니다. 그들은 전단을 인쇄하고, 편지를 쓰고, 큰 방에 사람들을 가득 모으기 위해 여러 시간 동안 전화에 매달립니다. 그래서 그 큰 방을 담배 연기와 소란으로 가득 채우고 서로 고함을 지르며 손바닥을 치고, 마침내는 하느님의 왕국을 전파하기 위해서 훌륭한 일을 했다고 확신하여 서로 등을 두드리면서 비틀거리며 집으로 돌아갑니다.

12.
순수한
마음

시간 안에 존재하고 이 세상에 존재하는 것에 대한 애착과 관심, 그리고 욕망에서 해방되려는 어떤 의식적 노력 없이는 절대로 내적 은거를 얻지 못합니다.

소란함과 인간사를 피하기 위하여 할 수 있는 한 최선을 다하십시오. 사람들이 모여 서로 속이고 모욕하고 서로를 이용하고 또는 친한 척하며 거짓 몸짓으로 서로 조롱하는 곳에서 가능한 한 멀리 피하십시오. 라디오도 미치지 못하는 곳까지 갈 수 있으면 기뻐하십시오. 우스꽝스러운 노래에 관심을 갖지 마십시오. 광고도 읽지 마십시오.

명상 생활이 일반 사람들의 습관과 오락을 멸시하는 독선을 요구하는 것은 물론 아닙니다. 그렇더라도 은거를 통해 해방과 빛을 추구하는 사람, 영적 자유를 찾는 사람은 판매원, 광고 그리고 소비 사회의 호소에 수동적으로 끌려가지 않습니다. 인간으로서 기본적인 삶을 사는 데 있어서 정당한 쾌락이 필요하다는 것은 의심할 바 없습니다. 그러나 지금 우리에게 필요하다고 제시되는 모든 쾌락이 다 '정당하다'고 말하는 것은 전혀 다른 이야기입니다. 자연적 쾌락과 판매원의 끈덕진 요구에 의해 만족한 마음 위에 더해진 자연적이지 않은 쾌락은 서로 다른 것입니다.

자기가 타고난 육체적 욕망에 때로는 "아니오."라고 말할 수 있는 사람이 아니면 아무도 건전하고 성실한 인생을 살 수 없다는 것을 가장 기본이 되는 인간적이며 윤리적인 진리로 받아들여야 합니다. 먹고 마시고 싶을 때 아무 때나 먹고 마시는 사람, 담배를 피우고 싶으면 언제나 담뱃불을 붙이는 사람, 자극을 받으면 언제나 호기심과 관능을 만족시키는 사람은 아무도 자기를 자유로운 사람이라고 생각할 수 없습니다. 그는 자기의 영적 자유를 포기하고 육체적 충동의 종이 된 것입니다. 그렇기 때문에 그의 마음과 의지는 전적으로 그 자신의 것은 아닙니다. 그들은 자기 욕망의 지배하에 있는 것입니다. 자기 욕망을 매개로 해서 그들은 자기의 욕망을 채워 주는 것들의 통제를 받습니다. 이 술 아닌 다른 술을 살 수 있기 때문에 이 사람은 자신에게 선택의 자유가 있다고 스스로 착각합니다. 그러나 사실은 포악한 자기 습관의 충직한 종일 뿐입니다. 그는 점잖게 술 한 병을 사서 집으로 가져가 친구에게 한 잔 따라 주고 텔레비전을 봅니다. 기분이 좋아지면 정신없이 주책을 부리면서 화를 내고 소리를 지르고 싸웁니다. 그러고는 자신과 세상에 진저리를 내며 잠자리에 듭니다. 이것이 일종의 세심한 강박증이 되어 그러한 강박증 없이는 자기가 정말 살아 있는지, '자기의 인생을 정말 잘 이루어 가고 있는지'를 깨닫지 못합니다. 그가 '죄를 짓는' 것은 아닙니다. 그러나 자기 자신을 바보로 만들고, 충동이 자기를 진정한 인격의 환영으로 축소시킬 때에 그것이 자신의 실체라고 자신을 속입니다.

일반적으로 명상 생활은 욕구를 이겨 내는 자기 훈련 없이는 불가능하다고 말할 수 있습니다. 오늘날 많은 사람이 빠져 있는 습관적 쾌락 없이 살아가는 법을 배워야 합니다. 명상가가 되기 위해서 술을 마시거나 담배를 피워서는 절대로 안 된다고 말하는 것은 아닙니다. 통제 못할 욕구의 지배를 받아서는 안 된다는 말입니다. 흡연과 음주가 초보적 극기의 단계임에는 의심이 없습니다. 극기 없는 기도 생활은 순수한 환상입니다.

나는 텔레비전을 전혀 보지 않기 때문에 텔레비전에 대해서 판단할 수 없습니다. 그러나 내가 아는 것은 텔레비전 방송이 상업적이고 저속하고 실속이 없으며 불합리하다는 데에 내가 존경하는 사람들이 일반적으로 공감한다는 것입니다. 텔레비전이 명상에 대해 어떤 인위적 대용물이 될 수 있는 것은 확실한 것 같습니다. 저속한 화면에 아무 반항 없이 완전히 사로잡혀, 이해와 사랑에 대한 적극적 인내의 단계로 오르기보다는 자연스러운 정도를 넘어선 수동성 밑으로 추락할 것입니다. 영성 생활을 소중하게 생각하는 사람이라면 텔레비전을 아주 신중하고 분별 있게 사용해야 할 것 같습니다.

눈을 깨끗하게, 귀를 조용하게 그리고 마음을 평온하게 지키십시오. 하느님의 공기를 호흡하십시오. 가능하면 하느님의 하늘 아래에서 일하십시오.

그러나 도시에서 살며 기계들 가운데에서 일하고, 지하철을 타야 하며, 범람하는 라디오 뉴스가 귀를 멀게 하고, 음식도 건강을 해치는 곳에서 먹어야 하며, 주변 사람들의 정서가 권태로 나의 마음을 병들게 하는 그런 곳에서 살아야 한다 하더라도 인내심을 잃지 말고 그것을 하느님의 사랑으로, 당신 영혼에 심어진 은거의 씨앗으로 받아들이십시오. 그런 일들로 진저리가 나더라도 당신은 묵상의 치유하는 침묵에 대한 열망을 계속 유지할 것입니다. 그러는 동안에도 은거의 참뜻을 잃은 사람들에 대한 연민의 마음도 계속 가지십시오. 은거는 끝까지 존재하며 그것이 평화와 기쁨의 원천이라는 것을 알게 될 것입니다. 당신은 아직도 그런 기쁨을 바랄 수 있습니다. 그러나 그것을 알지 못한 이들은 그것을 더 이상 바라지도 않습니다.

벗어나기 위해서 도망가려 하거나, 세상이 몹시 싫어서 도망가려 한다면 평화도 찾지 못하고 은거도 찾지 못할 것입니다. 좋아하기 때문에 은거를 찾으려 하면 세상과 세상의 이기심에서 헤어나지 못할 것입니다. 당신을 진정으로 혼자 있게 해 줄 내적 자유를 얻지 못할 것입니다.

은거에 있어 절대적으로 중요한 한 측면은 정덕貞德을 기초로 한 친밀한 상호 의존입니다. 정덕은 성性에 대한 모든 것을 포기하는 것이 아니고 다만 성을 올바로 사용하는 것입니다. 이것은 세상의 위대한 종교 대부분의 전통에 따르면 모든 성행위를 결혼 생활에 한정하는 것이며 결혼을 했어도 어떤 규범에 따라 제한하는 것입니다.

성의 영역보다 자제력을 더 중요하게 여기는 곳은 아무 데도 없습니다. 성욕이 타고난 욕망 중에 가장 통제하기 어려운 것이며, 무절제한 만족은 인간 정신으로 하여금 내적인 모든 빛에 대해서 완전히 눈멀게 하기 때문입니다.

성을 절대 악으로 간주해서는 안 됩니다. 성은 본래 좋은 것이며 하느님께서 원하신 것이고 하느님 사랑의 신비 안에 있고 사람에 대한 하느님의 자비입니다. 그러나 성이 그 자체로는 나쁜 것이 아니라고 할지라도 성적 쾌락에 무절제하게 빠지는 것은, 특히 혼외정사는 사람들이 흔히 범하는 가장 불행한 약점 중 하나입니다. 오늘날 대부분의 사람들은 성을 완전히 통제할 수 없다고, 보통 사람은 성을 완전히 피할 수는 없다고 생각합니다. 그래서 사람들은 불가피한 것으로 체념하고 거기에 대해서는 걱정을 하지 않는 것을 당연시합니다.

성에 대한 병적인 죄책감은 욕정을 통제하는 데 전혀 도움이 되지 않는다는 것을 인정해야 합니다. 그러나 자제력은 바람직할 뿐 아니라 가능하며 명상 생활에는 필수적입니다. 그것은 상당한 노력과 경계심, 인내와 겸손, 그리고 하느님의 은총을 요구합니다. 정덕을 지키기 위한 분투는 우리에게 우리 자신의 힘보다는 보다 높은 영적인 힘에 의존할 것을 가르쳐 줍니다. 이것은 내적 기도를 준비하는 데에 있어 필요 불가결한 것입니다. 더구나 정덕은 다른 많은 분야에서도 금욕적 자기희생 없이는 불가능합니다. 어느 정도의 단식도 필요하고 상당한 절제와 질서를 갖춘 생활, 정숙하고 호기심을 자제하는 생활, 공격적 성격의 자제, 그 밖의 다른 많은 덕을 요구합니다.

완전한 정덕은 영적 은거 생활의 상태, 평화와 평온, 명확함과 부드러움의 경지에 이르게 합니다. 그런 경지에서 사람은 묵상하고 명상의 기도를 바치고 싶어집니다.

13.
악마의
윤리 신학

악마는 신학과 철학의 완전한 체계를 가지고 있습니다. 듣는 사람 누구에게나 창조된 것들은 악이고, 사람들도 악이고, 하느님께서는 악을 창조하셨고 사람들이 악으로 인해 고통받기를 직접적으로 원하신다고 설명합니다. 악마에 의하면 하느님께서는 사람들이 고통받는 것을 기뻐하시고, 또 전 우주는 하느님께서 원하셨고 또 그렇게 계획하셨기 때문에 불행으로 가득 차 있습니다.

이 신학 체계는 아버지 하느님께서는 당신의 아들을 살인자들에게 내어 주시는 데에서 진정한 기쁨을 누렸으며, 하느님이신 아들은 아버지에게 벌을 받기를 원해서 이 세상에 오셨다고 말합니다. 두 분 모두 성실한 이들을 벌하고 박해하는 것 외에는 아무것도 추구하는 것이 없다고 말입니다. 사실 하느님께서는 세상을 창조하실 때에 사람이 결국에는 죄를 지을 것을 명확히 알고 계셨기에 마치 사람이 죄를 짓게 하기 위해서 세상이 창조되고, 그것은 하느님께서 당신의 정의를 드러낼 기회를 갖기 위해서인 것이나 거의 다름없어 보입니다.

그래서 악마에 따르면 최초로 창조된 것은 지옥이었습니다. 마치 다른 모든 것은 어떻게 생각하면 모두 지옥을 위해서 존재하는 것처럼 말입니다. 그렇기 때문에 이런 신학에 충실한 사람들의 신심 생활은 무엇보다도 악마에게 사로잡혀 있는 것입니다. 세상은 아직도 악마가 부족한지 금지령을 늘리고 새로운 규칙을 만들어 가시로 모든 것을 묶어서 사람이 벌과 악마를 피할 수 없게 합니다. 피를 아무리 흘려도 죄를 용서받을 수 없기 때문에 그들은 그를 아침부터 밤까지 피를 흘리게 합니다.

십자가는 더 이상 자비의 상징이 아닙니다(그런 신학에는 자비라는 것이 없습니다). 마치 그리스도께서 "나는 법을 파괴하러 온 것이 아니라 법에 의해 파괴되려고 왔다."라고 말씀이라도 하신 양, 십자가는 법과 정의가 확실하게 승리했다는 징표가 되어 버립니다. 악마에 의하면 이것이 법이 실제로 또 진정으로 완성되는 유일한 길이기 때문입니다. 사랑이 아니고 벌이 법의 완성입니다. 법은 모든 것을, 하느님까지도 집어삼켜야 합니다. 벌과 증오, 복수의 신학은 이런 것입니다. 그런 교리를 믿고 사는 사람은 벌을 받으며 기뻐해야 합니다. 그는 법과 그 법을 만든 이에게 협조함으로써 그 벌을 용케 피할 수 있을 것입니다. 그러나 그는 다른 사람들이 고통을 피하지 않도록 세심한 주의를 해야 합니다. 그는 그들이 지금과 앞으로 받을 벌에 전념해야 합니다. 법이 승리해야 합니다. 자비라는 것은 있을 수 없습니다.

이것이 지옥 신학의 주된 특징입니다. 지옥에는 모든 것이 다 있지만 자비는 없습니다. 지옥에 하느님이 계시지 않는 이유가 바로 이것입니다. 자비는 하느님의 현존이 드러나는 방식입니다.

악마의 신학은 그들이 완전하기 때문이든 아니면 법을 잘 지키기 때문이든 어떤 이유에서든 자비가 필요 없는 사람들을 위한 것입니다. 그들은 이것으로 하느님께서도 만족하신다고 생각합니다. (이 얼마나 잔인한 기쁨인가!) 악마도 만족합니다. 모두 다 기쁘게 하니 정말 대단한 성공입니다.

이런 종류의 것을 듣고 받아들이고 즐기는 사람은 영성 생활이란 일종의 악마의 최면이라는 생각을 갖기 시작합니다. 죄, 고통, 단죄, 벌, 하느님의 정의, 보상, 종말 등에 대한 개념들은 그들이 형언할 수 없는 기쁨으로 입맛을 다시는 것들입니다. 그것은 아마 다른 많은 사람이 지옥에 떨어지더라도 자신들은 이를 피해 갈 수 있다고 생각하면서 깊은 잠재의식적인 위안을 받기 때문인 것 같습니다. 자기네가 지옥을 피할 것이라는 사실을 어떻게 압니까? 이런 모든 벌은 모든 사람에게 해당되지만 자신들은 제외된다는 위안 외에 어떤 뚜렷한 이유도 그들은 댈 수가 없습니다.

이런 자기 만족감을 그들은 '신앙'이라고 합니다. 이것이 그들이 갖는 '구원을 받았다'는 신념의 구성 요소가 됩니다.

악마는 악을 대적하여 설교함으로써 많은 제자를 만듭니다. 악마는 그들에게 죄는 대단히 나쁜 것이라고 설득하고 범죄의 위기를 조성하고는 하느님께서 그러한 위기에 처한 우리에게 만족하신다고 말합니다. 그리고 나서 악마는 그들이 남은 인생을 심한 죄책감과 다른 사람들의 확연한 영벌永罰을 생각하며 살게 만듭니다.

악마의 윤리 신학은 "쾌락은 죄다."라는 원칙에서 시작합니다. 그리고 그것을 다른 모양으로 조작합니다. "모든 죄는 쾌락이다."

그러고 나서 악마는 쾌락은 실제로 피할 수 없는 것이며 우리는 본성적으로 우리가 좋아하는 것을 하려는 경향이 있다는 것을 지적하고, 거기에서부터 우리의 모든 본능적 경향은 죄악이며 우리의 본성도 그 자체로 죄악이라는 논리를 폅니다. 쾌락이 불가피한 것이며 아무도 죄악을 피할 수 없다는 결론으로 이끕니다.

그 후에 아무도 죄를 피하거나 죄에서 도망가지 않게 하기 위해서 악마는 피치 못할 것은 죄가 될 수 없다고 덧붙입니다. 그러고 나면 사람들은 죄에 대한 모든 개념은 아무런 의미가 없다고 내동댕이치고 인생에는 쾌락밖에 없다고 결론을 내립니다. 이렇게 해서 본래 선인 쾌락은 순서가 뒤바뀌어 악이 되고 인생은 불행과 죄로 떨어집니다.

죄와 죄의 벌에 대해서 너무나 열렬히 설교해서 그들의 마음에는 실질적으로 죄에 대한 것 외에는 아무것도 없는 것 같은 사람들이 자기도 모르게 다른 사람들을 정말 미워하는 경우가 종종 있습니다. 그들은 세상이 자기네를 인정하지 않는다고 생각합니다. 이것이 그들이 보복하는 길입니다.

악마는 자기 방식대로 설파할 수 있기 때문에 하느님의 뜻을 설교하기를 두려워하지 않습니다. 그 논법은 대개 이렇습니다. "하느님은 당신이 옳은 일을 하기를 바라십니다. 그런데 당신 안에는 무엇이 옳은지를 자신 있게 말해 주는 어떤 끄는 힘이 있습니다. 그렇기 때문에 다른 사람들이 이런 편안한 내적 만족을 주지 않는 어떤 것을 당신에게 하라고 하면 성경을 인용해서 그들에게 '사람에게보다는 하느님께 순종해야 합니다.' 하고 말하십시오. 그러고는 당신이 하고 싶은 대로 하십시오. 당신에게 그런 만족을 주는 것을 하십시오."

악마의 신학은 사실 신학이 아니고 마술입니다. 이런 신학에서의 신앙은 당신을 자비로서 계시해 주시는 하느님을 받아들이는 것이 아닙니다. 그것은 자기 기분에 맞게 바꾸기 위해 현실에 적용하는 일종의 폭력인 심리적이고 주관적인 힘입니다. 믿음은 일종의 최고의 효과를 내는 소망이 되어 버립니다. 그것은 깊은 신념에서 생성되는 특별하고 신비스러우며 역동적인 의지력에서 오는 통제입니다. 이런 놀라운 힘으로 사람은 하느님의 의지를 전복시켜 하느님의 뜻을 자기의 뜻으로 끌어들입니다. 이런 놀라운 역동적인 믿음의 힘으로(이 힘은 어떤 엉터리 의사라도 적당한 비용만 받으면 당신 안에서 일으킬 수 있습니다) 하느님을 자기 목적을 위한 수단으로 바꾸어 놓을 수 있습니다. 우리는 개화된 주술사가 되고 하느님께서는 우리의 종이 됩니다. 하느님의 입장에서는 대단히 곤혹스러운 일이지만 하느님께서는 우리의 주술을 인정하시고 거기에 익숙해지십니다. 하느님께서는 우리의 패기를 인정하시고 우리가 시도하는 모든 것을 성공으로 포상하실 것입니다. 우리는 믿음을 가지고 있기 때문에 평판이 좋아질 것입니다. 우리는 믿음을 가지고 있기 때문에 풍요로워질 것입니다. 우리는 믿음을 가지고 있기 때문에 우리의 모든 원수는 우리에게 와 항복할 것입니다. 온 세상의 사업은 번창할 것이고 우리는 태양 아래 어디에서나 누구에게서나 돈을 벌 수 있을 것입니다. 우리가 매혹적인 삶을 살기 때문입니다.

그러나 거기에도 역시 미묘한 변증법이 있습니다.

우리는 믿음이 모든 것을 한다고 들었습니다. '영혼의 힘'을 일으키기 위해서 우리는 눈을 감고 몸을 가다듬습니다. 그리고 말합니다. 믿습니다. 믿습니다.

그러나 아무 일도 일어나지 않습니다.

우리는 다시 눈을 감고 영혼의 힘을 좀 더 일으키기 위해 애씁니다. 악마는 우리가 영혼의 힘을 생성하기를 바랍니다. 악마는 우리가 영혼의 힘을 많이 생성하도록 도와줍니다. 우리는 영혼의 힘으로 넘쳐흐릅니다.

그러나 아무 일도 일어나지 않습니다.

그래서 우리는 싫증이 날 때까지 이 짓을 합니다. 우리는 영혼의 힘을 일으키느라 지칩니다. 우리는 현실을 바꾸는 데 아무 힘도 못 쓰는 이런 믿음에 싫증을 느낍니다. 믿음은 우리의 불안도 갈등도 없애 주지 않습니다. 그것은 우리를 불확실성의 노획물로 내버려 둡니다. 우리의 책임을 없애 주지도 않습니다. 믿음의 마술은 결국 아무런 효과가 없습니다. 믿음은 우리가 하느님을 만족시키고 우리 자신도 만족해 한다고 (이 경우 어떤 사람의 믿음은 제법 효과적이기는 하지만) 철저하게 우리를 확신시키지도 못합니다.

믿음에 싫증을 느끼고, 따라서 하느님께 싫증을 느끼게 된 우리는 그에 대한 반발로 전체주의적 집단행동을 하게 됩니다. 그 집단행동은 전쟁, '열등한 민족들'이나 적대 계층을 박해하는 데서, 일반적으로 말하면 우리와 다른 사람들을 적극적으로 벌하는 데서 기쁨을 느끼게 만듭니다.

악마의 윤리 신학의 또 다른 특성은 이것과 저것, 선과 악, 옳고 그름의 모든 차이를 과장하는 것입니다. 이런 분류는 더할 수 없이 세분됩니다. 우리는 모두 크든 작든 결함이 있으며 다른 사람의 잘못을 용서하고 인정함으로써, 인내심 있는 이해와 사랑으로 껴안고 진리를 찾기 위해 서로 도와야 한다는 감정이 이제는 없습니다. 악마의 신학에 있어서 중요한 것은 절대적인 옳음이고 다른 모든 사람은 절대적으로 틀렸다는 것을 증명하는 것입니다. 이것은 사람들에게 평화와 일치를 가져다주는 것이 아닙니다. 그것은 사람은 누구나 자신은 절대적으로 옳기를 바라거나 절대적으로 옳은 사람과 한 편이 되기를 원한다는 것을 의미하기 때문입니다. 자기네가 옳다는 것을 증명하기 위해서 그들은 틀린 사람들을 벌하고 제거해야 합니다. 틀린 사람들은 반대로 자기네가 옳다고 믿습니다.

끝으로, 예상한 대로 악마의 윤리 신학은 악마에게 엄청난 중요성을 부여합니다. 악마가 그 신학 전체의 핵심이라는 것을 쉽게 알게 됩니다. 모든 것 뒤에는 악마가 있다는 것을, 악마는 우리를 제외한 이 세상의 모든 사람을 조종하고 있다는 것을, 악마가 우리와 싸우려고 한다는 것을, 악마의 힘이 하느님의 능력과 같거나 하느님보다 월등하게 드러나기 때문에 악마가 이런 짓들을 할 기회는 얼마든지 있다는 사실 등을 곧 알게 됩니다.

한마디로 악마의 신학은 단순히 악마를 신으로 여깁니다.

14.
성실

        수도자들이 성인이 아니듯이 시인이라고 다 시인이 아닙니다. 그들은 진정한 자신이 되지 못했습니다. 그들은 하느님께서 바라신 참된 시인이나 참된 수도자가 되지 못했습니다. 그들은 자신들의 독특한 삶이라는 생활 환경이 요구하는 그런 사람이나 예술가가 되지 못했습니다.

  그들은 다른 어떤 시인, 다른 어떤 성인이 되려고 헛수고하며 시간을 낭비했습니다. 같잖은 많은 이유로 그들은 이백 년 전에 살다 간 어떤 사람, 자기네와는 전혀 다른 환경에서 살다 간 어떤 사람이 되어야 한다고 믿습니다.

  그들은 다른 사람의 체험을 하려 하거나 다른 사람의 시를 쓰려고 하고, 아니면 다른 사람의 영성을 가지려고 헛된 노력을 하다가 결국 몸과 마음이 다 지쳐 버립니다.

모든 사람을 다 따라 하려는 데에는 강한 자기 자만이 있을 수 있습니다. 사람들은 더 나은 것을 생각하기에는 너무 게으르고, 인기 있는 것을 흉내 냄으로써 자기를 과시하려는 데에는 너무 성급합니다.

조급함은 예술가나 성인이나 다 망가뜨립니다. 그들은 빨리 성공하려고 합니다. 그들은 너무 급해서 스스로에게 솔직할 시간조차 갖기 힘듭니다. 성질이 나면 그들은 자기네의 성급함이 일종의 성실함이라고 주장합니다.

위대한 성인들을 보면서 우리는 완전한 겸손과 완전한 성실성은 일치한다는 것을 압니다. 성인이 여느 사람들과 다른 점은 정확히 말해 그들의 겸손함에 있습니다.

우연적 현세 삶에 관한 한 겸손은 사람들의 관행을 따르는 것으로 제법 만족할 수 있습니다. 그렇다고 해서 겸손의 근본이 그저 다른 사람들과 같아지는 것이라는 말은 아닙니다. 그와는 정반대로 겸손은 실제로 하느님 앞에 서 있는 바로 그런 사람이 되는 데 있습니다. 같은 사람이란 없기 때문에, 진정한 자기가 되는 겸손한 사람이 되려는 사람은 이 세상에 있는 그 누구와도 같아지지 않을 것입니다. 그러나 이와 같은 개성은 일상생활에서 반드시 드러나는 것은 아닙니다. 그것은 단순히 드러나는 것이나 의견 혹은 취향이나 또는 일을 하는 방법이 아닙니다. 그것은 영혼 깊은 곳에 있는 어떤 것입니다.

진정으로 겸손한 사람에게는 일상적 방법과 풍습 그리고 습관이 갈등의 아무런 요인도 되지 않습니다. 성인들은 사람들이 먹고 마시고 입는 것, 그리고 벽에 걸어 놓은 것에 대해서 문제 삼지 않습니다. 이런 하찮은 일에 동조하고 안 하는 것을 생명이 걸린 문제인 양 만드는 것은 내적 생활을 혼란과 소란으로 채우는 것밖에는 되지 않습니다. 이 모든 것을 무관심하게 무시해 버릴 때, 겸손한 사람은 하느님을 찾는 데에 보탬이 되는 것은 무엇이든 택하고 다른 것들은 제쳐 둡니다.

성인은 자기에게 유익한 것이 다른 사람에게는 무익할 수 있다는 것을, 다른 사람들이 성인이 되는 데에 도움이 되는 것이 자기에게는 파멸이 될 수 있다는 것을 아주 분명하게 볼 수 있습니다. 겸손이 건전한 윤리에 없어서는 안 되는 영혼의 철저한 순화와 평화, 요령과 상식을 수반하는 이유가 여기에 있습니다.

자기가 아닌 다른 사람이 되려고 고집하는 것은 겸손이 아닙니다. 그것은 당신이 누구이며, 당신은 누구이어야 하는지를 하느님보다 더 잘 안다고 말하는 것과 같은 것입니다. 남의 길을 가는 사람이 어떻게 자기의 여행 목적지에 도달하기를 기대하겠습니까? 남의 삶을 살면서 어떻게 자기완성에 이르기를 바라겠습니까? 그의 성덕은 절대로 당신의 성덕이 되지 않을 것입니다. 철저히 혼자 있는 어둠 속에서 애써 자신의 구원을 얻기 위하여 겸손해져야 합니다.

자기 자신이 되기 위해서는, 하느님께서 바라시는 사람이나 성인이 되기 위해서는 영웅적 겸손이 필요합니다.

　당신의 정직이 교만에 지나지 않는다고 생각할 수도 있습니다. 그것은 위험한 유혹입니다. 왜냐하면 자기가 진정한 자기 자신에게 솔직한 것인지 아니면 자기 자존심을 위해 스스로 만들어 낸 가짜 인격을 위해 방벽을 쌓고 있는 것인지 결코 확신할 수 없기 때문입니다.

　그러나 가장 위대한 겸손은 그런 상황에서 자기의 균형을 지키는 고뇌로부터 배울 수 있습니다. 즉, 거짓 자아에 대해서 모질게 굴지도 않고 또 다른 사람들의 거짓 자아에 맞서 자기의 거짓 자아를 주장하지도 않으면서 계속 자기가 되려는 것을 배울 수 있습니다.

　완덕은 가게에 들어가 여러 개의 모자를 써 보고 자기에게 맞는 것을 쓰고 걸어 나오는 것같이 살 수 있는 것이 아닙니다. 그런데도 그런 생각을 가지고 수도회에 들어가는 사람들이 종종 있습니다.

　사람들은 처음부터 자기에게 가장 잘 맞는 방법을 택하고는 그대로 여생을 어정거리며 보내기를 열망합니다. 그들은 신심 서적을 무분별하게 닥치는 대로 읽습니다. 자기가 읽는 것을 얼마나 자기 생활에 적용하고 또 적용할 수 있는지 생각할 틈이 없습니다. 그들의 주된 관심은 가능한 한 많은 외형적인 것들을 습득하고 그들이 즉각적으로 완덕이라고 생각하는 특징으로 자기네의 인격을 꾸미는 것입니다. 그들은 장소에도 맞지 않고 몸에도 맞지 않는 남의 옷을 입고 걸어 다닙니다.

이렇게 철저하게 하면 그들의 영성적 가장假裝은 많은 칭찬을 받기에 충분합니다. 성공한 예술가처럼 그들은 상업적이 됩니다. 그러나 그들에게는 희망이 없습니다. 물론 그들은 좋은 사람들입니다. 그러나 그들은 제 자리에 있는 것이 아니고 그들의 의도는 좋지만 정력의 대부분을 낭비할 뿐입니다. 그들은 자기네가 만든 성덕, 자기네 상상으로 엮은 완덕으로 만족하게 됩니다.

그런 성덕은 아마 그들 서로 칭찬한 결과일 뿐일 것입니다. 그가 가진 완덕은 이웃들에게 그들의 편견을 더 굳게 하여 그들에게 용기를 북돋아 주고 윤리적으로 그들에게 미흡한 것을 망각하게 만드는 그런 어떤 것입니다. 그들이 잘하고 있으며, 옳은 길을 가고 있고, 그들의 전체적 생활 양식이 하느님을 '기쁘게 해 드리고 있다.'라고 생각하게 합니다. 그렇기 때문에 바꾸어야 할 것은 아무것도 없습니다. 그러나 이런 입장을 반대하는 사람은 잘못된 것입니다. '거룩한 사람'의 성덕은 '성스럽지 않은' 사람들을 완전히 제거하는 것을 정당화합니다. 성스럽지 않은 사람은 함께하지 않는 사람입니다.

예술이나 문학에 있어서도 마찬가지입니다. 훌륭한 시인은 좋은 시에 대한 우리 시대의 기준에 잘 맞춘 사람들입니다. 그들이 세워 놓은 기준에 대해 우리는 대단히 엄격합니다. 조금이라도 그 기준에 어긋나게 쓴 사람들, 동일한 어법을 쓰지 않은 사람들을 우리는 시인으로 생각하지 않습니다. 우리는 그의 시를 읽지 않습니다. 우리가 그렇게 하는 경우에는 품위를 잃기 때문에 우리는 그럴 엄두도 내지 못합니다.

교묘하고 비굴한 추종, 야심, 고집과 유연성이 기묘히 혼합된 정신, 유행하는 상투어의 아주 섬세한 변화에 민감하게 적응한 재능은 단체를 제대로 만나 거기에 순응하기만 하면 이런 것들로 성인이나 천재가 될 수 있습니다. 당신은 당신에게는 큰 기쁨이 되는 책망을 들을 것입니다. 그 책망은 책망이 칭찬이 되는, 당신이 속하지 않은 다른 단체에서 오기 때문입니다. 당신은 당신의 친구에게조차 열광적으로는 칭찬을 받지 못할지도 모릅니다. 그러나 그들은 당신이 무엇에 열중하는지를 압니다. 그들은 당신의 기준을 전적으로 받아들입니다. 그들은 당신을 탐구하고, 당신이 훌륭하다고 인정합니다. 그러나 당신은 그들 자신의 잘못된 자기만족이 만들어 낸 허상이며 우상일 뿐입니다.

성인의 첫 징표들 중의 하나는 다른 사람들이 그가 어떤 사람인지를 모른다는 사실일 것입니다. 사실 사람들은 그가 미친 사람인지 아니면 그저 잘난 체하는 사람인지 확실히 알지 못합니다. 그러나 그것은 아무도 모르고 하느님만이 아시는 개인의 어떤 이상으로 드러나는 긍지여야 합니다. 그리고 그는 '완덕'의 모든 추상적 규범들을 자기 생활에 적용하면서 생겨나는 어려움을 피할 수가 없습니다. 그는 그의 삶을 교과서대로 만들 수 없는 것처럼 보입니다.

어떤 때에는 그에 대한 평판이 대단히 나빠서 어떤 수도원도 그를 데리고 있으려 하지 않을 것입니다. 그는 베네딕토 요셉 라브르처럼 쫓겨나 세속으로 되돌아가야 할 수도 있습니다. 베네딕토 요셉 라브르는 트라피스트회 수사와 카르투지오회 수사가 되길 원했지만 그 어느 하나도 되지 못했습니다. 마침내 그는 떠돌이가 되었고, 로마의 한 길가에서 죽었습니다. 그러나 중세 이후에 시토회나 카르투지오회 수사로서 성인품에 올라, 온 교회에서 공경을 받는 성인은 베네딕토 요셉 라브르 성인뿐입니다.

15.
문장

희망을 가진다는 것은 좌절을 각오하는 것입니다. 그러니 좌절을 각오하겠다고 마음먹으십시오.

실패를 각오하기보다는 아무것도 하려 하지 않는 사람이 되지 마십시오.

'덕행'이라는 개념은 사람들에게 매력이 있는 것이 아닙니다. 사람들은 착한 사람이 되는 데 이제는 관심이 없기 때문입니다. 토마스 아퀴나스 성인이 사람들에게 덕행은 '실천적 이성의 습관'이라고 말했다고 하면, 아마 사람들은 당신의 말에 주의를 약간 기울일 것입니다. 사람들은 자기를 영리하게 만드는 것들을 좋아합니다. 그것은 무언가를 그들에게 줍니다.

우리의 마음은 까마귀와도 같습니다. 까마귀는 쇠붙이가 둥지에 얼마나 불편하든 관계없이 번쩍거리기만 하면 무엇이나 다 주워 옵니다.

집이 건조하다는 단 한 가지 이유로 집을 나와 비를 맞고 추위에 떠는 영혼을 악마는 좋아합니다.

저는 세상에서 무슨 일이 일어나고 있는지 잘 모릅니다. 그러나 그림이나 작품들을 통해 이따금씩 세상에서 일어나는 일들을 조금씩 보는 경우가 있습니다. 보고 나면 모두들 쓰레기통에서 살고 있구나 하는 생각을 하게 됩니다.

작가가 조심성이 너무 많아 비판받을 만한 글은 아무것도 쓰지 않는다면 그는 읽을 만한 작품을 결코 쓰지 못할 것입니다. 다른 사람을 도와주려면 누군가가 비난할지도 모르는 것을 쓸 결심을 해야 합니다.

의심할 줄 모르면 신앙인이 될 수 없습니다. 설령 가지고 있는 생각이 종교적이라 하더라도 그 생각의 진성眞性에 대해 의심을 품어 볼 능력이 없으면 그는 하느님을 믿을 수 없습니다. 신앙은 가지고 있는 생각, '선입견'에 대한 맹목적 추종이 아닙니다. 신앙은 증명할 수 없는 진리의 빛으로 온전히 자유롭게 받아들인 결정이며 판단입니다. 신앙은 누군가가 결정한 것을 단순하게 받아들이는 것이 아닙니다.

단순히 우리의 고집과 자만심을 확인해 주는 신앙이라면 신학적으로 의심해 봐야 합니다. 참된 신앙은 영적 위로의 근원에 지나지 않는 것이 절대로 아닙니다. 신앙은 진정으로 평화를 가져다줄 수 있습니다. 그러나 평화를 가져다주기 전에 우리가 힘을 다해 노력해야 합니다. 이러한 수고를 피하는 신앙은 사실 진정한 신앙에 반대되는 유혹입니다.

추억은 잡다한 '추억'으로 훼손되고 못 쓰게 됩니다. 진정한 추억을 가지려면 먼저 잊어야 할 것이 수도 없이 많습니다. 추억이 과거에만 연관되어 있으면 그것은 진정한 추억이 아닙니다. 현재에 살아 움직이지 않는 '추억', 지금 이 자리를 생각하지 않는 추억, 추억이 무엇인지 모르는 '추억'은 전혀 추억이 아닙니다. 사건과 지나간 사건만을 기억하고 그것을 현재로 되돌려 오지 않는 추억은 건망증의 희생자입니다.

과거의 악들이 계속 반복되는 것은 우리가 그렇게 되게 하기 때문임이 확실합니다. 우리는 과거의 악들이 완전히 잊혀질 새로운 삶을 살기 위한 모험을 하려고 하지 않습니다. 새로운 삶은 새로운 악을 일으킬 것처럼 보이기에 우리는 차라리 우리에게 이미 익숙해진 악과 대면하려고 합니다. 그러므로 우리는 이미 우리의 것이 된 악에 집착하고, 그 악과 우리가 하나가 될 때까지 우리는 그 악을 매일매일 새롭게 합니다. 변화란 생각할 수 없습니다.

거리에서 "예수님은 구세주", "하느님을 만날 준비를 하십시오!"라는 표지판을 들고 다니는 사람들은 어떤 사람들일까요? 그런 사람을 만난 일이 있습니까? 저는 그런 사람들을 만나 본 적이 없습니다. 그러나 그 사람들은 무슨 생각을 하고 있을까 하고 가끔 상상해 보려고 합니다. 이상하게도 그런 광고는 저에게 그리스도를 생각하게 하지는 않고 도리어 '그들'에 대해서 생각하게 합니다. 길을 막고 예수님에 대한 모든 생각을 불가능하게 하는 것은 '그들의 예수님'이 아닌가 싶습니다. 그들은 '그들의' 예수님을 우리에게 강요하려고 합니다. 그 예수님은 아마 그들 자신의 투영에 지나지 않을 것입니다. 그들은 어떤 때에는 단죄함으로써 세상을 위협하고, 어떤 때에는 세상에 자비를 약속하는 것 같습니다. 그러나 그들은 단순히 그들 스스로 사랑받고 인정받고 또 평가받기를 요청하는 것일까요? 어떻든 간에 그들의 예수님은 나의 예수님과 상당히 다릅니다. 그들의 개념이 나와 다르다고 해서 혐오하며 싫다고 배척해야 할까요? 그렇게 한다면 나는 아마 내가 미처 알아보지 못한 그 안에 있는 나의 어떤 것을 배척할지도 모릅니다.

어떤 경우에든 내가 그들의 예수님을 참고 받아들일 수 있다면 그때에 나는 '그들을' 받아들이고 사랑할 수 있습니다. 아니면 적어도 그렇게 할 생각을 할 수 있습니다. 그러니 '그들의' 예수님이 우리들 사이의 장벽이 되거나, 우리와 예수님 사이의 장벽이 되게 하지는 맙시다.

가장 오래된 것이 가장 신선하고 가장 새로운 것입니다. 인간사의 새로움만큼이나 오래되고 또 쓸모없는 것도 없습니다. '최근의' 것은 언제나 처음부터 실패작입니다. 그것은 빛을 전혀 보지도 못합니다. 실은 '새롭다'고 하는 것은 항상 있었던 것입니다. 항상 '되풀이하는' 것을 말하는 것이 아닙니다. 진정으로 '새로운' 것은 매 순간 신선하게 새로운 존재로 태어나는 것입니다. 이 새로움은 절대로 반복하지 않습니다. 그러면서도 이것은 참으로 오래된 것이어서 태초로 되돌아갑니다. 우리에게 말하는 것은 최초의 시작, 그 자체입니다.

'원시인'들에게는 과거와 미래가 현재에 있습니다. '현대인'들에게는 현재가 미래에 있거나 과거에 있습니다. 그들에게 현재는 없습니다. 다만 혼란의 지속적 반복의 상태만 있을 뿐입니다. 그러나 그 혼란은 날카롭고 무미건조한 소음으로 정지됩니다. 사람들은 날짜와 시간과 분을 알립니다. 매 순간 사람들은 어떤 중요한 일이 방금 일어났다고 또는 일어나려고 한다고 외쳐 댑니다. 사람은 중대한 사건이 일어날 때 그곳에 있을 수 있습니다. 그러나 순간들이 뒤범벅이 되어 희미하고 너절한 혼란 속에는 사건도, 사건 당시에 있었다는 사실도 아무런 특성이 없고 거기에 참여하고 있다고 생각하는 사람들에게도 아무런 의미가 없습니다. 의미 있는 참여 대신에 우리는 서로에게 무슨 일이 일어났고, 일어나고 있으며, 또는 일어나려고 한다고 말을 퍼붓습니다. 말을 그치면 시간이 멈추기라도 할 듯 우리는 서로에게 말을 계속합니다. 아마 그럴지도 모르지요!

끊어 버리기 가장 어렵고 또 꼭 끊어 버려야 하는 것은 분노입니다. 현대를 살아가면서 분노 없이 산다는 것은 거의 불가능해 보입니다. 비인간적으로 보일 정도로 말입니다. 분노는 현대 사회에서 우리가 존재의 불합리를 이겨 나갈 수 있게 해 줍니다. 그것은 혼란의 와중에 있는 자유의 마지막 보루입니다. 혼란은 불가피합니다. 그러나 우리는 적어도 받아들이기를 거부할 수는 있습니다. 우리는 "아니오." 하고 말할 수 있습니다. 우리는 말없이 반항하며 살 수 있습니다.

분노가 사람을 살아남게 해 주는 장치라고는 하더라도 그것이 반드시 건전하게 살아남게 해 주는 것은 아닙니다. 그것은 진정한 의미의 자유의 행사가 아닙니다. 그것은 인격의 순수한 표현이 아닙니다. 그것은 학대받은 유기체의 말없는 동물적 항의입니다. 지나치면 그것은 정신병이 됩니다. 화내는 것 역시 그 나름대로 적응하는 것입니다. 그러나 그것은 도피를 통한 적응입니다.

문제는 어떻게 모든 사람이 높은 이상과 너그러운 마음으로 부조리와 도덕이 없는 무질서를 받아들이기를 바라는 사람들에게 속아 넘어가지 않고 분노를 포기하는 법을 배우느냐 하는 것입니다. 해결책을 찾을 만큼 강한 사람은 거의 없습니다. 수도원이 반드시 옳은 해답은 아닙니다. 수도원에도 분노는 있습니다. 그와 마찬가지로 분노는 어디에나 있습니다.

분노를 포기하고 싶으면 없을 수 없는 혼란을 무서워하는, 실체가 아닌 자기를 끊어 버려야 합니다. 이것이 문제입니다. 조직, 단체, 사회 또는 자기가 멸시하거나 증오하는 사람에게 완전히 종처럼 의존해 살아야 한다는 것, 그렇게 매여 살면서도 다른 사람들에게 비치는 모습에 대한 염려 때문에 증오하는 것을 겉으로는 인정하고 받아들일 수밖에 없는 것, 본질적으로 노예근성이 있는 의존적 '나', 원하지 않으면서도 어쩔 수 없이 예속되는 폭군을 끊임없이 찬양하고 아첨함으로써 자신이 노예임을 드러내는 '나'가 문제인 것입니다.

마지막으로 그것은 노예근성의 문제입니다. 노예근성은 순전히 주관적인 상태일 수 있습니다. 노예근성은 아무도 우리를 지배하지 않을지라도 우리가 우리 자신을 노예로 생각하는 것일 수 있습니다. 우리

스스로 지배를 받고 있다고 생각하는 그런 상태에서가 아니면 존재할 수 없는 것인지도 모릅니다. 그런 경우에 분노는 그런 상황을 받아들일 수 있게 도울 수는 있을 것입니다. 그러나 분노가 우리를 절대로 건강하게는 하지 못할 것입니다. 그것은 할 수만 있으면 자유로워질 수 있기라도 한 것처럼 말하는 것이며 변명밖에는 되지 않습니다. 그러나 사실 우리는 이미 자유롭다는 사실을 깨달을 수 있습니다.

누구도 당신이 행복하게 사는 것을 방해하지 않습니다. 당신은 당신 자신이 무엇을 원하는지를 모르고 있습니다. 당신은 이런 사실을 인정하기보다는 어떤 사람이 당신의 자유를 제한하는 것처럼 가장합니다. 그게 누구입니까? 그것은 바로 당신 자신입니다.

자신의 지배자로서 어떤 신의 지배도 받지 않으며 온전히 자주적으로 사는 척하는 한 당신은 어쩔 수 없이 다른 사람의 노예나 단체의 소외된 일원으로 살 것입니다. 역설적으로 하느님을 받아들일 때 하느님은 당신을 자유롭게 해 주시고 폭군으로부터 당신을 해방시켜 줍니다. 하느님을 섬길 때에 하느님은 당신의 영혼이 소외되어 인간의 노예가 되는 것을 허락하시지 않기 때문입니다. 하느님께서는 이스라엘 백성을 이집트의 종살이에서 떠나라고 '부르시지' 않으셨습니다. 그들에게 떠나라고 '명령'하셨습니다.

시인은 창작을 하기 위해서 자기 안으로 들어갑니다. 명상하는 사람은 창조되기 위해서 하느님 안으로 들어갑니다.

가톨릭 시인은 무엇보다도 먼저 시인이 됨으로써 사도가 되어야지 먼저 사도가 됨으로써 시인이 되려고 해서는 안 됩니다. 자기를 사람들에게 시인으로 내세우면 그는 시인으로서 평가를 받을 것입니다. 그가 시인으로서 좋은 평가를 받지 못하면 그의 사도직은 조롱거리가 될 것입니다.

하느님을 위해서 글을 쓰면 당신은 많은 사람에게 감동을 줄 것이며 그들에게 기쁨을 가져다줄 것입니다.

사람을 위해서 글을 쓰면 돈을 벌 수 있을 것이고 어떤 사람들에게는 작은 기쁨도 주고, 얼마 동안은 세상에 이름을 떨칠 수도 있을 것입니다.

자기 자신만을 위해서 글을 쓰면 자기가 쓴 것을 자기가 읽을 수 있습니다. 그러고 나서 얼마 후에는 몹시 진저리가 나 '차라리 죽었으면…….' 하는 생각을 하게 될 것입니다.

16.
전쟁의 뿌리는
두려움입니다

모든 전쟁의 뿌리에는 두려움이 있습니다. 사람들이 서로에게 갖는 두려움이라기보다는 모든 사물에 대해서 갖는 두려움, 그것은 그들이 단지 서로 믿지 않는다는 것이 아닙니다. 그들은 자기 자신도 믿지 않습니다. 누가 언제 돌아서서 그들을 죽일지도 모르는 일이지만 그들이 언제 돌아서서 자기 자신을 죽일지는 더 모를 일입니다. 그들은 아무것도 믿을 수 없습니다. 왜냐하면 그들은 더 이상 하느님을 믿지 않기 때문입니다.

다른 사람에 대한 우리의 증오뿐 아니라 무엇보다도 우리 자신에 대한 증오가 위험합니다. 특히 의식적으로 대하기에는 너무 깊고 강한 우리 자신에 대한 증오가 그렇습니다. 왜냐하면 이것은 우리로 하여금 우리의 잘못을 다른 사람 안에서 보게 하고 우리 자신 안에서는 볼 수 없게 하기 때문입니다.

　우리가 다른 사람의 잘못을 보면 우리는 그들을 파괴하거나 눈에 안 보이는 곳으로 쫓아 버림으로써 그들을 교정하려 합니다. 죄인이 우리가 아닌 다른 사람인 경우에는 죄와 죄인을 동일시하기가 쉽습니다. 자신에 대해서는 그 반대입니다. 우리는 자신의 잘못을 알아도 그 잘못에 대해 책임을 지는 데에는 큰 어려움을 겪습니다. 우리는 우리의 죄를 우리의 의지 그리고 우리의 악의와 동일시하는 데 많은 어려움을 겪습니다. 반대로 우리는 우리의 부도덕한 행위를 본의 아닌 실수나 아니면 우리 자신이 아닌 우리 안에 있는 악신이 한 것이라고 자연스럽게 해석하려는 경향이 있습니다. 그러면서도 다른 사람들은 이렇게 편한 구별을 우리를 위해서는 해 주지 않는다는 것을 우리는 잘 알고 있습니다. 그들의 눈에 우리가 한 행위는 우리의 것입니다. 그래서 그들은 그 책임을 전적으로 우리에게 묻습니다.

　거기에 더해서 우리는 우리의 죄책감을 다른 사람에게 전가함으로써 무의식적으로 우리의 죄를 없애 버리려는 경향이 있습니다. 내가 잘못을 하고 그 잘못을 나와 전혀 관계없는 다른 사람에게 돌리고 나서도 나의 양심은 아직도 만족하지 못합니다. 거기에는 아직도 설명할 것이 너무나도 많이 남아 있습니다. 내 안에 있는 다른 사람은 너무나도 가까이 있습니다. 누구나 자신의 잘못을 다른 사람의 엇비슷한 잘못을 살펴봄으로써 설명하려는 유혹을 받습니다. 나의 잘못은 최소화하고 남의 허물은 과장함으로써 나의 잘못을 보상하려 합니다.

그것만으로도 부족해서 우리는 거짓으로 죄에 대한 감정을 강화하고 죄도 아닌 것에 대한 죄책감을 증폭시킴으로써 사태를 더 나쁘게 만듭니다. 이런 모든 방법으로 우리는 자나 깨나 우리와 다른 사람의 죄를 생각하게 되어 이 죄를 설명하고 벌하고 떨쳐 버리거나 우리가 할 수 있는 어떤 방법으로든 없애 버리려고 애쓰는 데에 모든 정력을 낭비합니다. 우리는 우리의 생각으로 자신을 몰아붙여 화나게 만들고 결국에는 막다른 골목에 이르러 폭력을 행사합니다. 우리는 물건이나 사람을 부숴야 합니다. 여기에 이르기까지 우리는 스스로 적당한 원수, 우리가 세상의 모든 악을 가져다 뒤집어씌울 희생양을 만들어 냅니다. 그 희생양은 모든 악의 원인입니다. 그는 모든 싸움의 선동자입니다. 그가 괴멸될 수만 있다면 전쟁은 끝나고 악은 소멸되고 전쟁은 더 이상 없을 것입니다.

이 같은 허구적 사고는 마르크스주의자들이 종교 대용물로 채택한 신화와도 같은 정교한 의사擬似 과학 체계의 지원을 받을 때에 특히 위험합니다. 그러나 이러한 허구적 사고는 서양에서 종교와 철학, 성숙한 사고까지도 대신하는 원칙 없는 낙관주의, 막연하고 유동적이며 혼란스런 낙관주의로 작용할 때에도 그에 못지않게 위험합니다.

온 세상이 윤리적 혼란을 겪을 때, 아무도 이제는 무슨 생각을 해야 하는지 모를 때, 실제로 모든 사람이 생각해야 할 책임을 회피할 때, 현실에서 가상의 세계로 피신함으로써 도덕에 대한 이성적 생각을 진부한 상투어로 만들 때, 자기의 도덕적 실수를 해명하기 위해서 더 많은 거짓말을 만들어 내느라 모든 노력을 다 들일 때 중재인의 단순한 노력과 좋은 의도만으로는 세계가 세계 전쟁과 전지구적 파멸에서 구제될 수 없다는 것이 명확해집니다. 좋은 목적과 나쁜 결과, 평화를 이루려는 노력과 점증하는 전쟁 가능성 사이의 거리가 점점 더 넓어지는 것을 모든 사람이 보다 더 잘 알게 되는 것이 현실입니다. 그 준비가 얼마나 정교하고 조심스럽게 되었든 관계없이 나라들 간의 대화는 우스꽝스럽게도 실패로 끝나는 것 같습니다. 나중에는 대화를 시도하는 사람들을 믿는 사람도 없습니다. 반대로 순수한 좋은 뜻을 가진 협상가들도 멸시와 증오의 대상이 됩니다. 그것은 '좋은 뜻을 갖고', 평화를 위해서 무엇인가를 하려고 나름대로 성심껏 노력을 한 사람들이 그들의 좋은 의도를 이루지 못함으로써 불행히도 더 커져 버린 사람에 대한 보편적 자기 증오의 희생물로서 결국에는 무자비하게 매도되고 뭉개지고 파멸되고 맙니다.

 우리는 아직도 실패를 부정직이나 죄(실패를 '책벌'이라고 해석하는)에 연계시키는, 근본적으로 미신적인 경향을 가지고 있는 것 같습니다. 누가 좋은 뜻으로 시작한 일이 실패하면 우리는 그 사람에게 무슨 '하자'가 있지 않나 하고 생각하는 경향이 있습니다. 그의 탓이 아니라면 그는 적어도 틀렸습니다. '틀렸다는 것'은 우리가 아직 태연하게 이해하며 대할 수 있는 것이 아닙니다. 우리는 마치 신이 하듯 경멸하여 단죄하거나 아니면 신이 하듯 생색을 내며 용서합니다. 우리는 그것을 인간적 연민과 겸손 그리고 그들도 우리와 같은 인간이라는 마음으로 받아들이지를 못합니다. 그래서 우리는 우리의 도덕적 정치적 문제를 풀기 시작할 수 있게 해 줄 진리를 영영 보지 못합니다. 이렇든 저렇든 우리는 '모두' 틀렸습니다. 우리 '모두'는 하자가 있으며 한계가 있고, 우리 '모두'는 우리의 복잡한 동기와 자기기만, 독선과 그리고 공격적이고 위선적 경향으로 어려움을 겪고 있습니다. 우리는 이런 모든 진리를 보지 못합니다.

다른 사람들에 대해 의도가 좋기는 하지만 편파적이라고 거절하고 또 그들과 함께 일하기를 (물론 현명하게 또 결과가 어쩔 수 없이 불완전하여) 거절할 때에 우리는 무의식적으로 우리의 악의, 우리의 옹졸함, 사실에 대한 우리의 부족한 인식 그리고 우리의 윤리적, 정치적 엉터리 치료법을 드러냅니다.

아마 결과적으로 보면 평화를 향한 현실적 첫걸음은 정치적 이념들이 대부분 환상과 허구라는 사실을 현실로 받아들이는 것일 겁니다. 우리가 그런 정치 이념에 매달리는 동기가 항상 정직한 것은 아닙니다. 이 때문에 우리는 적들의 정치 이념에서 어떤 좋은 점이나 실현 가능성을 보지 못합니다. 물론 그들의 이념이 여러모로 우리의 것보다 더 환상적이고 부정직할지도 모릅니다. 정치는 좋고 나쁜 동기가 풀 수 없게 뒤엉클어진 것, 악이 지배하지만 그 어느 한구석에 조그마한 선이라도 있지 않을까 하고 집요하게 희망을 거는 것이 정치라는 사실을 받아들일 수 없으면 우리는 아무것도 할 수 없을 것입니다.

그러나 어떤 사람은 말할 것입니다. "만일 우리가 모두 다 똑같이 잘못됐다고 한 번 인정하고 나면 모든 정치적 활동은 마비되고 말 것이다. 우리가 옳다고 생각할 때에만 우리는 행동할 수 있다."

그러나 저는 그 반대입니다. 효과적 정치 활동에서 가장 중요한 것은, 우리 문제의 진정한 해결책은 소외된 정당이나 국가에 의해서는 찾을 수 없고 모두 함께 노력해야만 찾을 수 있다는 사실을 인정하는 것뿐이라고 믿습니다.

저는 죄책감에 시달리는 생각, 즉 매사에 '잘못'되는 것을 언제나 좋아하라고 부추기는 것은 아닙니다. 이것 역시 책임 회피입니다. 너무 심하게 단순화하는 것은 판단을 최종적으로는 무의미하게 만드는 경향이 있기 때문입니다. 우리는 우리 자신을 개인적으로나 집단적으로 받아들이도록 노력해야 합니다. 우리 자신이 전적으로 선하거나 악해서만이 아니고 선과 악이 설명할 수 없이 묘하게 뒤섞인 상태인 우리 자신을 받아들이도록 노력해야 합니다. 우리는 우리 안에 있는 선을 과장하지 말고 정도를 지켜야 합니다. 우리의 참된 권리를 수호해야 합니다. 우리가 우리의 권리를 존중하지 않으면 우리는 남의 권리도 존중하지 않을 것이기 때문입니다. 그러나 동시에 의도적으로든 아니든 우리는 남의 권리를 침해했다는 것을 인정해야 합니다. 이런 사실을 우리는 양심 성찰을 통해서나 아니면 뜻하지 않게 다른 사람이 신랄하게 지적하더라도 그것을 인정할 수 있어야 합니다.

개인의 윤리 행동을 규제하는, 가정과 같이 조그마한 사회의 기본 단위에서 일치가 가능하도록 해 주는 원칙들은 보다 넓은 지역과 한 국가의 모든 공동 사회에도 적용됩니다. 그러나 우리의 현 상황에서나 여타 다른 곳에서 도덕을 권장한다고 해서 이 원칙들이 보편적으로 받아들여지기를 기대한다는 것은 어리석은 일입니다. 정치인들의 마음이 조금 변한다고 해서 세상이 원칙대로 움직일 것이라는 희망은 거의 없습니다. 세계 지도자들의 순전히 우연적이고 주관적인 도덕관에 큰 변화가 있을지 모른다는 희미한 희망에 정치의 미래를 거는 것은 무의미한 일이며 웃기는 일입니다. 그러나 정치사상과 정치 활동이 아닌 종교계에는 그런 생각하기 어려운 결과를 기대할 만합니다. 그러나 그러기 위해서는 기도를 해야 합니다. 우리는 하느님의 신비로운 빛이 세계 평화와 밀접히 관련된 사람들의 마음을 돌릴 수 있을 뿐 아니라 그들의 고집과 편견에도 불구하고 그들을 치명적 과오에서 지켜 주실 것을 믿을 수 있고 또 믿어야 합니다.

믿을 수 없는 사람임이 확실한데도 사람들이 서로 믿기를 바라는 것은 감상적인 어리석음일 것입니다. 그러나 그들은 적어도 하느님께 의탁하는 것은 배울 수 있습니다. 하느님의 신비로운 능력은 사람의 악의와 실수에 관계없이 기묘한 방법으로 사람들을 자기 자신에게서 보호해 주실 수 있다는 것을, 명랑하고 힘 있게 말하는 설교가들이 이해하는 그런 방법으로는 아니지만, 하느님께서는 항상 악을 선으로 바꾸어 놓으실 수 있다는 것을 그들은 알 수 있습니다. 한없이 지혜로우신 하느님, 사람의 생명을 주재하시는 하느님, 거의 생각할 수 없을 만큼 자유를 남용하는 것도 허락하시는 하느님을 그들이 믿고 사랑할 수 있다면 그들은 악한 사람도 사랑할 수 있습니다. 하느님께서 사람들을 사랑하신 것처럼 그들도 사람을, 그들이 죄 중에 있다 하더라도, 사랑할 수 있습니다. 믿을 수 없는 사람을 (어리석게 그들을 믿지는 말고) 우리가 사랑할 수 있다면, 우리가 그들과 하나가 됨으로써 그들의 죄의 책임을 어느 정도 나눌 수 있다면 아마 세상의 평화에 대해서도 나름대로 희망이 있을 것입니다. 그리고 그것은 사람의 지혜나 조작에 의한 것이 아니고 하느님의 무한한 자비에 의해서 가능할 것입니다.

겸손을 의미하는 사랑만이 모든 전쟁의 근원인 두려움을 쫓아낼 수 있습니다.

우편물에 "평화를 위하여 기도합시다."라는 권고문을 넣고도, 수십만 달러를 핵 잠수함, 수소 폭탄 그리고 대륙간 탄도탄에 쏟아부으면 무슨 소용이 있겠습니까? 이것은 확실히 신약 성경이 말하는 '하느님을 조롱하는 것'이라고 생각합니다. 무신론자들이 하는 것보다 더 심하게 하느님을 조롱하는 것입니다. 공포에 대한 우리의 어처구니없는 두려움은 무신론자들에게서 우리를 보호하기 위해 무기를 산더미같이 쌓아 놓는 극단적인 상황에까지 이릅니다. 무신론자는 솔직히 하느님은 존재하지 않는다고 믿고 또 그 무엇도 진정한 안보를 보장하지 못하기 때문에 폭탄과 미사일에만 의존해야 한다고 믿습니다. 그러면 우리는 하느님의 능력을 그렇게 믿어서 그들이 우리를 파괴하기 전에 우리가 그들을 철저히 파괴하겠다는 것입니까? 동시에 우리 자신도 파괴할 위험까지 무릅쓰면서 말입니까?

자연 그대로의 선과 정당한 목적을 달성하기 위해서 보통의 인간적인 방법과 기도를 동시에 사용해서는 안 된다는 말이 아닙니다. 육신의 건강을 회복해 주십사 기도하면서 동시에 의사가 처방한 약을 먹을 수 있습니다. 실제로 믿는 사람이라면 둘 다 해야 합니다. 같은 목적을 위해서 두 가지 방법을 쓰는 데에는 합리적이고 올바른 비율이 있는 것 같습니다.

그러나 생산이 되자마자 고물이 되어 버려지는 무기에 쏟아 붓는 정말 어처구니없는 액수의 돈과 계획, 노력과 불안 그리고 걱정을 생각해 보십시오. 이런 사실을 4센트짜리 우표에 경건하게 "평화를 위해 기도하십시오."라는 소인을 찍는 가엾은 작은 몸짓과 비교해 보십시오! 우리의 건전한 마음과 우리가 양심의 가책과 부끄러움이 없이 동의하는 살인적 파괴의 엄청난 행위의 불균형도 생각해 보십시오!

평화의 하느님, 당신이 우리를 사랑하신 것처럼 우리도 서로 사랑하라고 하신 하느님, 칼을 쓰면 칼로 망하리라고 우리에게 경고하신 하느님께 기도를 드리면서 동시에 수천이 아니라 수백만의 시민, 군인, 남자, 여자, 어린이를 무차별하게 전멸시키려는 계획, 그 안에 우리 자신까지도 포함된 그런 계획을 세우는 것 사이의 모순을 우리는 생각하지 않는 것 같습니다.

환자가 건강을 위해 기도하며 약을 먹는 것은 의미가 있습니다. 그러나 그가 건강을 위해 기도하며 독약을 마신다면 거기에서 아무런 의미도 찾을 수 없습니다.

나는 평화를 위하여 기도할 때 러시아와 중국만을 평화롭게 해 주시도록 기도하지 않고 무엇보다도 우리나라와 나 자신의 평화를 기원합니다. 나는 평화를 위하여 기도할 때 공산주의에서만 보호해 달라고 기도하지 않고 내 조국의 어리석음과 맹목에서도 보호해 달라고 기도합니다. 내가 평화를 위하여 기도할 때 나는 적국이 전쟁을 원치 않도록 할 뿐 아니라 무엇보다도 나의 조국이 전쟁을 일으킬 수 있는 일들을 그만하게 해 달라고 기도합니다. 달리 말하면 내가 평화를 위하여 기도할 때 나는 러시아가 저항 없이 항복해서 우리가 하고 싶은 대로 할 수 있게 해 달라고 기도하지 않습니다. 우리와 러시아, 둘 다 제정신으로 돌아와서 세계적 자살 행위를 준비하는 대신에 우리가 할 수 있는 최선을 다해 함께 문제를 푸는 법을 연구하도록 기도합니다.

이것이 과학의 시대에 맞지 않는 순전히 감상적이고 케케묵은 것이라는 것을 나는 잘 알고 있습니다. 그러나 세계 평화에 대한 기여도로 따진다면 정치와 사회학의 의사 과학적 사고가 이런 기도에 훨씬 못 미친다고 나는 말하고 싶습니다. 공정하게 하기 위해서 한 가지 더 덧붙일 것은 핵 과학자들이 그러한 상황이 갖는 윤리적 문제에 대해서 가장 걱정하는 사람들이며 시시때때로 용기 있게 입을 열어 그 문제에 대해서 말하는 사람들이라는 것입니다.

그러나 세상에 그들의 말을 듣는 사람들이 어디에 있습니까?

사람들이 진정으로 평화를 원한다면 마음으로부터 평화를 하느님께 청할 것입니다. 그러면 하느님께서는 사람들에게 평화를 주실 것입니다. 평화를 진정으로 원하지도 않는 세상에 하느님께서 왜 평화를 주셔야 합니까? 세상이 바라는 척하는 평화는 전혀 평화가 아닙니다.

어떤 사람에게는 평화가 단순히 보복이나 간섭을 받을 걱정 없이 다른 사람들을 착취하는 자유를 의미합니다. 다른 사람들에게는 평화가 방해받지 않고 다른 사람을 약탈하는 자유를 의미합니다. 또 다른 사람들에게는 평화가 자기들의 욕심으로 인해 굶주리는 사람들을 먹이기 위해 그들의 쾌락을 자제시키는 간섭을 받지 않고 세상의 재물을 마음껏 사고 누릴 수 있는 여유를 의미합니다. 현실적으로, 모든 사람에게 있어서 평화란 그들의 안위와 쾌락에 대한 동물적 욕구를 만족시키기 위해 전력을 다하는 자신들의 생활에 방해가 될 수도 있는 어떤 물리적 폭력도 없는 것을 의미합니다.

이런 많은 사람은 그들이 '평화'라고 생각했던 것을 하느님께 청하고 하느님께서 왜 자기네 기도를 들어 주시지 않는지 의아해합니다. 실제로는 그들의 기도가 이미 '이루어졌다'는 사실을 이해하지 못합니다. 하느님께서는 그들이 원하는 것을 그들에게 주셨습니다. 평화에 대한 그들의 생각은 다른 형태의 전쟁이었을 뿐이니까요. '냉전'은 도덕, 경제, 정치 생활에 있어서 '모든 사람은 자기 혼자서'라는 정책에 근거한 평화에 대한 잘못된 개념의 정상적인 결과물입니다. 허구와 환상에 근거한 실속 있는 평화를 바란다는 것은 어리석은 일입니다.

당신이 평화라고 생각하는 것을 사랑하는 대신에 다른 사람들을 사랑하고 무엇보다도 하느님을 사랑하십시오. 당신 생각에 전쟁을 일으키는 사람들을 미워하기보다는 당신의 마음속에 있는 욕망과 무질서를 미워하십시오. 그것들이 전쟁의 원인입니다. 평화를 사랑한다면 불의를 미워하고 폭군을 미워하고 욕심을 미워하십시오. 그러나 다른 사람이 아닌 '당신 안'에 있는 그것들을 미워하십시오.

17.
증오로서의
지옥

지옥은 사람들이 서로 미워하는 것 외에는 아무런 공통점도 없고 서로를 떠날 수도 없으며 자기 자신으로부터도 벗어날 수 없는 곳입니다.

그들은 모두 함께 불에 던져졌으며 각자 엄청나고 어쩔 수 없는 증오로 다른 사람들을 자기에게서 밀쳐 버리려고 애를 씁니다. 그들이 다른 사람들과 떨어져 있으려고 하는 이유는 그들이 다른 사람들에게서 보는 것을 미워하기 때문이라기보다는 다른 사람들이 그들에게서 보는 것을 미워한다는 사실을 알기 때문입니다. 그들은 모두 이기심, 무기력, 고뇌, 공포 그리고 실망과 같은 그들이 몹시 싫어하는 것이 서로에게 있음을 압니다.

나무는 그 열매를 보고 압니다. 현대인의 사회, 정치, 역사를 알고 싶으면 지옥을 연구하십시오. 전쟁이 그렇게 많았어도 세상은 아직 지옥이 아닙니다. 역사는 소름끼치는 것이기는 하지만 또 다른 더 깊은 의미를 가지고 있습니다. 역사의 중요성은 역사의 죄악에 있지 않고, 우리 세대를 이해하는 것은 시대의 죄악을 통해서가 아니기 때문입니다. 전쟁과 증오의 시련 속에서 서로 사랑하는 사람들의 도시는 동이 트고, 고통 중에도 영웅적 사랑으로 하나가 됩니다. 모든 것을 미워하는 사람들의 도시는 흩어지고 패주하며 그 도시의 시민들은 불티와 연기와 광채처럼 사방으로 흩어집니다.

우리의 하느님도 태워 없애는 불입니다. 우리도 사랑으로 변화되어 그분이 되고 또 그분이 불타듯 우리도 불타면 그분의 불은 우리의 영원한 기쁨이 될 것입니다. 그러나 우리가 그분의 사랑을 거절하고 죄가 갖는 냉정함에 갇혀 하느님과 다른 사람들을 적대시한다면 하느님의 불은 (그분이 원해서가 아니라 우리의 선택에 의해서) 우리의 영원한 원수가 될 것이며, 하느님의 사랑은 우리의 기쁨이 되기보다는 고통과 파멸이 될 것입니다.

우리가 하느님의 뜻을 사랑할 때 우리는 하느님을 찾고 모든 것 안에서 하느님의 기쁨을 누립니다. 그러나 우리가 하느님을 거스르면, 즉 하느님보다 우리 자신을 더 사랑하면 모든 것은 우리의 원수가 됩니다. 하느님의 무한한 이타성은 모든 피조물이 갖고 있는 본질의 법칙이며, 그분이 만드신 모든 것 안에 새겨져 있기 때문에 우리의 이기심이 요구하는 무절제한 만족을 거부할 수밖에 없습니다. 하느님의 창조물들은 그분의 이타성과만 친구가 될 수 있습니다. 하느님의 창조물들이 사람 안에서 이기심을 발견하게 되면, 그들은 길들여지고 굴복할 때까지 그것을 미워하고 두려워하며 거기에 저항합니다. 그러나 사막의 교부들은 성인의 징표 중 하나는 아무런 두려움 없이 사자와 뱀들과 평화롭게 살 수 있는 것이라고 믿었습니다.

죄에 대해서 흥미로울 것은 아무것도 없습니다. 악으로서의 악에 대해서도 흥미로울 것이 아무것도 없습니다. 악은 실제적 존재가 아니고 있어야 할 완성의 결핍입니다. 말하자면 죄는 우리의 의지와 정신의 관심을 끌 어떤 것의 결핍이기 때문에 본래 따분한 것입니다.

사람을 악행으로 이끄는 것은 그들 안에 있는 악이 아니고 잘못된 관점과 왜곡된 시각으로 볼 때 보이는 선입니다. 그런 각도에서 보이는 선은 덫에 놓인 미끼일 뿐입니다. 그것을 잡으려고 팔을 뻗으면 덫의 용수철은 퉁겨지고 당신은 싫증을 느끼고 권태로워하며 증오하게 됩니다.

죄인들은 모든 것을 증오하는 사람들입니다. 그들의 세상은 필연적으로 배신과 환상과 속임수로 가득 차 있기 때문입니다. 그리고 가장 큰 죄인들은 이 세상에서 가장 심심한 사람들입니다. 그들은 가장 따분한 사람들이고, 또 사는 것이 가장 지겹다고 생각하는 사람들이기 때문입니다.

그들이 있지도 않은 가치를 추구하는 삶의 필연적 결과인 소란, 흥분과 폭력으로 삶의 권태를 감추려 할 때, 권태는 권태 이상의 어떤 것이 됩니다. 그들은 세상과 사회의 두통거리입니다. 두통거리가 된다는 것은 단순히 단조롭고 지루한 것이 아닙니다.

모든 것이 끝나고 그들이 죽었을 때에 역사에 기록된 그들의 죄상은 아주 시시한 것이 되고 어린 학생들에게는 원하지 않아도 어쩔 수 없이 알아야 하는 골치 아픈 사실로 남을 뿐입니다. 여덟 살 난 아이들도 히틀러, 스탈린 그리고 나폴레옹 같은 사람에 대해서 배우는 것이 아무 쓸모가 없다는 것을 쉽게 알기 때문입니다.

18.
믿음

　　　　　　명상의 시작은 믿음입니다. 믿음에 대해 근본적으로 잘못된 개념을 갖고 있으면 당신은 절대로 명상가가 되지 못할 것입니다.

　첫째로 믿음은 감정도 느낌도 아닙니다. 믿음은 알 수 없는 어떤 초자연적 것에 대해 어렴풋이 의식하는 욕구를 맹목적으로 추구하는 것이 아닙니다. 단순히 영혼에 기본적으로 필요한 것이 아닙니다. 하느님이 존재한다고 느끼는 것도 아닙니다. 단순히 자기가 그렇게 느낀다고 해서 자기는 어떻든 구원을 받았다거나 의롭게 되었다고 하는 신념이 아닙니다. 어떤 외적 동기와는 관계없는, 전적으로 내적이고 주관적인 어떤 것이 아닙니다. 믿음은 영혼의 힘도 아닙니다. 그것은 영혼의 깊은 곳에서 솟아올라 모든 것이 다 잘되고 있다는, 형언할 수 없는 느낌을 갖게 하는 어떤 것이 아닙니다. 그것은 순수한 자기만의 것이어서 그 내용을 누구와도 나눌 수 없는 그런 것이 아닙니다. 믿음은 개인적인 신화와 같은 것이어서 다른 사람과는 나눌 수 없고 또 자기나 하느님 또는 다른 사람에게는 관계가 없는 객관적 타당성도 아닙니다.

믿음은 또한 의견도 아닙니다. 이성적 분석에 기초한 신념도 아닙니다. 과학적 증명의 결과도 아닙니다. 모르는 것을 믿을 수 있을 뿐입니다. 아는 즉시 더 이상 믿지 않습니다. 적어도 아는 것과 같은 방법으로 믿지는 않습니다.

믿음은 무엇보다도 지성적 동의입니다. 믿음은 정신을 완성하지 파괴하지는 않습니다. 믿음은 이성이 혼자서는 알아들을 수 없는 진리를 갖게 합니다. 믿음은 우리에게 스스로 계시는 분으로서의 하느님에 대한 확신을 갖게 합니다. 믿음은 살아 계시는 하느님과 생생히 접촉하는 방법입니다. 사물의 증명에서 나오는 삼단 논법으로 설명되는 추상적 제일 원칙을 보는 관점이 아닙니다.

그러나 믿음에의 동의는 볼 수 있는 사물의 내적 자명성에 근거를 둔 것이 아닙니다. 믿음의 행위는 우리의 자연적 체험으로는 연결되지 않는 두 입장을 하나로 묶습니다. 그러나 거기에는 그것들이 연결되지 않았다고 이성이 따질 만한 것이 아무것도 없습니다. 믿음의 동의를 요구하는 주장들은 이성에 대해서 단지 중립적일 뿐입니다. 우리는 그것들이 진리여야 하거나 거짓이어야 한다는 자연적 증거를 가지고 있지 않습니다. 우리가 믿음에 동의하는 것은 그것이 본질적 자명성 이외의 어떤 것이기 때문입니다. 우리는 알려지는 그대로 그 진리를 받아들이며, 우리가 그것에 동의하는 동기는 그것을 알려 주시는 하느님의 권위입니다.

믿음이 지성에 완전한 만족을 주기를 기대하기는 어렵습니다. 믿음은 지성이 인식하는 데에 적절한 조명을 주지 않고 어둠에 있게 합니다. 그럼에도 불구하고 믿음은 지성을 좌절시키거나 거부하거나 파괴하지 않습니다. 믿음은 지성이 사랑의 인도를 받아 상당히 합리적으로 신앙의 진리를 받아들일 수 있다는 신념을 갖게 하여 지성을 편안하게 해 줍니다. 믿음의 행위는 지성이 하느님을 '사랑함'으로써 그리고 하느님의 말씀대로, 하느님에 대한 말을 받아들임으로써 만족하게 하는 행위입니다. 이런 동의는 상당히 합리적입니다. 그것은 우리의 이성이 하느님에 대해서, 하느님의 본질에 대해서 우리에게 말해 줄 수 있는 것이 아무것도 없다는 사실과, 또 하느님 자신은 무한하신 실재이시기 때문에 무한한 진리나 지혜, 능력이나 섭리, 그리고 당신이 원하시는 여러 가지 방법으로 당신을 절대적으로 확실하게 드러내실 수 있으시며, 외적 표지로써 당신 자신의 계시를 증명하실 수 있다는 사실을 인식하는 데에 근거하기 때문입니다.

믿음은 근본적으로 지성의 동의입니다. 믿음이 단지 그뿐이라면,

단지 '드러나지 않는 것에 대한 논증'일 뿐이라면 그것은 완성된 것이 아닙니다. 믿음은 동의 이상의 어떤 것이어야 합니다. 믿음은 이해, 접촉, 의지의 통교, '희망하는 것의 핵심적 실체'입니다. 믿음으로써 사람은 하느님께서 계시하신 계획에 동의하고 또 지성과 이성만으로는 미칠 수 없는 진리에 도달할 뿐 아니라 하느님 자신에게도 동의합니다. 그는 하느님을 받아들입니다. 그는 하느님에 '대한' 말에만 "예." 하는 것이 아니고 보이지 않는 무한하신 하느님께 "예." 하고 말합니다. 그 말의 내용만 받아들이는 것이 아니라 그 말을 하신 분도 전적으로 받아들입니다.

우리는 너무나 자주 하느님에 '대한' 설명만을 강조함으로써, 그리고 믿음이 하느님의 빛과 진리와의 일치라는 사실을 잊어버림으로써, 믿음에 대한 우리의 개념을 왜곡합니다. 하느님의 권위에 대해서 믿음이 받아들이는 설명, 즉 주장은 하느님의 진리에 다다르기 위해 거쳐야 하는 매개에 지나지 않습니다. 믿음의 종착역은 설명이나 신조가 아니고 '하느님'입니다.

믿음으로 하느님을 믿지 않고 주장이나 신조로 믿는다면 믿음이 명상으로 이끌어 주지 않는 것은 당연한 일입니다. 그런 경우에는 반대로 불안하고 첨예한 다툼, 논쟁, 혼란 그리고 급기야는 증오와 분열로 치닫고 맙니다.

신학이 계시의 지성적 내용과 특히 계시된 하느님 진리의 언어적 공식을 연구할 수 있고 또 연구해야 한다는 것은 물론 옳은 말입니다. 그러나 다시 말하지만 이것이 믿음의 최종 목적은 아닙니다. 믿음은 말과 신조를 뛰어넘어 우리를 하느님의 빛으로 인도합니다.

신조의 중요성은 그것이 하느님께서 당신의 진리를 우리에게 전해 주시는 도구라는 사실에 있습니다. 그 도구들은 맑은 유리창 같아서 우리에게 오는 빛을 어둡게 하거나 차단해서는 안 됩니다. 하느님의 진리를 왜곡해서도 안 됩니다. 그렇기 때문에 우리는 올바른 신조를 믿기 위해 최선을 다해야 합니다. 그러나 우리가 말의 정확성에 너무 집착하고 거기에 매여 말이 전하는 표현할 수 없는 실재에 이르지 못하면 안 됩니다.

목숨을 걸고 우리의 믿음을 수호하기 위해 준비를 해야 하는 것은 확실하지만, 무슨 일이 생길 때마다 어떤 논증에 철저하게 매달리는 것이 믿음은 아닙니다. 무엇보다도 믿음은 내적인 눈, 마음의 눈을 뜨는 것입니다. 하느님의 빛이 가득 차도록 마음의 문을 여는 것입니다.

마지막으로 믿음은 우주로 들어가는 오직 하나뿐인 열쇠입니다. 인간 존재의 궁극적 의미와 우리의 모든 행복이 달려 있는 문제에 대한 대답은 다른 어떤 방법으로도 찾을 수 없습니다.

19.
믿음으로부터
지혜로

　　살아 계시는 하느님, 신이신 하느님과 철학자의 추상이 아닌 하느님은 우리의 눈이 볼 수 있거나 우리의 정신이 이해할 수 있는 그 어떤 것도 초월하여 저 멀리 무한한 곳에 계십니다. 하느님에 대한 당신의 설명이 아무리 완벽하다 하더라도 당신의 그 개념은 하느님의 완전성의 어슴푸레한 비유에 지나지 않으며 그 개념을 통해 당신이 알아들은 하느님은 글자 그대로의 그분이 아니시라는 것을 거기에 덧붙여야 합니다.

　　무한한 빛이신 하느님은 당신의 자명성이 너무나도 거대해서 우리의 정신은 그분을 암흑으로밖에는 보지 못합니다. **빛이 어둠 속에서 비치고 있지만 어둠은 그를 깨닫지 못합니다** Lux in tenebris lucet et tenebrae eam non comprehenderunt.

볼 수 있는 것이 하느님일 수도 없고 하느님을 우리에게 보여 줄 수도 없다면, 우리는 하느님을 찾기 위해서 볼 수 있는 모든 것을 넘어 암흑으로 들어가야 합니다. 들을 수 있는 것은 아무것도 하느님이 아니기 때문에 우리는 침묵으로 들어가야 합니다.

하느님은 상상할 수 있는 분이 아니시기 때문에 하느님에 대해서 우리에게 말해 주는 어떤 상상도 결국에는 우리를 오해하게 합니다. 때문에 우리가 상상할 수 있는 모든 것을 넘어서 상상도 없고 어떤 창조된 것과도 비슷한 데가 없는 불명료 속으로 들어가지 않으면 우리는 하느님을 사실 그대로 알 수 없습니다.

하느님은 볼 수도 없고 상상할 수도 없는 분이시기 때문에 책에서 읽는 하느님의 모습은 실상 하느님'의' 모습이 아닌 하느님에 '대한' 환상에 지나지 않습니다. 한정된 어떤 형태를 보는 것은 하느님을 '보는' 것이 아니기 때문입니다.

하느님은 하느님 당신만이 아십니다. 우리가 하느님을 이해하려면 우리가 어떤 형태로든 하느님으로 변화해야만 가능합니다. 그렇게 되면 우리는 하느님이 당신을 아시는 것처럼 하느님을 알게 됩니다. 하느님께서 당신 자신을 아시는 것은 당신의 어떤 표상表象을 통해서가 아닙니다. 하느님 자신의 무한한 존재는 당신 자신에 대한 당신의 지혜이며, 우리는 그분과 일치하지 않으면 하느님이 당신을 아시듯 하느님을 알 수 없을 것입니다.

이 변모는 상상과 표상 없이 어둠 속에 살아 계시는 하느님과 사랑으로 일치하는 인식이기 때문에 믿음은 이런 변모의 첫째 단계입니다.

믿음은 단순히 감각을 통해서만 지성에 이르는 것이 아니고 하느님께서 직접 부어 주시는 빛으로 지성에 도달합니다. 이 빛은 우리의 눈이나 상상, 이성을 통하는 것이 아니기 때문에 우리는 만들어진 모습, 가시화하거나 묘사할 수 있는 것 없이도 확신하게 됩니다. 우리가 동의하는 신조의 조목을 말해 주는 언어가 상상할 수 있는 것들을 제시해 주는 것은 사실입니다. 그러나 우리가 상상하는 한, 우리는 그것들을 오해하고 길을 잃게 됩니다. 결국 우리는 다음의 명제가 말하는 두 가지 사실을 합리적으로 이을 수 있는 연결 고리를 상상할 수 없습니다. "하느님에게는 세 위격과 하나의 본성이 있습니다." 이것을 상상한다면 큰 오류를 범하는 것입니다.

만일 믿는다면, 당신의 교회를 통해서 외적으로 믿음의 어떤 항목을 제시하시는 하느님의 권위에 단순히 복종한다면 설명이 필요 없을 만큼 간단하고, 체험이라고 하기조차 거추장스러울 만큼 순수한 내적 빛을 선물로 받을 것입니다. 그러나 그 빛은 순수한 빛이며 사람의 지성과 지식을 훨씬 뛰어넘어 지성을 완성시켜 줍니다.

믿음은 교도권이 제시하는 것을 받아들이는 것이라는 사실을 기억할 필요가 있습니다. 하지만 믿음으로 복종하는 이 요소가 너무 강조되어 그것이 믿음의 본질을 이루는 것 같은 인상을 주거나, 마치 교도권에 대해서 사랑도 없고 알지도 못하면서 철저하게 의지를 단순히 굽히는 것만으로 '믿는 사람'이 되기에 충분한 것처럼 보여서는 안 됩니다. 의지의 이런 요소를 지나치게 강조하면 지성적 믿음과 의지의 단순한 순종과의 구분이 불분명해집니다. 경우에 따라서는 대단히 바람직하지 못할 수 있습니다. 믿음의 '빛'이 없으면 '하느님으로부터' 제시된 진리를 받아들이게 하는 은총이 정신을 비추어 주는 그 내적 빛이 없고, 그렇게 되면 그 경지에, 말하자면 하느님께서 확인해 주시는 그 믿음에 이르지 못하기 때문입니다. 그렇게 되면 정신은 필연적으로 평화와 마땅히 받아야 할 초자연적인 도움을 받지 못하게 됩니다. 그런 경우에 거기에는 진정한 믿음이 없습니다. 빛의 절대적 요소가 없습니다. 깊은 믿음으로 인한 마음의 열린 눈보다는 강제로 억압된 의심이 있습니다. 의심에 대한 강압적 억제만 있는데 믿음의 진정한 내적 은총을 받았다고 우리는 생각할 수 있습니까? 물론 이것은 대단히 민감한 질문입니다. 하느님과 하느님의 사랑에 대해서 진정으로 동의하는 깊은 믿음은 있어도 상상하고 이해하는 데에는 계속 어려움이 있는 경우가 종종 있기 때문입니다.

우리가 계시된 교리의 진리를 받아들이기를 주저하는 것이 아닌 엄청난 하느님의 신비 앞에서 우리의 나약함과 불안정성을 느낀다는 것을 의미한다면, 어떤 의미에서는 아직도 의심이 남아 있다고 말할 수도 있겠습니다. 이것은 객관적 의심이라기보다는 진정한 믿음과 함께 할 수 있는 우리 자신의 무력함에 대한 주관적 느낌입니다. 사실 우리의 믿음이 커 갈 때에 우리 자신의 무기력에 대한 감정도 커 가는 경향이 있습니다. 그래서 믿음이 두터운 사람은 동시에 이런 적절하지 못한 감정으로 그 어느 때보다도 더 의심하게 되는 것 같습니다. 이런 감정은 신학적 의심의 표시가 아닙니다. 자연적 불안과 그 불안에서 오는 고통에 대한 아주 정상적 의식에 지나지 않습니다.

믿음의 그 불분명함이 바로 완전한 믿음의 논거입니다. 믿음은 우리의 나약함을 너무나 멀리 뛰어넘기 때문에 우리의 정신에게는 암흑입니다. 믿음이 완전하면 할수록 점점 더 어두워집니다. 우리가 하느님께 가까워지면 질수록 우리의 믿음은 우리가 만든 관념과 개념으로 더 희미해집니다. 우리의 확신은 이런 불확실과 함께 증가합니다. 그렇다고 고통과 구체적인 의심이 없어지는 것은 아닙니다. 우리가 타고난 능력에는 의존할 것이 없는 빈 곳에 산다는 것이 쉽지 않다는 것을 우리는 알기 때문입니다. 우리가 지상에서 하느님을 가장 충만하게 소유하는 것은 가장 깊은 암흑에서입니다. 우리의 정신이 하느님의 빛과 비교하면 암흑인, 창조된 약한 빛에서 가장 확실하게 해방되는 것이 바로 그 암흑에서이기 때문입니다. 그때에 이성에게는 순수한 암흑같이 보이는 하느님의 무한한 빛으로 우리는 충만히 채워지는 것입니다.

믿음이 이와 같이 가장 위대한 완성을 이룰 때 무한하신 하느님은 어둠 속에 있는 영혼의 빛이 되시고 당신의 진리와 더불어 그 영혼을 완전히 소유하십니다. 형언할 수 없는 이 순간에 깊은 밤은 낮이 되고 믿음은 알아들음이 됩니다.

이런 모든 것으로 보아서 믿음은 영성 생활의 한 순간이나 다른 어떤 것으로 나아가는 한 단계가 아니라는 것이 확실합니다. 믿음은 하느님을 받아들이는 영성 생활의 전반적인 분위기입니다. 믿음은 일치의 시작입니다. 믿음이 깊어질수록 일치도 믿음과 함께 깊어집니다. 그렇게 되면 믿음은 점점 더 강렬해지고 우리가 생각하고 행하는 모든 것에 영향을 미칠 수 있게 뻗어 나갑니다. 이제는 우리의 모든 생각이 신앙적이거나 경건하다는 말이 아니고 믿음이 우리를 단순함의 차원으로 이끌어 우리의 모든 이해와 체험을 더 깊이 헤아릴 수 있게 한다는 말입니다.

여기에서 말하는 깊이가 무엇이겠습니까? 그것은 알려지지 않은 것과 의식 밖에 있는 것을 일상생활로 엮어 주는 것입니다. 믿음은 알려진 것과 알려지지 않은 것을 하나로 묶어 그들이 겹쳐지게 합니다. 또는 그들의 겹침을 우리로 하여금 '의식하게' 합니다. 사실 우리의 인생 전체는 우리가 의식적으로는 아는 것이 거의 없는 신비입니다. 우리가 의식적으로 합리화할 수 있는 것만 받아들인다면, 우리는 그렇게 생각하지 않겠지만, 우리 인생은 실제로 비참할 정도로 제한된 삶으로 전락하고 말 것입니다(우리는 합리적이고 의식적인 방식으로 정리할 수 있는 것만을 실제로 이해하고 체험할 수 있다는 그릇된 편견 속에서 살아왔습니다. 우리가 '사물'의 속성이나 우리가 하는 '것'에 대해서 말할 수 있을 때 우리는 그것을 전적으로 알아듣고 또 경험한다고 생각합니다. 사실상 이런 언어화는 순수한 경험으로부터 단절시켜 이해를 증가시키기보다는 이해를 흐리게 합니다).

믿음은 단순히 알려지지 않은 것을 설명하거나 거기에 신학이라는 꼬리표를 붙여 서류로 정리해서 우리가 걱정할 필요가 없는 안전한 곳에 보관합니다. 이것은 믿음에 대한 개념 전체를 변조하는 것입니다. 그와는 반대로 믿음은 알려지지 않은 것을 우리의 일상생활에 생생하고 극적이며 현실적인 방법으로 융합시킵니다. 알려지지 않은 것은 알려지지 않은 것으로 남아 있습니다. 그것은 아직도 신비입니다. 그것은 신비일 수밖에 없기 때문입니다. 믿음의 기능은 신비를 이성적 투명성으로 축소하는 것이 아니고 알려진 것과 알려지지 않은 것을 살아 있는 전체 안에 하나로 만드는 것입니다. 그 안에서 우리는 점점 더 우리의 외적 자아의 한계를 뛰어넘을 수 있게 됩니다.

그렇기 때문에 믿음은 우리를 하느님의 권위와 접촉시켜 주고 또 하느님에 대한 진리를 우리에게 가르쳐 줄 뿐 아니라 우리 자신 안에 있는 알려지지 않은 것까지도 우리에게 밝혀 주십니다. 알려지지 않은, 발견되지 않은 자신은 실제로 하느님 안에서 하느님의 자비로운 은총의 지도를 직접 받아서만 활동하며 움직이고 살기 때문입니다.

이것은 오늘날 너무도 자주 간과되는 믿음에 대한 절대적으로 중요한 측면입니다. 믿음은 단지 신봉이 아니라 '삶'입니다. 그것은 삶의 모든 영역을 다 포괄하고 알려지지 않은 우리의 영적 존재뿐 아니라 하느님의 감추어진 본질과 사랑의 가장 신비롭고 접근 불가능한 깊이에까지 뚫고 들어갑니다. 전적인 믿음으로 하느님께 자기를 맡기기 전에는 사람은 자신에게 이방인이고 자신으로부터 멀리 떨어져 귀양살이를 할 수밖에 없습니다. 왜냐하면 그는 자기 존재의 가장 의미 있는 깊은 곳에서 격리되어 있기 때문입니다. 그것들은 이성으로는 알아듣기에 너무 단순하고 또 깊기 때문에 희미하고 알려지지 않은 채 남아 있습니다.

여기서 의문이 즉시 제기됩니다. 그것이 잠재의식을 의미하는 것이냐고 말입니다. 구별을 확실히 해야 합니다. 우리는 우리 자신을 '표면에' 있는 의식과 '의식 밑에' 있는 잠재의식으로 생각하는 경향이 있습니다. 이런 생각은 잘못된 방향으로 이어질 위험이 있습니다. 무의식은 '모든 면에서' 사람의 의식을 '능가'합니다. 의식적 이성 아래에만 암흑이 있는 것이 아니고 그 위와 그의 모든 주변에도 암흑은 있습니다. 우리의 의식이 결코 우리 존재의 정점은 아닙니다. 의식이 정점에서 우리 존재의 모든 면을 통제하지도 않습니다. 의식은 의식 밑에 있는 어떤 요소들을 통제할 뿐입니다. 그러나 우리의 의식은, 의식 밑에 있든 위에 있든, 의식 '저 너머에' 있는 무의식에 의해서 번갈아 통제됩니다. 그러나 의식은 밑에 있는 것의 통제를 받아서는 안 되고 위에 있는 것의 통제만 받아야 합니다. 그러므로 우리의 무의식의 동물적, 감정적 그리고 본능적 요소와 우리의 최고의 의식에 있는 영적, 신적이라고도 말하는 요소를 구분하는 것입니다.

믿음은 실제로 무의식의 '모든' 것을 우리의 삶과 융화시킵니다. 그러나 그것은 특이한 방식으로 이루어집니다. 우리의 내면에 있는 것들이 받아들여집니다(단순히 합리화함으로써가 아닙니다). 하느님의 뜻과 일치할 때 받아들여지는 것입니다. 믿음은 우리로 하여금 우리의 동물적 본능과 관계를 갖고 하느님의 뜻에 따라, 사랑에 따라 그 본능을 통제할 임무를 받아들일 수 있게 해 줍니다. 동시에 믿음은 우리의 이성을 믿음보다 '상위에' 있는 감추어진 영적 힘에 굴복시킵니다. 그렇게 함으로써 그 사람 전체는 자기보다 상위에 있는 '알려지지 않은 것'에 종속됩니다.

신비의 이런 최고의 의식 영역에는 사람의 영적 존재의 정점(자기 이성에게는 순수한 신비인)뿐만 아니라 전해 오는 비유에 따르면 하느님의 현존이 숨어 있습니다. 하느님께서는 숨겨진 이 정점에 사십니다. 믿음은 사람으로 하여금 자신의 가장 깊은 영적 차원에 이르게 해 주며, 바로 그 깊은 곳에 '현존하시는' 하느님과 만나게 해 줍니다.

그리스 교부들의 전통적 신학은 사람의 하나의 영혼이 갖는 세 측면을 설명하기 위해 세 가지 용어를 만들었습니다. 의식이 없는, 이성

아래에 있는 '영혼anima' 혹은 '정신psyche', 이것은 '동물적' 혼覺魂이자 본능과 감정의 영역이고 사람이 물질과 정신으로 이루어진 유기체로서 기능하는 기계적(무의식적) 행위의 영역입니다. 이 '영혼'은 여성적이며 수동적인 원칙으로 인식됩니다.

그 다음으로는 밝히 아는 의식적이며 활동적 원칙인 이성, 즉 '정신animus' 또는 '지혜nous'가 있습니다. 여기에서 우리는 정신을 남성적 원칙, 지배하고 추리하고 분별과 생각으로 우리의 활동을 인도하는 지성으로서 받아들입니다. 그것은 여성적 원칙, 수동적 '영혼'을 지도하고 다스립니다. '영혼'은 하와이고 '정신'은 아담입니다. 우리 모두 안에 있는 원죄의 결과로 하와는 아담을 유혹하고 아담은 하와의 눈먼 충동에 자기의 이성적 생각을 굴복시키는 것입니다. 그 후부터는 생각과 윤리 원칙에 따르기보다는 급한 반응의 자동 행위, 조건 반사의 지배를 받게 됩니다.

그러나 사람의 진정한 상태는 '정신animus'의 지배를 받는 '영혼anima', 남성과 여성이 아닙니다. 남성과 여성, 능동과 수동, 지혜와 본능의 구별보다 차원 높은 원칙이 있습니다. 서로 다른 두 개가 합치하고 하느님과의 일치로써 그들을 초월하는 보다 상위의 원칙은 '영(靈, spiritus, pneuma)'입니다. 이런 상위의 원칙은 사람의 본성에 있는 어떤 것이 아닙니다. 그것은 일치되고 생명력을 얻고 자기 이상으로 올림을 받은 사람 자신, 하느님께 영감을 받은 사람 자신입니다.

사람의 완전한 지위는 '영(spiritus, pneuma)'에 있습니다. 사람은 하느님과 '하나의 영'이 되지 않으면 온전한 사람이 아닙니다. 사람이 동시에 '영혼', '정신' 그리고 '영spiritus'일 때에 그는 '영spirit'이 됩니다. 그러나 이 셋은 숫자적으로 구별되는 것이 아닙니다. 그들은 하나입니다. 이 셋이 각기 자기의 특성을 유지하면서 완전히 하나가 될 때에 사람은 거룩한 삼위일체의 모습으로 다시 만들어집니다.

　'영성 생활'은 육신이 욕정과 본능과 더불어, 정신이 판단력과 원칙에 대한 순응과 더불어, 그리고 영혼이 하느님의 사랑과 빛을 받아 하느님 안에 하느님과 함께 있고, 하느님으로부터 존재하며, 하느님을 위해 있는 완전한 사람을 만드는 완전히 균형을 이룬 생활입니다. 하느님과 함께 사는 그 한 사람은 모든 것 안에 모든 것입니다. 하느님과 함께 사는 그 한 사람은 하느님의 뜻을 아무런 장애를 받지 않고 수행합니다.

　순전히 감정적인 예배, 본능적인 생활, 주신제酒神祭 같은 종교는 영성 생활이 아니라는 것을 쉽게 알 수 있습니다. 그러나 이성뿐인 생활, 의식적 생각으로 사는 삶, 이성적으로 하는 활동도 온전한 영성 생활이라고 할 수 없습니다. 특히 현대인들이 저지르는 오류의 특성은 사람의 영성을 단순히 '정신 상태'로 축소시키고 영성 생활 전체를 순수하고 단순하게 합리적인 생각에 국한시키는 것입니다. 그렇게 하면 영성 생활은 '사고思考'(언어화, 합리화 등)의 문제로 격하됩니다. 그러나 그런 삶은 도중에 중단된 것이며 완성되지 못한 것입니다.

진정한 영성 생활은 디오니소스의 주신제 같은 삶도 아니요 아폴로의 명료성 같은 삶도 아닙니다. 이것 둘 다를 초월합니다. 진정한 영성 생활은 지혜의 삶이며 하느님 사랑의 삶입니다. 하느님의 '지혜' 안에서 가장 높은 지혜의 원칙, 하느님 안에 있는 알려지지 않은 것의 위대함과 위엄, 그리고 하느님의 창조 안에 있는 모성적이고 풍요로운 모든 것이 부성적이고 모성적인 원칙들, 창조되지 않은 성부와 창조된 어머니(지혜)로서 일체가 됩니다.

믿음은 우리에게 일치, 능력, 빛, 하느님 사랑의 보다 높은 영역을 열어 주는 것입니다. 그 영역에는 이성의 원칙이 제공하는 부분적이며 한정된 빛이 없습니다. 그러나 진리는 하나이며 나누어지지 않았으며 그 진리는 '하느님의 지혜'를 있는 그대로 다 가지고 있습니다. 바오로 사도가 사랑은 율법의 완성이며 사랑이 사람을 율법에서 해방시켰다고 말씀하신 것은 우리가 그리스도의 영으로 '하느님의 권능이며 지혜'인 그리스도와 하나가 되어 그리스도 그분께서 우리의 빛과 사랑 그리고 지혜가 되셨다는 것을 의미합니다. 우리의 전 영성 생활은 지혜 안에서의 삶이며 그리스도 안에서의 삶입니다. 믿음의 암흑은 지혜의 빛 안에서 열매를 맺습니다.

20.
전통과
혁명

교회에 대한 가장 큰 역설은 교회는 본질적으로 전통적이며 동시에 본질적으로 혁명적이라는 것입니다. 그러나 이것은 우리가 흔히 생각하는 그런 역설은 아닙니다. 그리스도교의 전통은 다른 것들과는 달리 생생하게 계속되는 혁명이기 때문입니다.

사람의 모든 전통은 정체되고 쇠퇴하는 경향이 있습니다. 그 전통은 영속될 수 없는 것을 영속시키려고 합니다. 전통은 시간이 무자비하게 파괴하는 사물과 가치에 매달립니다. 전통은 관습, 유행, 모양, 태도 등 결국에는 바뀌어 다른 것이 될 우연적 사물의 질서에 달려 있습니다.

교회가 갖고 있는 인간적 보수주의의 강한 요소가 초자연에 뿌리를 둔 그리스도교 전통이 인간적 전통주의에 절대적으로 반대되는 것이라는 사실을 흐리게 해서는 안 됩니다.

가톨릭의 생생한 전통은 마치 육신의 호흡과도 같습니다. 그것은 정체되지 않고 생명을 새롭게 합니다. 그것은 죽음에 맞선 지속적이고 조용하고 평화로운 혁명입니다. 숨을 쉬는 물리적 행위가 영혼을 끊임없이 부패하고 쇠퇴하는 육신과 일치시켜 보존해 주듯이 가톨릭 전통도 교회가 세상에 있는 동안 교회를 뒤덮은 물질적, 사회적, 인간적 요소들 밑에서 살아남게 해 줍니다.

가톨릭의 전통이 전통인 이유는 그리스도교에 살아 있는 교리는 하나뿐이기 때문입니다. 그리스도교의 모든 진리는 다 밝혀져 있습니다. 그러나 아직은 다 이해되거나 실현되지 않았습니다. 교회의 생명은 하느님의 성령이 불어넣어 준 숨결, 하느님 자신에 대한 진리입니다. 그 진리를 능가하거나 대치할 다른 어떤 진리도 있을 수 없습니다.

그런 강력한 생명을 대치할 수 있는 것은 오직 그것만 못한 생명, 즉 죽음과 같은 것입니다. 하느님으로부터, 또 살아 있는 전통으로부터 끊임없이 떠나려고 하는 인간의 성향은 전통으로 돌아감으로써, 처음부터 교회에 주어진 변함없는 생명을 새롭게 하고 또 심화함으로써 극복될 수 있습니다.

그럼에도 불구하고 이 전통은 언제나 혁명임에 틀림이 없습니다. 왜냐하면 그것은 본래 사람의 욕정이 그다지도 강하게 집착하는 기준과 가치를 거부하기 때문입니다. 돈과 쾌락, 명예와 권력을 좋아하는 사람들에게 전통은 이렇게 말합니다.

"가난해져서 사회의 밑바닥으로 내려가십시오. 사람들 가운데서 끝자리를 차지하고 멸시받는 사람들과 함께 사십시오. 다른 사람들을 봉사하게 하기보다는 그들에게 봉사하시오. 그들이 차별 대우를 하더라도 그들과 싸우지 말고 당신을 해치는 사람들을 위해 기도하십시오. 쾌락을 따르지 말고 몸과 마음을 만족시키는 것들을 멀리하십시오. 미친 짓 같은 사막의 여행을 통해 배고프고 목마르며 어두운 가운데에서 하느님을 찾으십시오. 그리스도의 십자가의 짐, 즉 그리스도의 겸손과 가난, 순명과 절제의 짐을 스스로 지십시오. 그러면 마음의 평화를 찾을 것입니다."

이것이 누구도 설파한 적이 없는 가장 완전한 혁명입니다. 사실 이것만이 진정한 혁명입니다. 다른 모든 것은 어떤 것의 멸종을 요구하지만 이것은 실제적으로 자기 자신이라고 생각하는 그 사람의 죽음을 의미하기 때문입니다.

혁명은 모든 것을 완전히 바꾸어 놓는 변화라고들 합니다. 그러나 정치적 혁명의 이념은 드러나는 것 외에는 아무것도 바꾸어 놓지 않습니다. 거기에는 폭력이 있고 권력이 한편에서 다른 편으로 넘겨집니다. 그러나 연기가 걷히고 나면 죽은 모든 사람의 시신은 땅 밑으로 들어가고 상황은 전과 조금도 다르지 않습니다. 소수의 사람들이 권좌에 올라 자기네 목적 달성을 위해 다른 모든 사람을 착취할 것입니다. 전과 다름없이 탐욕과 학대, 음욕과 야망 그리고 인색과 위선이 있을 것입니다.

사람의 혁명은 아무것도 바꾸지 않기 때문입니다. 사람의 불의와 죄악을 정말 뒤엎을 수 있는 유일한 힘은 그리스도교의 전통으로 숨쉬는 힘, 사람의 빛이신 그 빛 안에서 우리의 참여를 새롭게 하는 것입니다.

그리스도교 진리의 이런 혁명적 단면을 개인적으로는 경험하지 못했지만 따개비가 뱃전에 달라붙듯 죽음의 껍데기, 인간적 보수주의만을 아는 사람들에게는 이 역동적인 모든 말이 우스꽝스럽게 들립니다.

그리스도교 신자 각 개인과 교회의 새로운 세대는 이것을 재발견해야 하고 그리스도교 생활의 원천으로 되돌아가야 합니다. 그것은 다른 사람의 지도를 받으며 하느님께로 나아가야 하는 필연성을 받아들이는 포기라는 기본 행위를 요구합니다. 이 받아들임은 희생을 통해서만 가능합니다. 그리고 종국에는 하느님의 은총만이 우리에게 교회가 교회의 구성원인 사람의 본성으로부터 받아들인 형식의 껍데기와 하나뿐인 가톨릭의 진정한 전통인 하느님의 생명이 생동하는 내적 흐름간의 차이를 가르쳐 줄 수 있습니다.

교리에 대한 개념은 교회를 이해하지 못하는 사람들을 겁나게 합니다. 그들은 종교의 교리가 명확하고 결정적이며 권위 있는 문장으로 되어 있으면서도 동시에 정적이거나 경직되지 않고 무기력하거나 생동감을 잃지 않기를 바랍니다. 이런 개념에서 도피하려는 성급한 불안 때문에 그들은 모호하고 유동적이며 진리가 마치 안개와 파도같이 스쳐 지나가는, 그림자처럼 변하는 믿음 체계로 도피합니다. 그들은 이렇게 무력하고 확실치 않은 마음 상태에서 자신들의 허깨비를 선택합니다. 그들은 그들의 실체가 아닌 이것이 드러날까 두려워 이 추상적인 개념을 밝히는 데 전혀 애를 쓰지 않습니다.

그들은 가톨릭의 신비가들에게 동정적 관심을 갖습니다. 이 보기 드문 사람들이 어떻든 명상의 정점에 이른 것은 가톨릭의 교의를 무시해서라고 믿기 때문입니다. 그들이 하느님과 함께 이룬 깊은 일치는 교회의 교도권으로부터의 도피이며 교도권에 대한 암시적인 항거일 것이라고 말입니다.

그러나 사실 성인들이 하느님에 대한 가장 깊고 생생하며 또 가장 개인적이며 직접적인 지식에 이르는 것은 바로 교회의 교도권 때문입니다. 즉, 정확히 말해서 교도권에 의해서 지켜지고 보살핌을 받은 전통을 통해서입니다.

명상으로의 첫 단계는 믿음입니다. 믿음은 그리스도의 교회를 통한 그리스도의 가르침에 동의하는 것으로 시작됩니다.

"믿음은 듣는 데서 옵니다. 당신들의 말을 듣는 사람은 내 말을 듣습니다 Fides ex auditu, qui vos audit, me audit."

믿음은 가톨릭의 관상가(觀想家, 瞑想家)에게 빛을 비추어 주는 교의적 정의의 무미건조한 공식이 아닙니다. 그 정의의 내용에 대한 동의는 그 정의가 말해 주는 초자연적 진리에 대한 생생하고 개인적이며 말할 수 없는 이해로 심화하며 확장됩니다. 그것이 성령의 은혜라는 것을 이해하는 것이고 하느님의 지혜에 몰입하는 것이며 무한한 실체 안에서 진리, 하느님을 차지하는 것입니다.

가톨릭의 믿음에 대한 교리는 우리가 윤리적 행위를 형성하고 발전시키는 격려를 임의로 받아들이는 단순한 상징이나 막연한 합리화가 아닙니다. 더구나 어떤 이념도 이미 정의한 그런 역할을 할 수 있으며, 어떤 오래된 경건한 생각이 우리에게 이런 막연한 윤리 생활을 촉진할 수 있을 것이라는 것은 옳은 생각이 아닙니다. 교회가 정의하여 가르치는 교리는 대단히 정확하고 절대적이며 결정적인 뜻을 가지고 있습니다. 철저하게 영성 생활을 하면 그들은 은총을 받아 틀림없이 그 뜻을 탐구하여 파악합니다. 교리를 이해하는 것은 명상으로 나아가는 지름길이며 일반적으로 가는 길입니다.

그렇게 할 수 있는 사람은 누구나 교리의 진정한 의미를 알아듣기 위해서 신학자의 정확하고 예리한 통찰의 도움을 받아야 합니다. 그리스도교 신자는 누구나 사정이 허락하는 한, 자기의 믿음에 대해서 깊이 알아야 합니다. 이는 모든 사람은 정통적 전통이라는 맑은 공기로 숨 쉬어야 하며 자기의 믿음을 올바른 용어(순수한 내용을 가진 용어)로 설명할 수 있어야 한다는 것을 의미합니다.

그럼에도 불구하고 진정한 명상은 정신적 노력으로 이루어지지 않습니다. 반대로 전문 신학자들이 관심을 갖는 기술적 세부 사항의 숲 속에서 쉽게 길을 잃을 수 있습니다. 그러나 하느님께서는 진정한 신학자들에게 겸손에 대한 타고난 열망을 주십니다. 그 열망은 공식과 논증으로 만족할 수 없으며 비유가 가져다주는 것보다는 하느님께 더 가까운 것을 찾습니다.

이 고귀한 마음의 열망은 말의 겉을 뚫고 들어가 신비에 대해서 사람이 만들어 낸 공식을 뛰어넘습니다. 말없이 굴욕을 당하면서, 지적 은거와 내적 가난을 살면서 말로는 제대로 표현할 수 없는 것을 이해하는 초성적 은총을 추구합니다. 그 열망은 도저히 논증할 수 없는 믿음 안에서 안식을 찾고, 시끄러운 논쟁 밑쪽에서 진리를 알아듣습니다. 그것은 정확하고 명료한 정의나 만들어 낸 개념을 매개로 하지 않으며, 상징이나 언어 또는 물질 같은 것의 개입 없이 하느님의 영원성으로부터 직접 영혼을 비추어 주는 단순한 빛으로 모든 교리를 하나로 묶어 주는 단 한 번의 직관에 의해 확실하게는 아니지만 명쾌하게 진리를 알아듣습니다.

여기에서 말하는 진리는 우리가 알고 소유하는 그분을 말할 뿐 아니라 우리를 알고 또 우리를 소유하시는 그분을 말하는 것입니다. 이때 신학은 더 이상 추상의 체계가 아니고 하느님 자신이신 살아 있는 실재가 되는 것입니다. 우리가 우리의 삶을 온전히 당신께 선물로 바칠 때에 하느님께서는 우리에게 당신 자신을 드러내 보이십니다. 여기에서 진리의 빛은 우리의 지성을 위해 존재하는 어떤 것이 아니고 모든 마음과 정신이 존재하는 곳인 하느님, 그 존재의 이유가 되시는 하느님이십니다. 우리가 언어와 신학자들의 개별적 개념들을 뛰어넘기 전에는 참다운 신학은 존재하지 않습니다.

그래서 토마스 아퀴나스 성인은 "그것들은 지푸라기일 뿐이야."라고 말하며 싫증이 나서 《신학 대전》을 끝도 내지 않고 제쳐 놓은 것입니다.

그러나 관상가가 하느님 체험의 심연에서 돌아와 체험한 것을 다른 사람들에게 전하려고 할 때에, 그는 어쩔 수 없이 신학자들의 통제하로 다시 한번 되돌아오게 되며 그의 언어는 가톨릭의 전통을 전해 주는 명쾌하고도 명료하며 정확한 말을 찾게 됩니다. 그렇기 때문에 신학 책은 한 권도 읽으려 하지도 않으며, 그런 것은 다 쓸데없다고 말하는 관상가들을 조심해야 합니다.

21.
그리스도의
신비

돋보기가 햇빛을 작은 점에 한데 모아 마른 나뭇잎이나 종잇조각에 불을 붙이는 것과 같이 복음서에 담긴 그리스도의 신비도 하느님의 빛과 불을 한데 모아 사람의 영혼에 불을 지핍니다. 그리스도께서 태어나 세상에서 사시고 죽으시고 죽음으로부터 부활하시어 하늘에 계시는 당신의 아버지께 올라가신 것은 바로 이 때문입니다. 즉, **눈으로 볼 수 있는 하느님을 앎으로써 그분을 통해 볼 수 없는 것에 대한 사랑에 이끌리게 하기 위해서입니다** Ut dum visibiliter Deum cognoscimus, per hunc in invisibilium amorem rapiamur.

당신의 강생이라는 유리를 통해 하느님께서는 하느님의 진리와 사랑을 우리에게 집중시키셔서 우리로 하여금 열기를 느끼게 하시고 사람이신 그리스도를 통하여 신비로운 모든 체험이 우리에게 전해지게 하셨습니다.

그것은 하느님께서 그리스도 안에서 사람이 되셨기 때문입니다. 그리스도 안에서 하느님과 사람은 서로 갈라져 있지도 않고 서로 멀리 있지도 않습니다. 그런데 갈라질 수 없는 하나이면서도 서로 헷갈리지 않고, 또 그러면서도 보이지가 않습니다. 이로 인해서 천상적이며 초자연적인 모든 것은 그리스도 안에서 여인에게서 난 모든 사람, 아담의 모든 후예의 수준에서 접근이 가능해졌습니다. 천상적인 것이 지금은 그리스도의 사랑으로 인해 우리와 같은 성질의 것이 되었습니다. 그래서 우리가 그리스도를 받아들이고 우정으로 그리스도와 일치하면, 하느님이시며 동시에 우리의 형제이신 그리스도께서 이제는 인간의 수준에서 우리의 것이 될 수 있는 하느님의 생명을 우리에게 허락하십니다. 우리는 양자 결연으로 하느님의 자녀들이 되는 만큼 우리는 그리스도같이, 그리스도의 형제같이 됩니다.

하느님은 어디에나 계십니다. 햇빛과 그 온기가 우리 주위에 충만하듯 하느님의 진리와 사랑은 모든 것에 스며 있습니다. 그러나 햇빛이 혼자 힘으로는 아무것도 불사르지 않듯, 하느님도 그리스도 없이 초성적 지식과 체험만으로 우리의 영혼에 영향을 주시지 않습니다.

그리스도의 인성人性의 그 돋보기는 잘 준비된 영혼, 하느님의 빛과 온기로 잘 마른, 그리고 성령의 은총인 작은 불씨를 받아 불을 지필 준비가 된 영혼을 찾습니다.

명상을 하는 정상적 방법은 그리스도의 삶과 그리스도의 가르침에 대한 깊은 연구를 해서 얻은 그리스도에 대한 믿음입니다. 그러나 우리가 하느님에 대해서 체험하는 모든 것이 다 그리스도를 통해서 이루어진다고 해서, 언제나 변함 없이 우리가 '상상'하는 것과 같은 그리스도를 통해서 명상에 이른다는 말은 아닙니다. 상상이라는 것은 우리가 믿는 것을 잊지 않고 기억하게 하는 한 방법에 지나지 않기 때문입니다. 그리스도께서 정말 '어떻게' 생기셨는지를 아는 사람은 아무도 없기 때문에 우리가 생각하듯 '그리스도는 이렇게 생겼어. 또는 저렇게 생겼어야 해.' 하며 그리스도의 모습을 우리 자신에게 강요할 필요가 전혀 없습니다.

도대체 이것이 무슨 문제가 되는지 알 길은 없지만 과거에는 영성 저술가들이 이를 제법 문제 삼았습니다. 그리스도에 대한 믿음과 그리스도의 삶과 죽음의 신비에 대한 믿음은 그리스도교인들의 삶의 근본이며 모든 명상의 원천적 기초가 됩니다. 보다 높은 차원의 명상을 통해 하느님의 말씀과의 직접적 통교에 이르렀다고 해서, 자기의 내적 삶으로부터 사람이신 그리스도를 내몰 수 있는 사람은 아무도 없습니다. 그리스도의 인성이 그리스도의 신성은 아니지만 사람이신 그리스도는 하느님의 말씀이시기 때문입니다. 그리스도의 인성과 신성은 하나의 위격 안에서 일치하여 한 위격이 되며 그로 인해서 사람이신 그리스도께서 하느님이 되시는 것입니다.

명상할 때 그리스도의 신성에 직접 이르기 위해서 그리스도의 인성을 포기해야 하는가 하는 문제는 교리를 너무 피상적으로 알아듣는 데에서 나옵니다. 이 경우는 신학에 대한 무지가 내적 생활에 막심한 피해를 가져다주는 사례 중 하나입니다. 명상가가 되기 위해서 본질적 일치를 명확하게 이해해야 하는 것은 아닙니다. 그러나 자기의 내적 체험을 설명하는 데 신학을 체계적으로 적용하려면 그 신학 체계는 올바른 것이어야 합니다. 그렇지 않으면 그 체험은 왜곡되고 또 착각에 빠지게 될 것입니다.

네스토리우스 이단은 그리스도 안에 있는 신성과 인성, 두 개의 본성을 이해하지 못하고 분리된 두 개의 실체로 알아들은 데에서 생겼습니다. 그렇기 때문에 네스토리우스 이단은 그리스도를 하느님이시며 사람이신 하나의 위격으로 생각하지 않고, 그리스도는 '두 존재', 즉 하느님과 '하느님과 일치한 사람'이라고 생각했습니다.

우리가 명상할 때에 그리스도의 인성과 신성을 분리해서 '그리스도의 신성에 머무르기 위하여 그리스도의 인성을 뛰어넘는다면' 우리는 그리스도를 '사람'과 '하느님의 위격'으로 나누려고 할 것입니다. 그러나 하느님과 예수님 안에 있는 사람은 그리스도의 위격의 일치 안에서 절대로 나누어지지도 않고 또 서로 떨어질 수도 없습니다.

네스토리우스 이단의 약점은 본성과 위격을 대등하게 여기는 것입니다. 그러나 그리스도교적 관상觀想은 극도로 위격적입니다. 그리스도에 대한 우리의 사랑과 지식은 그리스도의 '인성'이나 '신성'에서 끝나지 않고 그리스도의 '위격'에 종착합니다. 단순히 '본성'으로서의 그리스도를 사랑하는 것은 친구를 그의 돈을 보고 또는 그저 그가 좋아서 사랑하는 것과 같습니다. 우리가 그리스도를 사랑하는 것은 그리스도께서 가진 어떤 것을 보고 사랑하는 것이 아니고 그리스도가 다름 아닌 '그분이시기' 때문에 사랑하는 것입니다.

그리스도 안에 있는 '것'은 그리스도가 '누구'라는 것과 비교하면 그다지 중요한 것이 아닙니다. '것'은 상상할 수도 있고 상상할 수 없을 수도 있습니다. 그러나 '누구'(말로 형언할 수 없는 신비로운 하느님의 위격)는 우리가 '직접 그리고 즉시' 은총과 사랑을 통해서 상상을 통하지 않고 (원하면 상상을 동원할 수도 있는데 이 경우는 덜 직접적입니다), 또 이론적 설명 없이도 도달합니다. 그리스도교적 사랑agape의 진짜 신비는 말씀의 위격이 우리에게 오실 때에 우리에게 주신 이런 능력입니다. 보거나 생각할 수 있는 '것', 즉 단순한 '객체'로서가 아니고, 주관을 뛰어넘는 사랑의 일치, 즉 객체와 주체를 하나로 묶는 사랑이 아니고 '두 주체를 마음이 통하여 하나로' 일치시키는 사랑의 일치로 그리스도를 직접적이고도 단순하게 접촉하는 능력이며 우리는 사랑을 통해서 우리 마음 안에서 성자의 은밀한 사적 비밀을 친밀하게 체험할 수 있습니다. 그리스도께서는 우리에게 당신과의 우정을 허락해 주시고 당신 친히 우리 마음 안으로 들어오셔서 '객체'나 '것'으로서도 아니고 '누구'로서 직접 현존해 사시는 것입니다. 그래서 '누구'로 현존하시는 그리스도께서는 우리의 친구로서, 그리고 우리의 다른 자아로서 우리의 깊은 내면에 현존하십니다. 그리스도께서 사람의 몸을 빌려 이 세상에 오시고 우리가 그리스도 신비체에 참여함으로써 말씀이 우리 안에 사시는 신비가 바로 교회입니다.

말씀이신 그리스도께서 우리의 영혼에 직접 현존하시는 것이 제가 이미 말한 그리스도의 '사명'입니다.

우리에게 초자연적 생명을 주는 것은 믿음이지 상상이 아닙니다. 믿음이 우리를 의화하여 주고 믿음이 우리를 명상으로 인도해 줍니다. '의인義人은 믿음으로 살지' 상상으로 살지 않습니다. 상상이 명상에 들어가는 경우는 우연적 사례일 뿐입니다. 당신이 믿는 그리스도를 회상하기 위하여 상상할 필요가 있으면 그렇게 하십시오. 그러나 매번 그리스도의 모습을 떠올리지 않고서도 그리스도에 대한 믿음을 실천할 수 있으면 그것이 훨씬 더 좋습니다. 당신의 믿음은 보다 단순해지고 보다 순수해질 것입니다.

어떤 사람은 쉽게 자기 내면으로 들어가 상상함으로써 그리스도의 모습을 아주 간단하게 찾아냅니다. 이것이 기도를 쉽게 시작하는 방법 중 하나입니다. 그러나 어떤 사람들은 그렇게 하지 못합니다. 그와 반대로 애쓰는 것이 도리어 기도를 불가능하게 하는 문제와 혼란으로 머리를 가득 채울 수도 있습니다. 그런가 하면 단순히 예수님의 이름이나 그리스도에 대한 막연하고 분석적이지도 않은 개념만 떠올려도 그리스도께서 직접 주시는 사랑의 은총과 하느님으로서의 그리스도의 사명으로 우리의 영혼에 현존하시는 그리스도를 짧게나마 알게 되고 또 사랑하는 마음으로 가득해지는 사람도 있습니다.

이런 사랑하는 마음은 우리가 우리의 내적 감각만으로 도달할 수 있는 어떤 것보다도 값지고 실제적인 것입니다. 우리가 상상할 수 있는 예수님의 모습은 그림에 지나지 않지만 예수님의 은총이 우리 마음 안에 만들어 주시는 사랑은 실제로 계시는 예수님, 그분과 직접 만나게 해 줄 수 있기 때문입니다. 예수님께서 친히 당신의 의지로 우리 안에 사랑을 싹트게 해 주시기 때문입니다. 예수님께서 당신의 사랑으로 우리의 영혼을 어루만져 주실 때 예수님은 물질이 우리의 눈과 감각에 영향을 미치는 것보다 더 직접적이고 친밀하게 우리에게 영향을 끼치십니다.

그 밖에도 우리가 예수님에 대해서 명상하고 또 예수님의 모습을 떠올리는 진정한 이유는 사랑을 통해서 예수님과 보다 밀접한 관계를 갖기 위해서입니다. 그렇기 때문에 예수님의 사랑이 우리 안에서 불붙기 시작하면 우리는 더 이상 상상력을 필요로 하지 않습니다. 어떤 사람은 상상력을 동원하기를 좋아하고, 어떤 사람은 싫어할 수도 있습니다. 또 어떤 사람은 이런저런 선택의 여지가 없을 수도 있습니다. 그러나 도움이 되는 것은 무엇이나 다 하고 방해가 되는 것은 피하십시오.

우리는 모두 그리스도에 대한 한정되고 불완전한 생각을 가지고 있습니다. 그것은 우리의 기준에 따른 것입니다. 우리는 그리스도를 바라고 원하며, 이상적이라고 제멋대로 생각하고 만들어 내는 경향이 있습니다. 우리가 찾고자 하는 것을 우리는 그리스도 안에서 찾습니다. 우리는 그리스도를 하느님의 육화降生로만 생각하지 않고 우리와 우리의 사회 그리고 일부 사회 사람들이 우연히 추구하게 된 어떤 것으로 만들어 버립니다.

그렇기 때문에 완덕은 그리스도를 본받고 우리의 일상생활에서 그리스도를 재현하는 것이라고는 하지만 우리가 상상하는 그리스도를 본받는 것만으로는 충분하지 않습니다.

우리가 복음서를 읽는 것은 그리스도를 이해하고 그리스도에 대한 개념만을 얻기 위해서가 아니고 우리에게 계시된 하느님의 말씀에 들어가 그것을 거쳐 하느님으로서 우리 안에 살고 계시는 그리스도와 생생한 관계를 믿음으로 맺기 위해서입니다.

그리스도를 우리 안에 형성하는 문제는 우리 노력만으로는 해결되지 않습니다. 복음서를 공부하고 우리의 생각을 실천에 옮기는 것으로 될 문제가 아닙니다. 물론 그렇게 하려고 노력도 해야겠지만 무엇보다 언제나 성령께 복종하며 은총의 인도를 받아야 합니다.

우리가 그리스도의 삶을 재현하기 위해서 우리의 생각과 판단, 그리고 노력에만 의존한다면 우리는 속이 훤히 들여다보이는 신심 행위를 하는 데에 지나지 않을 것입니다. 그런 행위는 대단히 부자연스럽고 가식적이며 비생산적이어서 결국은 우리가 만나는 모든 사람을 놀라서 도망가게 만듭니다.

우리에게 그리스도가 누구이신지를 가르쳐 주고 우리 안에 그리스도를 형성해 주며 또 우리를 제2의 그리스도로 만들어 주시는 분은 성령이십니다. 결국 그리스도로 변화되는 것은 한 개인의 문제가 아닙니다. 그리스도는 한 분뿐이시지 여럿이 아닙니다. 그리스도는 나누어지지 않습니다. 그래서 내가 그리스도가 된다는 것은 온전한 그리스도의 생명에 들어가는 것입니다. 온전한 그리스도란 머리와 지체로 이루어진 신비체, 즉 그리스도와 성령으로 인해 하나가 된 모든 사람으로 구성된 신비체입니다.

그리스도는 은총과 믿음으로 당신을 사랑하는 모든 사람 안에 당신을 형성해 주시며, 동시에 그들을 모두 당신 안에 하나가 되도록 한데 끌어모으십니다. **완전한 하나가 되게 하기 위해서입니다** Ut sint consummati in unum.

이런 한 몸의 생명이신 성령께서는 몸 전체에, 그리고 지체 하나하나에 사십니다. 그래서 신비체로서의 전 그리스도가 그리스도이시며 각 개인이 그리스도이십니다.

그렇기 때문에 세상에 사시는 그리스도의 애정과 성품을 가지려면 자기의 상상력에뿐 아니라 믿음에도 의존해야 합니다. 내적 일치의 어둠 속으로 들어가서 모든 상념을 다 떨쳐 버리고 그리스도로 하여금 당신의 십자가로써 여러분 안에 당신을 형성하게 하십시오.

22.
그리스도 안에서의
삶

　　　　　　　그리스도 안에 산다는 것은 그리스도의 강생의 신비와, 그와 비슷한 신비 안에 사는 것입니다. 그리스도께서 당신의 한 위격 안에 신성과 인성을 일치시키시듯이 우리를 당신의 친구로 만드실 때에 우리를 당신과 밀접하게 일치시키시면서 우리 안에 사십니다. 그리스도께서는 우리 안에 사실 때에, 우리의 상위의 자아처럼 되십니다. 그리스도께서 우리의 가장 깊은 곳의 자아와 일치하여 하나가 되시기 때문입니다.

　우리가 그리스도의 사랑에 믿음과 사랑으로 응답하는 순간부터 그리스도의 내재하는 신성과 우리 영혼의 초자연적 일치는 우리를 하느님의 자녀가 되게 하고, 또 우리를 당신의 신성에 참여시켜 주십니다. '새로운 존재가' 생깁니다. 나는 '새사람'이 됩니다. 이 새사람은 영적으로 또 신비적으로 같은 하나이고 그리스도이며 동시에 나 자신입니다. 신약 성경과 교회의 가르침은 신자들에게 '새사람' 안에서 우리가 그리스도와 영적으로 하나가 되는 것은 사랑의 영이며 그리스도의 영이신 성령의 업적이라고 가르칩니다.

말씀이신 한 위격 안에서, 즉 그리스도 안에서의 두 본성의 일치는 존재론적으로 완전하여 파괴될 수 없는 일치이며, 영원한 하느님이신 한 위격적 존재 안에서의 본질들의 일치입니다. 내 영혼이 그리스도 안에서 하느님과 이루는 일치는 이와 같은 존재론적이고 분리될 수 없는 성격의 것이 아닙니다. 그와 반대로 그 일치는 우연적 일치입니다. 그러나 그 일치는 정신적 일치나 마음의 일치 이상의 것입니다.

그리스도인들의 그리스도와의 일치는 단순히 성향과 감정의 유사성, 마음과 뜻의 상호 일치가 아닙니다. 보다 근본적이고 보다 신비적이며 초자연적인 성격의 것입니다. 그리스도께서 나의 천상 생명의 원천이시며 근원이 되시는 일치입니다. 성경의 비유를 인용한다면 그리스도께서 나에게 성령을 주실 때 하느님의 '숨결'을 불어넣어 주십니다. 성령께서 그리스도의 은총을 받은 영혼에게 새로운 사명을 줄 때마다 그것은 순간순간 우리의 육신 생명을 새롭게 해 주는 생리적 호흡에 비유해서 이해할 수 있습니다. 성령의 신비는 사심 없는 사랑의 신비입니다. 우리는 은밀한 사랑의 '영감'에서 성령을 받고 우리는 자선을 베풂으로써 다른 사람들에게 성령을 전해 줍니다. 그렇기 때문에 그리스도 안에서의 우리의 삶은 주는 삶이며 또 받는 삶입니다. 우리는 성령으로 하느님께 받고 또 같은 성령으로 형제들을 통해서 하느님께 우리의 사랑을 되돌려 드립니다.

이런 천상적 삶을 산다면 지나가는 고통과 쾌락, 희망과 불안, 그리고 즐거움과 슬픔이 무슨 문제가 됩니까? 그런 것들은 나의 삶이 아니며 나의 삶과는 아무런 관계가 없습니다. 나에게서 하느님을 빼앗아 갈 수 없는 것들을 내가 왜 두려워해야 합니까? 나를 하느님께로 인도하지 않는 것을 왜 바라야 합니까?

있을 수도 있고 없을 수도 있는 그런 것들에 왜 신경을 써야 합니까? 하느님께서 은총으로 주신 삶을 산다면 기쁘다고 흥분하고, 슬프다고 기가 죽고, 성공했다고 기뻐하고, 실패했다고 축 처지고, 살려고 애쓰고 죽음을 피해야 할 이유가 어디에 있습니까?

내가 영적 생명을 가지고 있고 또 내가 원하지 않으면 잃을 수 없는 신분을 가지고 있는데, 어차피 잃어버릴 육신 생명에 대해서 걱정할 이유가 어디에 있습니까? 내가 진정한 '나'가 되었는데 '나' 아닌 '나'를 포기하기를 두려워해야 할 이유가 어디에 있습니까? 영원한 기쁨이신 하느님을 내가 이미 모시고 있는데 한 시간도 지속될 수 없는 만족을 얻기 위해서 더 큰 수고를 해야 할 이유가 어디에 있습니까?

이런 생명과 기쁨을 누리는 것은 이 세상에서 가장 쉬운 일입니다. 이를 위해 우리가 할 일이 있다면 믿고 사랑하는 것이 전부입니다. 그런데도 사람들은 진정한 삶을 사는 것을 불가능하게 하는 것들을 얻으려고 엄청난 수고와 불편과 희생을 치르느라 한평생을 다 허비합니다.

이것은 죄가 우리에게 가져다준 중요한 모순들 중 하나입니다. 고통스럽고 기쁨이 없는 것을 얻으려고 쓸데없이 애쓰지 않게 하기 위해 자기 자신에 대해 강제적인 힘을 써야 하고, 쉬우면서도 행복이 가득한 것인데도 그것을 마치 별로 흥미롭지 않은 것인 양 스스로에게 강제로 선택하게 해야 합니다. 가장 쉬운 방법이 막상 실천하려면 가장 힘든 일이 되고 때로는 일 자체가 아주 쉬운 것이라도 막상 하려면 이 세상에서 가장 어려운 일이 될 수도 있기 때문입니다.

영혼들은 압인押印을 찍으려는 밀랍과도 같습니다. 영혼들은 그 자체로는 아무런 특별한 신분도 갖지 않습니다. 그들의 운명은 현세의 삶을 살면서 하느님의 뜻에 따라 부드럽게 준비되어 죽을 때 그리스도 안에서 하느님을 얼마나 닮았는지 그 정도를 날인받게 되어 있습니다.

그리스도께 심판을 받는다는 의미는 여러 가지이지만 그중의 하나가 바로 이것입니다.

하느님의 뜻대로 녹아 있는 밀랍은 자신의 신분인 진리의 도장을 쉽게 받을 수 있습니다. 그러나 사랑이 없어 딱딱하게 메말라 부서지기 쉬운 밀랍은 압인을 찍어도 찍히지가 않습니다. 그런 밀랍은 딱딱한 압인이 내리누르면 부서져 가루가 되고 맙니다.

그렇기 때문에 진정한 자기 자신이 되도록 부드럽게 준비시켜 주는 불의 열기를 피하려고 애쓰다 한평생을 다 보낸다면, 진정한 자기의 신분이 마치 굳은 밀랍인 양 자기 자신이 불에 녹는 것을 피하려고 애쓴다면, 결국에 압인을 받을 때에 부서지고 말 것입니다. 그는 진정한 자기를 지킬 수 없을 것이며 자아의 성취여야 할 그 사건으로 인해 멸망하고 말 것입니다.

관상하는 사제는 사제이며 또 미사 때에 봉헌하는 제물인 그리스도와의 일치에 깊은 교감을 가질 것입니다. 그래서 미사는 그가 제대 앞에 있을 때뿐 아니라 제대를 떠난 후에도, 그리고 하루 종일 그의 마음 안에서 계속될 것입니다.

이것은 내가 사제로서 하는 말이 아닙니다. 나는 이 사실을 어느 정도는 복사로서 제대 옆에 무릎을 꿇고 배웠기 때문입니다. 쪼개진 성체가 성반 위에 놓여 있습니다. 그러나 당신이 성체의 신비를 간직하고 있다는 사실은 당신을 구세주와 일치시켜 주고, 또 이루어지고 있는 사건과 하나가 되게 해 줍니다. 말이나 생각의 구체적인 표현 없이도 그곳에 머물면서 그저 바라보는 것만으로도 자기 안에서 그 사실을 공감할 수 있습니다.

그리스도께서는 마치 사진처럼 여러분의 삶이 당신 자신 안에 나타나게 하십니다.

계속되는 미사, 어떻든 여러분의 영혼에 초점을 맞추고 있는, 알아들을 수 없을 만큼 광대하고 큰 행위와의 일치에 대한 깊고 긴박한 느낌은 여러분이 어디를 가든지 여러분을 따라다닙니다. 여러분이 일상에서 어떤 환경에 있든지 은밀하고도 꾸준하게 동의하고 공감하라고 재촉합니다.

이 진리는 너무나도 엄청난 것이어서 어떻게 보면 분명하지 않습니다. 그것은 어떻게 설명할 수가 없습니다. 이것은 전적으로 개인적인 문제입니다. 누구에게도 말할 필요를 느끼지 않습니다. 이것은 어느 누구도 관여할 수 없는 것입니다.

번거로운 업무와 작업도 이 모든 것을 방해할 수는 없을 것입니다. 여러분 안에서 알 수 없는 평온한 불길과도 같이 타오르고 있는 알려지지 않은 이것을 여러분은 계속 찾을 것입니다.

아마 여러분은 미사 때가 아니면 이런 현상과 이런 일이 여러분 안에서 계속되고 있다는 것을 온전히 확인할 수는 없을 것입니다. 그러나 적어도 희미하게나마 여러분은 빵을 쪼갤 때에, 어제와 그제 여러분의 동반자였던 그 낯선 사람을 알아보게 될 것입니다. 하루를 살며 겪는 일들이 여러분 안에서 언제나 생활하시고 역사하시며 당신의 제물을 바치시는 그리스도에 대해서 여러분에게 말해 줄 때에 여러분의 마음이 뜨거워지는 것이 얼마나 당연한 것인지 마치 엠마오로 가던 제자들처럼 여러분도 이해하게 될 것입니다.

그리스도 안에서의 삶은 십자가의 신비 안에서의 삶입니다. 그 삶은 영원하신 하느님의 생명에 남몰래 초자연적으로 참여하는 것일 뿐 아니라 하느님의 신비, 하느님께서 당신의 부르심에 응답한 사람들의 도움을 받아 시간 안으로 들어오시어 거룩한 회중, 즉 인류 구원 사업을 수행하는 교회와 하나가 되시는 '거룩한 행위'에의 참여입니다.

우리는 희생이라는 것의 의미에 대해서 상당히 잘못 알고 있습니다. 오늘날 우리가 희생이라는 개념을 생각하기는 하지만 그것은 희생의 참뜻의 작은 부분만을 유지하고 있는 것 같습니다. 그리스도교 신자들마저 희생을 윤리적 행위, 신심 행위나 덕망이 있는 행위로, 유별나게 어려운 것으로만 생각합니다. 그렇기 때문에 '착한 행위'는 힘들고 또 우리가 '어떤 값을 치러야' 하는 것이 되어 버립니다. 결국 희생은 '주관적'이며 '어려운' 어떤 것으로 여겨집니다.

희생의 진정한 의미는 이와는 정반대로 상당히 객관적인 어떤 것입니다. 어려움과 고통이라고 하는 개념은 우리의 나약하고 죄에 물든 본성이 하느님의 뜻과 상치될 때가 아니면 희생의 본질적 요소가 되지 않습니다. 완전한 희생에 고통이 꼭 있어야 할 이유는 없습니다. 즉 순수한 흠숭의 행위, 완전한 평화를 누리면서 하느님께 영광을 드리는 찬미에 고통이 있어야 할 이유는 없습니다.

희생은 '객관적으로 거룩한' 것이며 무엇보다도 '사회적' 특성을 갖습니다. 중요한 것은 희생에 따라오는 고통이나 어려움이 아니고 '의미', 개념을 줄 뿐만 아니라 믿는 사람들에게 '천상적 종교적 변화를 가져다주어' 그들을 축성하여 하느님과 보다 가깝게 일치시켜 주는 '거룩한 의미'입니다.

  십자가의 신비, 구원을 위한 구세주의 죽음과 부활은 일반적으로 미사라고 알려진 감사의 제사를 통해 매일 새로워집니다. 객관적으로 거룩한 행위가 있다면 우리는 미사에서 그 행위를 봅니다. 하느님의 아드님이 십자가 위에서 사람의 죄를 대신해서 당신을 희생의 제물로 바치신 희생의 행위, 이런 희생의 행위는 신비적이기는 하지만 다른 봉사자들과 신자들의 도움을 받는, 서품을 받은 사제들을 통해 교회에 의해서 진정으로 재현됩니다. 일반적으로 말해서 미사에는 사제나 봉사자들 또는 미사에 참여하는 사람들에게 고통을 주는 그 어떤 것도 없습니다. 물론 우연히도 미사에 참여하기 위해서 평소보다 아침에 일찍 일어나거나 먼 거리를 가야 하거나 또는 어떤 불편을 겪어야 하는 경우가 생길 수 있습니다. 이런 주관적 어려움이 희생에 보다 순수하게 영적으로 참여하는 데 계기가 되는 것은 틀림없습니다. 그러나 그것은 어디까지나 외적이며 부수적인 어떤 것입니다.

  복사만 참여하는 경우라 하더라도 모든 미사는 사회적 성격을 가지고 있습니다. 이상적으로 말하면 미사의 사회적 성격은 참여하는 모든 신자가 적극적으로 전례에 참여하는 데 있습니다. 이런 참례의 정상적인 형태는 모든 신자가 함께 노래하며 전례의 상당한 부분을 이해하고 봉사자들의 말이나 성가대의 노래를 주의 깊게 듣는 노래 미사입니다. 희생 제사의 전형적 완성은 영성체입니다.

이런 의미를 알고 미사에 참여하는 신자는 그리스도께서 대사제, 제사장으로서 보이지 않게 현존하시고 당신의 볼 수 있는 봉사자에 의해 제대에서 재현되는 거룩하고 객관적이며 사회적 행위에 참여하는 것입니다. 또한 친밀하고 신비로운 현존은 그리스도의 몸과 피가 진정으로 현존하며 빵과 포도주가 축성되어 제물로 바쳐지고 사제의 손에 의해 신자들에게 주어진다는 사실입니다.

교회의 전례적 제사는 신비적이면서도 동시에 보편적 의미를 갖습니다. 구세주의 몸과 피로 이루는 신자들의 통공은 신자들을 성사적으로만 신비롭게 그리스도와 일치시켜 주는 것이 아니고 그리스도교적 사랑의 실천과 성령 안에서 그들을 서로에게 일치시켜 줍니다. 이런 일치를 상징함으로써 제사는 그리스도의 은총으로 그 제사가 의미하는 결과를 냅니다.

제사의 보편적 의미는 하느님께 드리는 제물의 성격에서 찾을 수 있습니다. 빵과 포도주, 땅과 사람의 수고의 소출은 그리스도의 몸과 피로 변합니다. 그래서 모든 피조물뿐 아니라 타고난 정당한 염원을 위한 사람의 수고도 승화하고, 축성되고, 변화합니다. 온 세상이 창조주와 구세주를 찬미하는 영광의 노래가 됩니다. 이것이 완전한 제사입니다.

23.
태양을 입으신
여인

하느님의 동정이신 어머니에 대해서 쓰인 모든 것은 나로 하여금 거룩함 중에 가장 깊이 숨겨져 있는 거룩함은 바로 동정 어머니의 것이라고 믿게 합니다. 사람들이 가끔 성모님에 대해서 하는 말은 성모님에 대한 말이라기보다는 도리어 자기 자신들에 대한 말입니다. 하느님께서 성모님에 대해서 우리에게 알려 주신 것이 거의 없기 때문에 성모님께서 누구이신지, 어떤 분이신지 모르는 사람들은 하느님께서 성모님에 대해서 말씀해 주신 것에 무엇인가를 덧붙이려고 할 때 자기 자신을 드러내려는 경향이 있습니다.

 성모님에 대해서 우리가 아는 것들은 성모님의 거룩함의 진정한 특성과 품성을 보다 더 비밀스럽게 만들 뿐인 것 같습니다. 우리는 하느님이신 당신의 아들 그리스도의 거룩함을 제외하면 성모님의 거룩함이 완전하다고 믿습니다. 그러나 하느님의 거룩하심은 우리에게 암흑일 뿐입니다. 어떻게 보면 복되신 동정녀의 거룩함은 하느님의 거룩함보다 더 비밀스럽습니다. 하느님께서는 당신에 대해서 사람의 언어로 표현했을 때에 객관적으로 의미를 갖는 어떤 것을 우리에게 말씀해 주셨기 때문입니다. 그러나 성모님에 대해서는 몇몇 중요한 것만을 말씀해 주셨는데 그것마저도 우리는 온전히 알아들을 수가 없습니다. 하느님께서 성모님에 대해 우리에게 말씀해 주신 모든 것은 이렇게 요약됩니다. 가장 완전하게 창조된 거룩함으로 가득 찬 거룩함. 그러나 그것이 구체적으로 무엇을 의미하는지는 알 수 없습니다. 그렇기 때문에 우리가 성모님에 대해서 확실하게 아는 것은 성모님의 거룩함은 가장 깊이 감춰져 있다는 사실 밖에는 없습니다.

그럼에도 불구하고 성모님께서 숨어 계시는 하느님 안에 우리도 숨어든다면 우리는 성모님을 찾아 만날 수 있습니다. 성모님의 겸손과 드러나지 않으심, 그리고 청빈과 드러냄 없는 은거를 함께 나누는 것이 성모님을 아는 가장 좋은 길입니다. 그렇기 때문에 성모님을 안다는 것은 지혜를 찾는 것입니다.

"나에게 오는 사람은 생명을 얻고 주님께 구원을 받을 것입니다
Qui me inveniet vitam et hauriet salutem a Domino.**"**

실제 생활에 있어 모든 성인의 모든 청빈과 모든 지혜는 그리스도의 동정이신 어머니의 인성입니다. 그 모든 것은 성모님을 통해 오며, 그 인성은 성모님 안에 있습니다. 모든 성인의 거룩함은 성모님의 거룩함에의 참여입니다. 모든 은총은 성모님을 통해 사람에게 주어지도록 하느님께서 당신의 뜻을 세우셨기 때문입니다.

성모님을 사랑하고 성모님을 아는 것이 모든 것의 진정한 의미를 발견하는 것이며, 모든 지혜를 갖게 되는 것입니다. 성모님을 모르면 그리스도에 대한 지식은 추측에 지나지 않습니다. 그러나 성모님 안에서 그리스도에 대한 지식은 체험이 됩니다. 겸손과 청빈이 없으면 그리스도를 알 수가 없는데 그 모든 겸손과 청빈이 성모님께 있기 때문입니다. 성모님의 거룩함은 오로지 그리스도의 말씀만을 들을 수 있는 침묵이며 하느님의 목소리는 성모님에 대한 묵상을 통해서만 들을 수 있습니다.

우리가 하느님으로 충만해질 수 있기 위해서 없어서는 안 될 비움과 내적 은거와 평화를 하느님께서는 성모 마리아께 주셨습니다. 그래서 성모님은 온전히 순수하고 말없이 평온한 가운데 평화를 누리며 절대적으로 겸손하심으로써 하느님을 이 세상에 모실 수 있게 되었습니다. 우리가 이 세상과 우리의 욕정의 번거로움에서 헤어날 수 있다면, 그것은 하느님께서 성모님을 우리에게 가까이 보내 주셨고 성모님의 거룩함과 성모님의 숨겨진 삶을 우리에게 나누어 주셨기 때문입니다.

모든 성인 중에서도 성모 마리아는 그 어떤 성인과 비교가 되지 않습니다. 성모님께서는 모든 성인의 거룩함을 다 가지고 계시면서도 그들 중 누구와도 비슷하지 않습니다. 그런데도 우리는 성모님을 닮음에 대해서 말할 수 있습니다. 성모님을 닮는 것은 결코 어떤 염원에 지나지 않는 것이 아닙니다. 그런 염원이야 우리의 열망 중에 가장 값진 성질의 것이기는 합니다. 그 이유는 하느님께서 보기 원하시는, 우리 안에서 다양한 단계를 통해 드러나는 당신을 닮은 모습을 모든 피조물 중에서 성모님이 가장 완전하게 갖추고 계시기 때문입니다.

물론 성모님께서 받으신 특전이 마치 사람의 언어로 설명해서 알아들을 수 있고 또 사람의 기준으로 평가될 수 있는 것이기나 한 것처럼 성모님의 특전에 대해서 말하는 것도 필요합니다. 우리가 성모님을 여왕이라고 하고 또 성모님이 모든 천사보다 높은 자리를 차지하고 계시다는 것이 무슨 뜻인지 아는 것처럼 처신하는 것은 가장 적절한 것입니다. 그렇지만 성모님께서 받으신 특전 중에 으뜸가는 특전이 청빈이라는 것, 성모님의 가장 큰 영광은 가장 깊이 감춰져 있다는 것, 그리고 성모님의 모든 능력의 원천이 성모님은 그리스도와 하느님 앞에 아무것도 아니라는 사실에 있음을 잊어서는 안 됩니다.

가톨릭 신자들은 이 사실을 가끔 잊습니다. 그렇기 때문에 가톨릭 신자가 아닌 사람들이 흔히 하느님의 어머니에 대한 가톨릭 신자들의 신심을 전적으로 잘못 알고 있는 것은 놀라운 일이 아닙니다. 그들은 가톨릭 신자들이 복되신 동정녀를 마치 그리스도 자신과 같은 수준의 영광과 권능과 위엄을 가지고 있는, 거의 하느님과 같은 존재로 여긴다고 생각합니다. 그들이 그렇게 생각하는 이유를 우리는 종종 이해할 수 있습니다. 그들은 성모님의 승천이 신격화의 일종이고, 또 그분이 갖고 계신 여왕의 지위를 철저한 신격화라고 생각합니다. 그래서 구원 사업에 있어서 성모님의 위치는 당신 아들의 위치와 같을 것이라고 말합니다. 그러나 이것은 가톨릭의 진정한 정신과는 완전히 반대됩니다. 그것은 성모님의 주된 영광이 성모님 자신은 아무것도 아니라는 데에, 즉 '주님의 여종'이 되는 데에 있으며 그분이 하느님의 어머니가 되는 데에 있어서 단순히 하느님의 명령에 사랑의 복종과 순수한 믿음으로 행동했다는 사실을 모르는 데에서 기인한 것입니다.

성모님께서 은총을 받은 것은 신비적인 어떤 신과도 같은 특전 때문이 아니고 '믿는 한 인간'으로서 또 한 여인으로서의 모든 한계를 간직한 채 받은 것입니다. 하느님의 완전한 도구가 될 수 있도록 '은총을 가득히 받은' 것은 믿음과 그렇게도 겸손한 여종의 충실함 때문이었습니다. 성모님께서는 하느님의 도구일 뿐 그 이외에 아무것도 아닙니다. 그분께 일어난 일은 순전히 하느님의 업적입니다.

"전능하신 분께서 나에게 큰일을 하셨습니다."(루카 1,49 참조)

성모님의 영광은 그저 단순히 하느님의 영광이 그분에게 있는 것뿐입니다. 성모님도 다른 모든 사람과 마찬가지로 그리스도를 통해서 하느님께 받지 않은 것이 아무것도 없다고 말할 수 있습니다.

사실 정확하게 말해서 이것이 성모님의 가장 큰 영광입니다. 즉 자기 자신의 것이라고는 아무것도 가지지 않는 것, 자기 자신에게 영광이 될 수 있는 '자신'의 것은 아무것도 가지지 않는 것, 하느님의 자비를 방해하는 어떤 것도 하지 않는 것, 어떤 모양으로도 하느님의 뜻과 사랑에 거역하지 않는 것, 그래서 성모님은 그 어떤 성인들보다도 '많은' 것을 하느님께 받았습니다. 하느님께서는 성모님 안에서 당신의 뜻을 완전하게 성취하셨습니다. 하느님의 자유는 성모님의 이기적인 어떤 것에 의해서 방해를 받거나 목적에서 이탈하는 일이 전혀 없었습니다. 성모님께서는 가장 순수한 의미의 인격자이셨으며 지금도 그렇습니다. 그분은 '티 없는 분이셔서' 자기 안에 있는 하느님의 빛을 가릴 수도 있는 한 점의 이기심도 없기 때문입니다. 그래서 성모님은 하느님께 완전히 복종하는 자유이시며 그런 순명으로써 완전한 사랑을 실현한 것입니다.

성모님에 대한 가톨릭 신심의 순수한 의미는 강생의 신비 자체에서 볼 수 있습니다. 교회는 어머니와 아들을 떼어 놓을 수 없습니다. 교회가 강생을 하느님께서 사람이 되시어 시간 안으로 들어오시고 또 피조물에게 당신 자신을 큰 선물로 주신 것으로 인식하기 때문이며 또한 교회는 이 엄청난 신비에 있어서 하느님께 가장 가까이 있는 사람은 이 은총에 가장 완전하게 참여한 사람이라고 믿기 때문입니다. 벽난로에 불을 지펴 방을 덥힐 때에 불에 가장 가까이 있는 사람들이 제일 덥게 느끼는 것은 이상한 일이 아닙니다. 하느님께서 당신의 종들 중 하나를 도구로 삼아 이 세상에 오실 때에 선택하신 도구는 그분이 주시는 은총의 가장 큰 몫을 차지하고 그 은총에 가장 깊이 참여하신다는 사실은 그리 놀랄 일이 아닙니다.

이기심이 전혀 없고 아무런 죄도 없는 성모님께서는 햇빛을 들여보내는 기능 이외에 다른 기능은 전혀 하지 않는 맑은 유리창과 같이 깨끗하십니다. 우리가 그 빛을 즐길 때 암묵적으로 유리창의 깨끗함을 고맙게 생각합니다. 물론 이런 경우에 우리는 유리창을 전혀 의식하지 못할 수도 있다고 반론을 제기할 수도 있겠지요. 사실 그렇습니다. 그러나 하느님의 아드님께서는 당신의 위대한 능력을 벗어 버리고 어린 아이가 되시어 사람이신 어머니의 사랑의 손길에 당신을 온전히 내맡김으로써, 어떻게 보면 우리의 주의를 성모님께로 돌리십니다. 빛은 우리에게 창문의 존재를 일깨워 주려 했습니다. 아드님은 어머니에게 고마워했고 어머니에 대해 당신의 무한히 깊은 사랑을 가지셨기 때문입니다. 아드님께서 이 사랑을 우리와 함께 나누자고 청하신다면 이것은 커다란 은총이요 특전임에 틀림없습니다. 이 특전에서 가장 중요한 사실은 그 특전이 우리가 하느님의 위대한 사랑의 신비를 어느 정도 이해하고 또 하느님의 피조물을 존경할 수 있게 한다는 것입니다.

하느님께서 성모님을 하늘로 모셔 올리신 것은 단순히 '존경받을 여인으로서의 어머니'를 영광스럽게 하기 위해서가 아닙니다. 그와 정반대입니다. 그것은 인간성에 대한 하느님의 사랑의 표현이며 당신의 피조물에 대한 하느님의 존경을 아주 특이하게 드러낸 것이고, 당신의 모상대로 당신이 만드신 존재를 예우하는 당신의 원의이며 무엇보다도 당신의 영광의 궁전이 되도록 마련된 '육신'에 대한 존경입니다. 성모님이 하늘로 올림을 받았다고 믿는다면 그것은 우리도 언젠가는 하느님의 은총으로 성모님이 사시는 곳에서 살 것이기 때문입니다. 사람의 본성이 성모님 안에서 영광을 받는다면 그것은 하느님께서 사람의 본성이 우리 안에서도 영광을 받게 되기를 원하시기 때문입니다. 바로 이런 이유로 하느님의 아드님이 사람의 몸을 취해서 이 세상에 오신 것입니다.

성모님의 위대한 모든 신비 중에서 가장 확실한 것 중 하나는 성모님 자신은 아무것도 아니시지만 하느님께서는 우리 때문에 당신의 영광과 사랑을 성모님을 통해서 드러내시기를 원하셨다는 사실입니다. 이는 성모님이 모든 성인 중에서 가장 완전하게 가난하셨고 또 가장 완전하게 감추어진 분이셨으며, 자기 자신의 것이라고는 어떤 것도 절대로 소유하려고 하지 않은 분이셨고, 사심이 조금도 없는 하느님의 은총을 우리 모두에게 가장 완벽하게 전해 줄 수 있는 분이시기 때문입니다. 우리가 우리 자신을 온전히 비우고 성모님처럼 가난하고 드러나지 않는 삶을 살아 성모님을 닮음으로써 하느님을 닮을 때에 우리는 진정으로 하느님과 함께하는 것입니다.

우리의 모든 성덕은 성모님의 모성적 사랑에 달려 있습니다. 성모님께서 당신의 가난과 순박함을 함께 나누려는 사람들, 당신이 드러나지 않게 사셨듯이 드러나지 않게 살기를 바라시는 사람들은 성모님처럼 하느님과 가까운 사람들입니다.

이 세상에 살면서 세상이 몰두하는 모든 것에 대한 흥미를 갑자기 잃고 가난과 조용한 삶에 대한 욕구가 일어나는 것은 놀라운 은총이며 커다란 특전입니다. 자연의 선물이나 은총 중에 가장 소중한 것은 드러나지 않고 사람들의 이목에서 사라져 세상 사람들에게는 아무것도 아닌 것으로 인정되며, 자아의식의 모든 문제에서 벗어나 하느님에 대한 찬미인 무한한 가난 속으로, 아무것도 아닌 것으로 스며들려는 원의입니다.

이런 절대적 비움, 가난, 미천한 신분은 그 안에 모든 기쁨의 신비를 간직하고 있습니다. 그것은 하느님으로 가득 차 있기 때문입니다. 이와 같은 비움을 찾는 것은 하느님의 어머니에 대한 참다운 신심입니다. 비움을 찾는 것은 성모님을 찾는 것입니다. 비움 속에 감춰진 것은 성모님이 하느님으로 충만해 있듯 하느님으로 가득 차 있는 것이며 하느님을 사람들에게 모셔 오는 성모님의 사명에 동참하는 것입니다.

모든 세대는 성모 마리아의 순명으로 인해서 모든 초자연적 생명과 기쁨을 받았기 때문에 성모님을 복되다고 말해야 합니다. 세상은 성모님을 인정해야 하고, 성모님을 통해 이루어진 하느님의 위대한 업적은 찬미를 받아야 하며, 대성전이 성모님의 이름으로 지어져야 하는 것은 당연한 것입니다. 성모 마리아가 하느님의 어머니로, 모든 성인들과 천사들의 여왕으로, 그리고 세상의 희망으로 인식되지 않는다면 하느님에 대한 믿음은 완성되지 않기 때문입니다. 티 없으신 동정녀의 거룩함을 묵상함으로써 하느님께서 사람의 영혼에게 이루시는 그 위대한 업적을 알지 못한다면 하느님께서 우리에게 바라시는 모든 것을 우리가 어떻게 하느님께 바랄 수가 있겠습니까?

그래서 성모님의 비밀이 있는 그 깊은 곳으로 우리가 들어가 숨으면 숨을수록 우리는 이 세상에서 성모님을 더욱더 찬미하게 되고 또 성모님을 당신의 찬란한 거처로 만드신 하느님을 찬미하게 됩니다. 성모님을 찬미하기에 필요한 말을 다 찾아내는 것은 우리의 재주만으로는 부족합니다. 단테나 베르나르도 성인처럼 우리가 성모님을 찬미한다 하더라도 성모님을 올바로 찬미할 줄 아는 교회, 하느님께서 당신의 지혜를 드러내실 때 사용한 말을 감히 성모님께 적용하는 교회에 비하면 우리가 성모님에 대해서 하는 말은 아무것도 아닙니다. 그래서 우리는 성경 안에 살아 계시는 성모님을 찾습니다. 성모님께서 성경 어디에 숨어 계시든, 또 당신의 아드님을 약속하시는 어떤 곳에 숨어 계시든 그 성모님을 찾지 못하면 우리는 성경 안에 담긴 생명을 제대로 알지 못할 것입니다.

이 마지막 날에 자신에게 주신 하느님의 권능을 드러내시기 위해 하느님 자비의 사자使者로 선택된 사람이 바로 성모님이십니다. 이는 바로 성모님의 가난 때문입니다. 그리고 무너진 세상에 마지막으로 살아남은 사람들을 구원하기 위해 하느님께서 선택한 사람이 바로 성모 마리아입니다. 현세의 마지막 세대가 사람의 죄악으로 인해서 가장 비참해지기 십상이라면 하느님의 자비를 받은 가난한 사람들에게는 복되신 동정녀의 자비로운 뜻에 의해서 가장 의기양양하고 즐거운 때가 될 것입니다.

24.
나와 함께하지 않는 사람은
나를 거스르는 사람입니다

원수 한 사람에 의해서 죽으나 전 군대에 의해서 죽으나 별 차이가 없습니다. 대죄가 되는 한 가지 습관을 가지고 있다면 다른 모든 덕목을 갖추고 있는 것같이 생각되더라도 죽은 것이나 마찬가지입니다.

어떤 사람은 친절이나 관용 혹은 박애 같은 한 가지 덕목을 가지고 있으면 충분하다고 생각하여 다른 덕에 대해서는 관심을 갖지 않습니다. 그러나 어떤 한 가지 면에서는 헌신적이면서, 다른 스물다섯 가지 면에서는 이기적이라면 그 덕목은 별로 보탬이 되지 않을 것입니다. 그것은 실제로는 덕으로 가장된 스물여섯 가지의 서로 다른 이기심이라는 것이 드러날 것입니다.

그렇기 때문에 어떤 좋은 점을 가지고 있다고 해서 그 한 가지 이유로, 자기의 모든 약점이 용인된다거나 무시될 수 있다고 생각해서는 안 됩니다.

그리스도의 적인 듯한 사람을 미워함으로써 그리스도에 대한 자기의 사랑을 보여 줄 수 있다고 생각하지 마십시오. 그들이 진정으로 그리스도를 미워한다고 합시다. 그럼에도 불구하고 그리스도께서는 그들을 사랑하십니다. 여러분도 그들을 사랑하지 않으면 여러분은 그리스도와 일치할 수 없습니다.

여러분이 만일 교회의 원수를 사랑하지 않고 미워한다면, 여러분도 교회와 그리스도의 원수가 될 위험을 당면하게 될 것입니다. 그리스도께서는 "네 원수를 사랑하라."고 말씀하셨기 때문입니다. 그리고 그리스도께서는 "나와 함께하지 않는 자는 나를 반대하는 자다."라고도 말씀하셨습니다(마태 12,30 참조). 그렇기 때문에 여러분이 그리스도께서 사랑하시는 사람을 사랑함으로써 그리스도의 편에 서지 않으면 여러분은 그리스도를 거스르는 것입니다.

그러나 그리스도께서는 모든 사람을 사랑하십니다. 그리스도께서는 모든 사람을 위해서 죽으셨습니다. 그리고 그리스도께서는 친구를 위해서 자기의 목숨을 바치는 것보다 더 큰 사랑은 없다고 말씀하셨습니다.

여러분의 원수를 단지 '여러분의' 원수라는 이유로 나쁜 사람이라고 너무 빨리 단정하지 마십시오. 그가 여러분의 원수인 것은 아마도 그가 여러분을 나쁜 사람이라고 생각하기 때문일 것입니다. 아니면 자기를 멀리한다고 생각하기 때문에 그가 여러분을 멀리할지도 모릅니다. 그리고 그가 여러분이 자기를 사랑할 수 있는 사람이라고 생각한다면 그는 더 이상 여러분의 원수는 아닐 것입니다.

여러분의 원수가 단지 '여러분의' 원수이기 때문에 하느님의 원수라고 너무 성급하게 판단하지 마십시오. 그가 여러분의 원수가 되는 확실한 이유는 아마 그가 여러분에게서 하느님께 영광이 되는 것이라고는 아무것도 찾을 수 없기 때문일는지도 모릅니다. 그가 여러분을 두려워하는 것은 아마 그가 여러분에게서 하느님의 사랑과 하느님의 친절, 그리고 하느님의 인내와 자비 그리고 나약한 사람에 대한 이해심을 찾을 수 없기 때문일지 모릅니다.

하느님을 믿지 않는 사람을 너무 성급하게 단죄하지 마십시오. 그의 믿음을 앗아간 것은 여러분의 냉정과 인색, 여러분의 뜨뜻미지근함과 물질주의, 여러분의 욕정과 이기심일지 모릅니다.

공산주의자가 되지 않고서는 완전한 그리스도교 신자, 즉 성인이 될 수는 없습니다. 이 말은 사람이 소유권을 전적으로 완전히 포기하거나 또는 자기가 필요한 것, 자기의 것만을 사용하고 나머지는 다른 사람들과 가난한 사람들을 위해 사용해야 한다는 말입니다. 그리고 자기가 필요한 것을 결정할 때에는 다른 사람이 필요로 하는 그 비중을 크게 염두에 두어야 합니다.

그러나 여러분은 성경과 가톨릭 전통의 이런 명확한 가르침을 실천하는 것은 부자에게는 사실상 불가능하다고 말할 것입니다. 그렇습니다. 이 말에 새로운 것은 아무것도 없습니다. 그리스도께서는 이미 오래 전 모든 사람에게 이와 똑같은 말씀을 하셨습니다. 부자가 천국에 들어가기보다는 낙타가 바늘귀로 들어가는 것이 더 쉽다고 말입니다.

그리스도교 신자가 재산과 가난에 대한 교회의 가르침을 따라 살았더라면 마르크스주의나 그 밖의 엉터리 공산주의가 생길 구실을 전혀 주지 않았을 것입니다. 공산주의는 '다른 사람'의 재산 소유권을 부인하는 데에서 시작됩니다.

재산권에 대한 진정한 교의敎義는 하나뿐입니다. 그것은 가톨릭 전통의 가르침입니다. 그런 권리는 존재하며 부인할 수 없는 것입니다. 그 권리는 위선과 자기기만, 그리고 속임수를 쓰지 않고 행사한다면 대부분의 그리스도교 신자들이 초대 사도 시대의 공산주의의 정신을 따라 살아야 한다는 의무를 내포합니다.

"그들 가운데에는 궁핍한 사람이 하나도 없었다. 땅이나 집을 소유한 사람은 그것을 팔아서 받은 돈을 가져다가 사도들의 발 앞에 놓고, 저마다 필요한 만큼 나누어 받곤 하였다."(사도 4,34-35)

그들의 토지 소유권, 그들이 가지고 있는 것을 계속 가지고 있을 권리나 그것을 팔아 얻은 돈을 남에게 줄 수 있는 권리를 거부하는 사람은 아무도 없었습니다. 그러나 그런 권리는 자기 자신의 필요 못지않게 다른 사람들의 필요를 충족시킬 의무를 내포하고 있었습니다. 그리고 그렇게 함에 있어서 법률의 엄격한 자의(字意)적 해석을 넘어서 영웅적이라고까지 할 만한 행동을 할 특전까지도 내포하고 있었습니다.

만일 돈이 있다면 하느님께서 당신에게 그 돈을 주신 오직 한 가지 이유는 그 돈을 모두 남에게 주어 기쁨을 누리고 완덕을 쌓으라고 주신 것이라고 생각하십시오. 따뜻한 옷을 입고 풍족한 양식을 가지고 있으며 의료비나 집세 걱정을 하지 않아도 될 때, 가난한 사람들에게 가난을 하느님의 뜻으로 받아들이라고 말하기는 쉽습니다. 그러나 그 사람들이 당신의 말을 믿기를 원한다면 그들의 가난을 함께 나누려고 노력해 보십시오. 그리고 당신 자신이 가난을 하느님의 뜻으로 받아들일 수 있는지 보십시오.

25.
겸손과
실망

절망은 자기 사랑의 절대적 극치입니다. 자신의 실패를 다시금 확인하려는 쓸데없는 사치를 맛보려고 다른 사람들의 모든 도움을 거절할 때 절망은 옵니다.

모든 사람에게는 감추어진 절망의 뿌리가 있습니다. 자신의 능력으로 만족하지 못하면 즉시 자기 비하의 고약한 냄새를 피우는 꽃과 잡초를 키우는 자존심이 누구에게나 있기 때문입니다. 그러나 우리는 어쩔 수 없이 우리의 능력에 만족할 수 없기 때문에 모두 정도의 차이는 있지만 낙담과 절망을 할 수 있습니다.

절망은 자존심이 극도로 발전한 것입니다. 그래서 아주 강하고 완고합니다. 따라서 하느님의 도움으로 행복을 얻음으로써 하느님께서는 우리보다 높으신 분이시라는 것을 인정하고 우리가 우리 자신의 힘으로는 우리의 운명을 완성할 수 없다는 사실을 인정하기보다는 파멸이라는 절대적 불행을 선택합니다.

그러나 진정으로 겸손한 사람은 절망할 수가 없습니다. 겸손한 사람에게는 자기 비하 같은 것이 전혀 없기 때문입니다.

진정한 겸손의 가치와 영성 생활에 있어서 겸손의 능력은 아무리 강조해도 지나치지 않습니다. 겸손의 시작은 축복의 시작이며 겸손의 완성은 모든 즐거움의 완성이기 때문입니다. 겸손에는 영성 생활의 모든 문제의 해답이 들어 있습니다. 겸손은 신앙으로 들어가는 유일한 열쇠입니다. 이 열쇠로 영성 생활이 시작됩니다. 겸손과 믿음은 서로 분리될 수 없기 때문입니다. 완전한 겸손 안에서 모든 이기심은 사라집니다. 그리고 완전히 겸손한 영혼은 자기 혼자, 자기 힘만으로 살지 않고 하느님을 위해 자기를 버리고 하느님 안에 잠겨 들어 하느님으로 변형됩니다.

영성 생활이 이 수준에 이르면 겸손은 그의 위대함의 절정을 보여줍니다. 겸손한 사람은 누구나 찬양을 받는 단계가 바로 이 단계입니다. 자기 자신을 위해서 살지 않을 뿐더러 인간적 차원에서 살지 않기 때문에 영혼은 모든 창조물의 한계와 변화로부터 해방되어 하느님의 속성 안에서 헤엄치기 때문입니다. 하느님이 가지고 계시는 능력과 장엄함, 위대함과 영원성 등의 속성이 사랑과 겸손을 통해 우리의 것이 되는 것입니다.

겸손해질 수 없다면 기쁨도 누릴 수 없습니다. 겸손만이 기쁨을 불가능하게 하는 자기중심주의를 없앨 수 있기 때문입니다.

만일 세상에 겸손이 없었다면 사람들은 모두 오래전에 이미 자살하고 말았을 것입니다.

절정을 추구하는 것, 명상의 완성, 하느님과의 신비적 일치의 극치를 바라는 것을 교만이라고 생각하는 잘못된 겸손이 있습니다. 이것은 영성 생활에 있어서 가장 큰 환상입니다. 바로 이 절정, 바로 이 숭고한 일치를 통해서만 완전한 겸손에 이를 수 있기 때문입니다.

어떻게 이런 실수를 하는지 아는 것은 쉬운 일입니다. 그러나 사실 어떻게 보면 이것은 전혀 실수가 아닙니다. 우리가 만일 신비적 일치의 기쁨을 우리 존재를 완성시키며 우리에게 가능한 최고의 행복과 만족을 주는 어떤 것으로 추상적으로 생각한다면 이기적이고 또 자만에 가득 찬 열의를 가지고 신비적 일치의 극치를 바랄 수도 있습니다. 우리의 성취가 마치 우리가 잘나서 가능했고, 결과에 대해서 마치 우리가 무슨 권리라도 있는 것같이, 마치 우리 자신의 노력으로 얻은 것같이 우리가 자만하고 자랑한다면 그 자만과 자랑은 더욱 클 것입니다.

신비적 일치의 핵심은 모든 자만심을 버리고 하느님 앞에 아무것도 아닌 것이 되는 순수하고 이기심이 없는 사랑이라는 것을 모르는 사람들에게는 이것이 신비적 일치의 모습입니다. 그래서 모든 오만함을 버리고 하느님을 위한 순수한 자리를 마련하게 하는 것입니다.

하느님의 신비적 사랑의 기쁨은 오만의 모든 흔적을 말끔히 없애 버림으로써 얻는 이기심의 해방에서 샘솟습니다. 자기를 드러내기보다는 자기를 낮추려는 열망, 자기 자신과 다른 사람들이 보기에 위대해지기보다는 보잘것없는 사람이 되려는 열의, 그런 기쁨으로 들어가는 유일한 길은 무아의 지경에 이르도록 작아져 자기의 무가치함을 통해서 하느님 안으로 흡수되는 것이기 때문입니다. 하느님의 위대함을 소유하는 유일한 길은 자기 자신의 절대적 부족함이라는 좁은 문으로 들어가는 것입니다.

겸손의 완성은 변모하는 일치 안에서 볼 수 있습니다. 하느님만이 내적 시련의 불을 통해서 그런 순수성으로 이끄실 수 있습니다. 그와 같은 완덕을 바라지 않는 것은 어리석은 것입니다. 모든 면에서 겸손의 덕을 닦는 것을 방해하면서 겸손해진다면 그게 무슨 소용이 있겠습니까?

하느님과 신비적으로 일치하려는 염원은 본래 합리적이며 정당한 것이기는 하지만, 우리는 그 참뜻을 오해하기 쉽습니다. 경우에 따라서는 하느님과 신비적으로 일치하려는 염원은 모든 염원 중에 가장 위험한 것일 수 있습니다. 하느님을 염원하는 것은 사람의 모든 염원 중에 가장 기본이 되는 것입니다. 그것은 바로 행복을 추구하는 우리의 모든 노력의 뿌리입니다. 헛되이 행복을 찾는 죄인들도 내용은 모르면서도 하느님에 대한 맹목적이고 그릇된 염원을 따릅니다. 그렇기 때문에 어떻게 보면 하느님을 염원하지 않는다는 것은 불가능합니다.

다른 면에서 보면 "하느님을 염원한다."라는 표현에는 마치 하느님이 재산이나 지식 또는 창조된 어떤 존재를 소유하듯 가질 수 있는 '어떤 것'인 양 하느님을 은연중에 '목적물'이나 '사물'로 격하시키는 위험성도 있습니다. 우리는 하느님을 뵙고자 하는 깊은 염원을 채울 희망을 갖게 되어 있는 것이 사실이지만, 하느님을 생각한다는 것이 단순히 우리의 모든 필요와 염원을 충족시키기 위한 것이라면 대단히 위험한 것입니다. 그렇게 하면 우리는 결과적으로 하느님의 거룩하고 무한한 진리를 왜곡하고 심지어 속되게 만드는 것입니다.

저는 진정으로 하느님을 원하고 또 명상을 체험하려고 수도원에 들어오는 많은 사람을 보아 왔습니다. 그리고 그들이 염원을 이루지 못해 큰 불만을 안고 절망에 지쳐서 수도원을 떠나는 것을 보아 왔습니다. 전혀 불가능하다고 잘못 알려진 최고의 성취에 대한 헛된 희망보다 더 잔인한 희망은 없습니다. 신비적 망상을 좇다 미친 사람의 실패보다 더 비참한 실패는 없습니다.

이 실패가 그다지도 잔인하게 되는 것은 영성 지도자의 무정한 자기만족 때문입니다. 그는 "네가 하느님을 찾지 못했으면 그것은 네가 하느님께서 원하시는 것을 거절했기 때문이다. 너는 값을 치르려 하지 않았다."라고 주장합니다. 하느님과의 일치가 마치 햄이나 치즈같이 수도원 내에서 할인 판매하는 품목의 하나가 되어 명상이라는 암시장에서 비밀스런 특가품으로 사람들에게 제공됩니다. 그리고 불행하게도 이 특가품은 고객의 주머니가 텅 비었을 때에 나옵니다.

이사야가 생명의 물이 돈이 없는 사람들에게 주어졌다고 분명하게 말하지 않았습니까?

비인간적으로 잔인하고 거짓스런 신비주의 심리학에 맞서는 것은 하느님의 사랑에 대해서 눈곱만큼이라도 아는 모든 사람의 책무입니다. 이 거짓스런 심리학은 성덕과 명상을 획득할 수 있는 재산인 양 포장해서 제시합니다. 성덕과 신비적 체험이 마치 하느님 나라에 들어가기 위해서 있어야 하는 재물인 것처럼 말입니다. 마치 도시 생활에서 사람들에게 인정받기 위해서 2년에 한 번씩 자동차를 바꾸고 별장을 가지고 텔레비전을 소유하듯 말입니다. 새 자동차와 그 밖의 모든 것은 그 사람이 거지나 게으름뱅이가 아니라는 것을 증명하는 것 같습니다. 그런 사람은 기존의 모든 기준을 잘 지킵니다. 이와 마찬가지로 영적 위로와 아주 분명한 덕행은 그 사람이 하느님을 섬기는 데에 있어서 충실했다는 것을 말해 주는 징표여야 합니다.

우리는 신비 생활에 있어서 영적 가난과 비움과 비애의 뜻을 거의 이해하지 못합니다. 명상의 체험은 대단한 생각과 통찰력을 계속 축

적한다고 이루어지거나 영웅적 고행을 실천한다고 얻어지는 것이 아닙니다. 그것은 영적인 것이기 때문에 돈으로 '살 수 있는 것'이 아닙니다. 그것은 하느님의 순수한 은총입니다. 따라서 은총은 선물'이어야' 합니다. 은총은 본래 선물이기 때문입니다. 우리가 무슨 일을 하더라도 그 은총을 받기에 전적으로 또 엄밀하게 자격을 갖출 수는 없습니다. 사실 명상 그 자체가 반드시 자격이나 성덕의 표시는 아닙니다. 그것은 하느님의 선하심의 징표입니다. 명상은 우리로 하여금 하느님의 선하심을 보다 굳게 믿게 하고 하느님께 더 의탁하게 하며, 무엇보다도 하느님과의 우정에 더 충실하게 해 줍니다. 이런 모든 것은 명상의 결과로서 순리적으로 자라야 합니다. 그러나 명상이 가난과 포기 그리고 영적 암흑 중에 일어난다 하더라도 놀라지는 마십시오.

실제로 명상에 대한 지나친 열정은 명상에 장애가 될 수 있습니다. 지나친 열의는 자기 자신에 대한 환상과 애착에서부터 시작될 수 있기 때문입니다. 명상에 대한 그러한 지나친 열의는 우리의 공허를 메우고 우리가 우리의 외적 자아를 우상으로 만들어 그 우상에 몰두하게 하며 마치 눈먼 삼손과도 같이 헛된 희망과 잘못된 열망에 눈멀게 하는 진 하면서도 명확하지 않고 감당하기 어려운 것일 수 있습니다.

모든 헛된 희망을 조심하십시오. 헛된 희망은 사실상 절망으로 이끄는 유혹입니다. 헛된 희망은 아주 사실적이고 대단히 중요한 것처럼 보입니다. 자기가 즉시 이룰 수 있다고 생각하는 이 명백한 확실성에 너무 지나치게 치우칠 수 있습니다. 영성 생활의 모든 것과 믿음까지도 그 허황된 약속에 의존할 수도 있습니다. 그런 경우에 그 허황된 약속이 무산되면 그와 더불어 모든 것은 사라지고 맙니다. 영성 생활의 모든 것은 손가락 사이로 새어 나가고 남는 것은 아무것도 없습니다.

실제로는 이런 일이 좋은 일일 수 있습니다. 우리를 속일 수 없는 순수하지만 분명하지 않은 믿음의 실체로 우리가 되돌아올 수만 있다면 우리는 그런 상황을 좋은 것이라고 생각할 수 있습니다. 그러나 우리의 믿음은 연약합니다. 사실 우리 믿음의 가장 큰 약점은 자신의 믿음이 굳건하다고 착각하는 것입니다. 우리가 느끼는 '굳건함'은 감정이나 감상의 강렬함에 지나지 않으며 실제 신앙과는 아무런 관계가 없습니다.

허황된 희망과 유년기 때 가졌던 환상과 더불어 신앙을 잃은 사람들이 오늘날 얼마나 많습니까! 그들이 '믿음'이라고 말했던 것은 숱한 착각 중 하나에 지나지 않았습니다. 그들은 모든 희망을 영적 평화, 위안, 내적 안정, 자존심에 두었습니다. 그런 경우 그들이 성숙한 삶에 따르는 실질적 어려움과 고뇌로 발버둥 치기 시작할 때, 자신의 약점을 의식하게 될 때 그들은 평화를 잃고 자존심을 버리게 되며 '믿음'을 갖는다는 것은 불가능해집니다. 다시 말해 어린 시절에 자기들을 편안하게 해 준 생각으로 자신을 위로하고 편안하게 만들 수 없게 된다는 말입니다.

편안한 느낌, 영적 위로에 희망을 두지 마십시오. 그런 것은 없어도 됩니다. 그리스도교의 기쁨을 추켜세우는 설교가에게 희망을 걸지 마십시오. 그런 설교가는 여러분을 들었다 놓았다 할 수 있습니다. 그런 사람은 사나흘은 기분 좋게 해 줍니다. 그러나 평소대로 돌아오면 절망에 빠집니다.

자신감은 타고난 소중한 선물이며 건강의 상징입니다. 그러나 그것이 믿음과 같은 것은 아닙니다. 믿음은 보다 심오한 것입니다. 믿음은 우리가 약할 때에, 병들었을 때에, 우리가 자신감을 잃었을 때에, 우리의 자존심이 무너졌을 때에도 그 밑바닥에 존립할 만큼 깊은 것이어야 합니다. 믿음이 우리가 좌절했을 때에'만' 기능을 발휘한다는 말은 아닙니다. 진정한 믿음은 우리가 모든 것을 잃은 후에도 지속되어야 한다는 말입니다. 겸손한 사람만이 이런 마음으로 믿음을 조건 없이 완전히 받아들일 수 있습니다. 겸손한 사람은 믿음의 순수한 상태 그 자체를 반기며 믿음에 수반하여 아무것도 주어지는 것이 없더라도 또 믿음 이외의 모든 것을 빼앗길지라도 그 믿음을 기꺼이 환영합니다.

겸손하지 않으면 믿음이 건강과 마음의 평화, 사업의 성공과 행운, 세계 평화와 그 밖에 우리가 생각할 수 있는 모든 좋은 것을 가져다주기를 바라는 경향이 있습니다. 하느님께서 원하시기만 한다면 이 모든 좋은 것을 우리에게 주실 수 있다는 것은 틀림이 없습니다. 그러나 이 모든 것은 없어서는 안 될 믿음에 비하면 중요하지 않습니다. 믿음의 대가로 다른 것들을 고집한다면 바로 그것으로 인해 우리의 믿음은 손상될 것입니다. 우리가 이렇게 되게 내버려 두는 것이 결코 하느님의 자비라고 저는 생각하지 않습니다.

겸손한 사람은 칭찬을 받는다고 흔들리지 않습니다. 겸손한 사람은 자기 자신을 더 이상 염려하지 않으며 자기의 장점이 어디에서 오는지를 알기 때문에 칭찬을 사양하지 않습니다. 그 칭찬은 자기가 사랑하는 하느님의 것이며 칭찬을 받으면 자기의 것으로 삼지 않고 모두 하느님께 기쁜 마음으로 돌리기 때문입니다.

"**내게 베푸신 분은 능하신 분이시니 그분의 이름은 거룩하시도다** Fecit mihi qui potens est, et sanctum nomen ejus!"

겸손하지 않은 사람은 칭찬을 품위 있게 받아들일 수 없습니다. 칭찬을 받으면 어떻게 해야 하는지는 압니다. 그는 그 칭찬이 하느님의 것이지 자기의 것이 아닌 줄을 압니다. 그러나 그는 그 칭찬을 하느님께 돌리는 것이 서툴러 실수를 해서 어색하게 굴어 자기에게 관심을 집중시킵니다.

아직 겸손을 배우지 못한 사람은 칭찬을 들으면 당황하여 어쩔 줄을 모릅니다. 사람들이 칭찬하면 화를 내는 경우도 있습니다. 그럴 때에 그는 자기가 부족하다는 생각에 자극을 받습니다. 그가 칭찬을 받고도 호들갑을 떨지 않는다면 적어도 그가 들은 칭찬은 그의 뇌리에 계속 남아 그를 괴롭힙니다. 칭찬은 그가 어디를 가나 쫓아다니며 괴롭힙니다.

또 다른 극단적인 예는 전혀 겸손하지 않은 사람, 개가 고깃덩어리를 게걸스레 먹듯 칭찬을 받으면 정신없이 나대는 사람의 경우입니다. 그러나 그는 아리스토파네스(기원전 448~380년경 아테네의 시인, 희극 작가. ― 역자 주) 이후의 모든 희극에 나오는 인물처럼 아무 문제를 일으키지 않습니다.

겸손한 사람은 깨끗한 유리창이 햇빛을 받아들이는 것처럼 칭찬을 받아들입니다. 빛이 순수하고 강할수록 유리는 보이지 않습니다.

수도원에 있는 사람들은 겸손해지기 위해 책에서 배운 겸손을 갈고 닦느라 모진 애를 쓸 위험이 있습니다. 책에서 배운 겸손은 진정한 겸손이 불가능하게 합니다. 언제나 자기 자신에게 주의를 기울이면서 어떻게 겸손해질 수가 있겠습니까? 진정한 겸손은 자기 자신에 대한 의식을 배제합니다. 그러나 거짓 겸손은 자기 자신에 대한 의식을 강화하여 급기야는 반신불수가 되어 전혀 움직일 수 없거나 아니면 자책감 때문에 틀에 박힌 변명을 위해 복잡한 자기방어를 동원하지 않고는 어떤 일도 할 수 없게 됩니다.

진정으로 겸손하면 자기 자신에 대해서는 전혀 걱정하지 않습니다. 그래야 할 이유가 어디에 있습니까? 하느님과 하느님의 뜻 그리고 사물의 객관적 질서에만 신경을 쓰면 됩니다. 자기의 이기심이 원하는 대로 되기를 바라지 않습니다. 따라서 변호해야 할 환상도 없습니다. 행동이 자유로워집니다. 교만하다는 비판에 변호할 수밖에 없는 그런 변명으로 인하여 방해받지 않을 것입니다. 마치 다른 사람이 자기에 대해서 어떻게 생각하느냐에 따라 자기의 겸손이 결정되기라도 하는 것처럼 말입니다.

겸손한 사람은 훌륭한 일을 보기 드물게 완벽하게 할 수 있습니다. 겸손한 사람은 자기의 이익과 명예와 같은 그런 하찮은 일에 신경을 쓰지 않기 때문입니다. 그렇기 때문에 그런 사람은 자기를 변호하기 위해서 애쓸 필요가 없습니다.

겸손한 사람은 실패를 두려워하지 않기 때문입니다. 사실 그는 아무것도, 자기 자신마저도 두려워하지 않습니다. 완전한 겸손은 하느님의 능력에 온전히 신뢰함을 뜻하며 다른 어떤 힘도 하느님께는 아무런 의미도 없고 또 하느님께는 장애 같은 것이 없기 때문입니다.

겸손은 능력의 가장 확실한 징표입니다.

26.
순명에 따른 자유

고립된 삶 속에서 성화하는 사람은 거의 없습니다. 절대적 고독 속에서 완덕에 이르는 사람은 거의 없습니다.

다른 사람들과 함께 살며 그들의 약점과 부족을 이해하는 것은 우리가 진정한 명상가가 되는 데 도움이 될 수 있습니다. 우리의 뿌리 깊은 이기심의 경직성과 가혹함 그리고 추잡함을 없애는 데에 더 좋은 길은 없기 때문입니다. 이기심은 성령이 주시는 빛과 성령의 역사하심을 방해하는 감당하기 힘든 장애물입니다.

철저한 고독 중에 내적 시련을 용감하게 받아들이는 모든 것도 다른 사람들을 사랑하고 그들의 무리한 욕구와 욕망을 공감하면서 겪는 인내와 겸손이 우리 안에 이루어 주는 정화淨化에는 비교가 되지 않습니다.

은둔자들은 자기들의 별난 생활로 인해서 메말라지고 경직될 위험이 항상 있습니다. 다른 사람들과 관계를 끊고 살기 때문에 그들은 영적 실재의 깊은 의미를 잃어버리기 쉽습니다. 이런 깊은 의미는 순수한 사랑만이 줄 수 있습니다.

완덕으로의 길이 자기를 우둔한 사람이라고 생각하는 사람들에게서 스스로를 보호하기 위해 방 안에서 문을 잠그고 자기가 좋아하고 관심이 있는 기도와 책 그리고 묵상이나 한다고 생각합니까? 재미없고 혼란스럽기는 하지만 다른 사람들에게 도움이 되는 활동과 일을 거절함으로써 명상의 길을 찾을 수 있다고 생각합니까? 그리스도의 사랑에 대한 자기의 취향과 야망 그리고 만족감에 대한 포기 없이 영적이며 덕을 닦는 기쁨의 포로가 됨으로써 하느님을 찾을 거라고 생각합니까? 다른 사람 안에서 하느님을 찾을 수 없는 사람 안에는 하느님께서 계시지 않으실 것입니다.

내적 명상과 외적 활동은 서로 반대되기보다는 하느님의 같은 사랑의 서로 다른 두 면입니다. 그러나 명상의 활동은 명상에서부터 나와야 하고 또 명상을 닮아야 합니다. 명상으로부터 하는 모든 것은 내적 생활의 명쾌한 평온을 반영해야 합니다. 이렇게 하기 위해서는 명상에서 얻은 것과 똑같은 것을 자기 활동에서 찾아야 합니다. 즉, 하느님과의 접촉과 하느님과의 일치를 찾아야 합니다.

기도를 통해서 하느님에 대해서 배운 것이 아무리 적다 해도 그 적은 것을 자기의 행동과 비교해 보십시오. 거기에 따라 정돈해 보십시오. 당신의 활동이 명상을 통해 얻은 비움과 고요, 그리고 초연함으로 어떤 결과를 내게 해 보십시오. 마지막으로 이 모든 것의 비결은 자기가 통제할 수 없는 것은 하느님의 뜻에 온전히 맡기는 것이며 자기가 원하는 모든 일에서 하느님께 온전히 순명하는 것입니다. 그래서 모든 일에 있어서, 내적 생활과 하느님을 위한 활동에 있어서 단 한 가지만을 바라는 것입니다. 그것은 하느님의 뜻을 완성하는 것입니다.

이렇게 하면 기도로써 얻을 수 있는, 이해관계가 없는 평화를 얻을 것입니다. 사람들은 그의 순수한 행동에서 평화를 알아보고 하느님께 영광을 드릴 것입니다.

명상의 실천이 사도직이라고 하는 것은 무엇보다도 하느님의 사랑을 이와 같은 침묵 속에서 의식하지 않으면서 증언하는 것입니다. 성인聖人은 걷는 모습과 서 있는 자세, 앉는 모습과 물건을 집어 드는 방법, 그리고 손을 마주 잡는 모습을 통해서도 설교를 합니다.

완벽한 사람들은 그들의 행동을 낱낱이 다 생각할 필요가 없습니다. 그들은 자신을 점점 덜 의식해서 마지막에는 자신이 무엇을 하는지도 생각하지 않습니다. 적어도 하느님의 사랑을 실천하는 습관이 그들의 제2의 천성이 된다는 의미에서 하느님께서는 그들 안에서 그들 대신에 그들이 하는 일을 점진적으로 하시기 시작하십니다. 그리고 그들이 하는 모든 것에 대해 당신처럼 해야 한다고 일러 주십니다.

내적 자유와 사랑의 순수성을 찾으려는 사람들이 크나큰 어려움을 통해 자기 스스로는 진전을 이룰 수 없다는 것을 깨닫게 되면, 하느님의 성령께서 자기의 이기심과 무분별한 판단을 극복할 수 있는 가장 쉬운 방법을 원하게 해 주십니다. 그것은 다른 사람의 결정과 지도에 순종하는 것입니다.

명상을 하여 하느님께 인도된 마음은 순명의 가치를 곧 배울 것입니다. 자기의 이기심, 서투름, 무능력과 자존심으로 인해 매일 겪는 어려움과 불안은 그에게 누군가에게 안내를 받고 권고를 받고 싶다는 염원을 갖게 할 것입니다. 그의 의지는 엄청난 불행과 암흑의 원천이 되어 그는 단순히 지식이나 지혜 또는 자문을 얻기 위해 다른 사람에게 가지 않을 것입니다. 그는 순명 자체와 자기의 의지와 지식을 포기하는 데 열중하게 될 것입니다.

그렇기 때문에 그는 수도원장이나 윗사람이 내린 명령이나 권고가 그의 생각에도 옳고 유익하며 합리적이라는 단순한 이유로 순명하지는 않습니다. 그는 수도원장이 훌륭한 결정을 했다고 생각하기 때문에 순종하지는 않습니다. 이에 반하여 어떤 때에는 윗사람의 판단이 별로 현명하지 못한 경우가 있습니다. 그런 경우에 그는 별로 신경을 쓰지 않습니다. 그는 윗사람을 하느님과 자기 사이의 중재자로 받아들이고 그 판단이 윗사람의 직무 여건에 의해서 자기에게 주어진 하느님의 뜻이라고 받아들이기 때문입니다.

　세상에서 가장 위험한 사람은 누구의 지도도 받지 않는 명상가입니다. 그 사람은 자기의 생각을 믿습니다. 그는 마음이 이끄는 소리에는 순종하지만 다른 사람의 말은 듣지 않습니다. 그는 자기 생각에 훌륭하고 열광적이며 기분 좋은 내적 감정을 느끼게 하는 것이면 무엇이나 하느님의 뜻이라고 생각합니다. 기분이 좋고 열광적으로 느끼면 느낄수록 그는 자기 생각이 틀림없다고 확신합니다. 이런 어처구니없는 자신감을 다른 사람에게 전하고 또 자기가 정말 성인聖人이라는 인상을 다른 사람들에게 준다면 그런 사람은 도시나 수도회 또는 나라까지도 파괴할 수 있습니다. 세상은 이런 환상에 의한 상처로 덮여 있습니다.

　그러나 이런 사람들은 흔히 별다른 해를 주지 않는 따분한 사람에 지나지 않습니다. 그런 사람들은 영적으로 막다른 골목을 배회하다가 개인적 감정의 아늑한 안식처에 안주합니다. 아무도 그런 사람을 진정으로 부러워하거나 동경하지 않습니다. 영성 생활에 대해서 아무것도 모르는 사람들도 그들이 현실에 대해서 스스로를 기만하고 헛것으로 만족하고 있다는 것을 어떤 형태로든 느끼기 때문입니다.

　그런 사람들은 행복해 보이지만 실상 행복을 시사하거나 전해 주는 것이 아무것도 없습니다. 그들은 평화스러워 보이지만 그들의 평화는 겉치레이고 들떠 있습니다. 그들은 할 말도 많습니다. 그들이 말을 했다 하면 '최상급'으로 시작합니다. 그러나 아무도 설득하지 못합니다.

그들은 순수한 믿음이 요구하는 철저한 희생보다는 쾌락과 감정을 더 좋아하기 때문에 그들의 영혼은 정체되어 있습니다. 진정한 명상의 불꽃이 꺼진 것입니다.

하느님께서 명상이 있는 암흑으로 인도해 주시면 자기 의지의 거짓된 기쁨에 안주할 수 없습니다. 거짓된 자기만족과 자기의 판단에 대한 절대적 자신감에 철저히 속을 수는 없습니다. 결국은 약간 불편을 느끼게 되고 왠지 모를 내적인 거북함에 자신을 열어 그 독을 내보내게 될 것입니다.

영적 순명의 참된 가치를 알아듣기 위해서 자기가 원하는 것과 진정한 자유를 구별하는 데에는 상당한 주의가 필요합니다. 구별은 대단히 중요합니다. 우리는 순명을 통해 자유를 누리게 되어 있지 기계처럼 명령에 응답하기 위해서 모든 자유를 희생하게 되어 있지 않기 때문입니다. 최고의 자유는 하느님께 순명하는 데에 있습니다. 우리의 변덕 때문이든 아니면 독재, 관습, 관례 또는 집단의 인습 때문이든 무의식적 횡포에 복종함으로써 자유는 사라집니다.

가장 보편적인 착각 중 하나는 권위에 항거해 제멋대로 하는 것이 자신의 자유를 드러내는 것이라고 생각하는 것입니다. 자신은 '자발적으로' 행동하고 있다고 말입니다. 그것은 진정한 자발심이 아닙니다. 그것은 순수한 자유로 가는 길이 아닙니다. 그것은 자유라기보다는 방종입니다. 물론 이런 부족한 자발심이라도 수동적 인습의 비생산적인 반복보다는 낫다고 하지만 그렇다고 그 뚜렷한 한계를 외면해서는 안 됩니다.

오늘날 사람들은 종교적 순명을 이해하는 데에 큰 어려움을 겪고 있습니다. '각자의 개성과 자발성'의 희생이 지나친 요구라고 생각하기 때문입니다. 사실 이 문제는 대단히 혼란스럽습니다. 한편에서 하급자는 책임으로부터 달아나려고 합니다. 또 다른 한편에서는 지도자가 변덕이 심하거나 성숙하지 못할 수도 있고 자기 직분에 주어진 책임을 제대로 하지 못할 수도 있습니다.

이성적으로 순명하는 법을 배운 사람만이 합리적으로 명령할 수 있습니다. 그런 경우에 그는 자기 권한의 성격과 엄밀한 한계에 부합하는 순명의 참된 가치를 압니다. 윗사람의 지혜와 자기의 직책에 따른 실제 책임을 질 수 있는 능력이 아주 중요한 것이라는 사실을 솔직하게 인정하고 나면, 윗사람이 능력이 있든 없든 그에게 순명하는 법을 알아야 한다는 것을 잊지 말아야 합니다. 하급자는 자신의 상황이 그렇게 이상적이지는 않다는 것을 알 수도 있고 모를 수도 있습니다. 그러나 그것을 알든 모르든 그것이 순명하려는 그의 의지에 어떤 형태로든 영향을 주어서는 안 됩니다. 애덕은 윗사람에게 있는 허물을 너그럽게 보기를 요구하며 상식은 윗사람의 결정에 대해서 신중하게 분석하고 비판하라고 요구합니다. 누구도 자기 일에서 스스로 재판관이 될 수는 없습니다. 사람은 흔히 편견과 사실은 있지도 않은 결점을 보려는 자기 본위의 아집으로 쉽게 영향을 받습니다. 그렇기 때문에 일부러 진실을 외면하지 않으려면 명령이 항상 아주 합리적이고 지혜롭지는 않더라도 그 명령에 따르는 훈련이 우리에게는 대단히 유익하다는 것을 확신해야 합니다. 그렇게 한다면 우리는 어떤 사안에 대해 자신을 눈멀게 하거나 속이는 일은 없을 것입니다. 우리는 여건을 있는 그대로, 부족한 모든 것을 다 함께 받아들이고 하느님을 사랑하는 마음으로 순종합니다. 그렇게 하기 위해서 전적으로 이성적이며 자유로운 결정을 해야 하는데 그 결정은 경우에 따라서는 매우 어렵습니다.

지나치게 단순화된 순명의 개념에 자기 자신을 무식하게 내맡겨서는 누구도 성인이나 명상가가 될 수 없습니다. 순명하는 사람과 명령을 내리는 사람, 두 사람 모두에게 순명은 현명함이라는 중요한 요소를 전제로 합니다. 현명함은 책임을 의미합니다. 순명은 자유의 포기가 아니고 자유를 어떤 명확한 조건 아래서 '현명하게 사용'하는 것입니다. 이렇게 한다고 순명이 더 쉬워지는 것은 아니며, 그렇다고 권위에의 복종으로부터 도망치는 것도 아닙니다.

반대로 이와 같은 순명은 어려운 결정을 할 수 있는 성숙한 마음, 어려운 명령을 올바로 알아들을 수 있는 마음을 의미합니다. 이런 마음은 충실하면서도 경우에 따라서는 영웅적으로 명령을 수행합니다. 깊고 성숙한 영적 사랑이 없으면 그런 순명은 불가능합니다.

27.
자유란 무엇인가?

　　　　자유가 단순히 선과 악을 선택할 수 있는 능력이라면 그것은 가장 낮은 단계의 자유입니다. 자유롭다고 하는 것은 단지 우리가 아직도 선을 선택할 수 있다는 사실을 의미합니다.

　악을 선택할 수도 있기에 자유롭다고 말한다면 그것은 자유가 아닙니다. 악을 선택하는 것은 자유를 파괴하는 것입니다.

　악 자체가 좋아서 악을 선택하는 경우는 없습니다. 단지 그것이 외견상 좋아 보이기에 선택하는 것뿐입니다. 그러나 선이라고 생각해서 그것을 하기로 결정했는데 실제로 그것이 선이 아니었다면 우리는 진정으로 원했던 것을 한 것이 아닙니다. 그렇기 때문에 우리는 실제로는 자유롭지 않은 것입니다.

완전한 영적 자유는 잘못된 선택은 할 수 없는 무력함입니다. 바라는 것은 무엇이나 다 진정으로 선한 것이며, 모든 선택이 다 그 선을 염원할 뿐 아니라 그 선을 이룰 때에 원하는 것을 다 하고 그 의지의 모든 행위가 완전히 성취되기 때문에 자유로운 것입니다.

그렇기 때문에 자유는 선한 선택과 악한 선택의 균형이 아니고, 진정으로 선한 것을 사랑하며 받아들이고 악은 철저히 미워하고 거부하는 것입니다. 그리하여 하는 것은 다 선한 것이고, 하는 일마다 행복을 가져다주며, 불행과 자기기만 및 큰 슬픔을 가져다줄 모든 가능성을 거부하고 부인하며 무시하게 합니다.

악이나 죄의 가능성이라고는 전혀 없으신 하느님은 무한히 자유로우십니다. 실제로 하느님은 자유이십니다.

하느님의 의지만 허물이 없습니다. 다른 모든 자유는 선택을 잘못하여 실패하고 스스로 무너집니다. 모든 진정한 자유는 하느님의 초자연적 은총으로서 우리에게 다가옵니다. 그 은총은 하느님께서 우리의 영혼에 부어 주시는 사랑으로 하느님의 근본적인 자유에 참여하는 것이며 처음에는 우리의 영혼을 온전한 동의로 하느님과 일치시키고 다음에는 의지의 변화를 통해 일치시킵니다.

소위 말하는 우리가 타고난 다른 자유는 선이나 악을 선택하는 것과는 관계가 없습니다. 그런 자유는 은총, 하느님의 의지와 초자연적 사랑으로 완성되기를 기다리는 능력이나 가능성에 지나지 않습니다.

  모든 선, 모든 완성과 모든 행복은 하느님의 무한한 선과 완전하고 거룩한 의지에 있습니다. 진정한 자유는 선한 것을 언제나 실수하지 않고 또 하자 없이 바라고 선택하는 능력이기 때문에 자유는 하느님의 의지에 완전히 일치하고 복종할 때에만 가능합니다. 우리가 하느님과 함께 길을 떠나면 같은 목적지에 도달하고 같은 평화를 누리며 하느님의 무한한 그 행복으로 충만할 것입니다.

  그렇기 때문에 평화의 가장 간단한 정의는 하느님의 뜻을 할 수 있는 능력입니다. 하느님의 뜻에 거역할 수 있다는 것이 자유로운 것은 아닙니다. 죄에는 진정한 자유가 없습니다.

  죄의 주변에도 어떤 선이 있습니다. 예를 들면 육신의 죄에는 육체적 쾌락이 있습니다. 이런 쾌락이 악은 아닙니다. 이런 것들은 다 선한 것이며 하느님께서도 원하시는 것입니다. 설령 누가 하느님께서 원하시지 않는 방법으로 이런 쾌락을 즐긴다 해도 하느님께서는 그런 쾌락이 즐거움을 주기를 원하십니다. 그러나 쾌락이 그 자체로는 좋은 것이라고 하지만, 하느님의 뜻에 어긋나는 경우에 그런 쾌락을 원하는 의도는 죄악이 됩니다. 의도가 악이기 때문에 그 원의는 자기 목적지에 도달할 수 없습니다. 그렇기 때문에 그런 쾌락의 추구는 좌절하고 맙니다. 따라서 결과적으로 어떤 죄의 행위에도 행복은 없습니다.

어리석은 사람이여! 당신은 사실 당신이 하고 싶지 않은 것을 한 것입니다. 하느님께서는 쾌락을 주셨습니다. 쾌락 역시 하느님이 원하시는 바이기 때문입니다. 그러나 당신은 쾌락과 더불어 하느님이 주신 행복이나 쾌락 '없이' 주시는 보다 큰 행복, 쾌락보다도 더한 행복을 소홀히 했습니다.

당신은 껍데기는 먹고 알맹이는 버렸습니다. 포장지는 잘 간수하고 다이아몬드 반지가 든 상자는 버렸습니다.

어차피 끝나야 할 쾌락은 지나갔습니다. 그러나 끝까지 지속적으로 풍요롭게 해 줄 행복은 없습니다. 행복해지기 위해 하느님의 뜻을 따라 그 쾌락을 취하거나 피했다면 행복한 가운데 그 기쁨을 아직도 누릴 것이며 그 기쁨은 항상 함께 있을 것이고 하느님의 뜻이 있는 곳에는 어디에나 그 기쁨이 항상 있을 것입니다.

그래서 자유는 하느님이 주신 재능이며 일하는 데에 쓰는 쟁기입니다. 자유는 우리의 삶과 행복을 짓는 연장입니다. 우리의 진정한 자유는 절대로 단념해서는 안 되는 것입니다. 우리가 그 자유를 포기하면 그것은 곧 하느님과의 관계를 단절하는 것이 되기 때문입니다. 변덕스런 거짓 자발적 행동, 즉 실제로는 자유가 아닌 죄에 대한 자유는 포기해야 합니다. 우리의 진정한 자유는 목숨을 걸고 지켜야 합니다. 자유는 우리에게 가장 소중한 것이기 때문입니다. 우리가 인격체가 되게 하고 하느님의 모상이 되게 하는 것은 이 자유입니다. 교회의 초자연적 공동체의 주기능들 중 하나는 하느님의 자녀인 우리의 영적 자유를 보존하는 것입니다. 하지만 이 사실을 아는 사람이 얼마나 적은지 모릅니다.

28.
초연함

　　사물을 있는 그대로 보는 사람이 이 세상에 몇 명이나 있을지 의심스럽습니다. 사물이나 자기 자신 또는 하느님께서 주시는 어떤 선물, 심지어 지극히 고귀하고 초자연적으로 순수한 하느님의 은혜에 대해서마저도 그에 대한 애착의 지배를 받지 않거나 영향을 받지 않는 사람이 몇 명이나 있겠느냐는 말입니다. 하지만 그런 사람이 한두 사람은 반드시 있을 것입니다. 그런 사람은 모든 것을 하나로 묶고 우주의 붕괴를 막는 사람입니다.

　　하느님 한 분을 제외하고는 어떤 대상을 그것 자체로서 사랑하면 그 사랑의 대상은 우리의 지능을 눈멀게 하고 판단력을 파괴합니다. 그것은 선택을 손상시켜 선과 악을 명확히 구별할 수 없게 하여 하느님의 뜻을 제대로 알지 못하게 합니다.

일반적 윤리 규범을 안다고 하더라도 어떤 사물 그 자체를 사랑할 때에는 윤리 규범을 어떻게 적용해야 할지 모릅니다. 그 규범을 형식적으로는 올바로 적용했다 하더라도 미처 보지 못한 부분이 있을지도 모릅니다. 그런 실수로 인해서 그 좋은 행위가 만족스럽지 못하게 될 것입니다.

완전히 타락한 사람들은 가장 기본이 되는 원칙조차 이해하지 못할 때가 많습니다. 그들은 그렇게도 자명하고 자연스러운 도덕법을 더 이상 알아볼 수 없습니다. 그들이 아주 뛰어난 재주를 가지고 있고, 또 아주 민감한 윤리 문제를 토론할 수 있을지는 모릅니다. 그러나 그들은 자신들이 하는 말의 뜻을 조금도 알아듣지 못하면서 그렇게 합니다. 이는 그들이 거기에 어떤 가치를 부여하거나 거기에 대한 애정을 가지고 있지 않고 다만 개념으로서 추상적 관심만을 가지고 있기 때문입니다.

내적 순결과 섬세한 양심의 초연함과 정화에도 진정으로 거룩한 사람들조차 대부분 전혀 알지 못하는 여러 측면이 있습니다. 가장 엄격한 수도원에서도, 완덕을 닦으려고 있는 힘을 다하는 곳에서도 많은 사람은 그들이 자기도 모르는 이기심에 얼마나 지배를 받고 있는지, 또 그들의 덕행이라고 하는 것이 편협하고 인간적인 이기심에 얼마나 영향을 받고 있는지 생각조차 못합니다. 사람이 진정으로 초연해지지 못하는 것은 사실 흔히 열심하다는 사람들의 이런 융통성 없는 경직성 때문입니다.

현세의 쾌락과 욕망은 포기했습니다. 그러나 보다 고차적이고 보다 신비하고 영적인 쾌락과 욕망은 얻었습니다. 어떤 때에는 자의식으로 가득 찬 열성이 완덕을 추구할 수도 있다는 사실을 꿈에도 생각하지 못합니다. 자의식이란 그 자체로 불완전한 것인데도 말입니다.

예를 들면 때로는 수도자가 기도나 단식, 신심 활동이나 봉사, 어떤 외적 고행, 또는 책이나 영성 체계에 몰입하거나 묵상 방법 혹은 명상 자체, 기도와 관련된 크나큰 은총, 덕행, 그 자체로 영웅적이거나 높은 성덕인 것들에 마음을 쏟을 수 있습니다. 성인처럼 보이는 사람들도 그런 것에 대한 무절제한 욕심으로 판단력을 잃게 됩니다. 그런 경우에 그런 사람들은 수도원에 같이 있는 자기네만 못한 다른 수사들과 거의 다름없이 어둠과 오류 중에 있습니다.

명상가들은 간혹 자기네 삶의 모든 목적과 진수가 묵상과 내적 평화 그리고 하느님의 현존을 느끼는 데 있다고 생각합니다. 명상가들은 그런 것들에 집착하게 됩니다. 그러나 묵상이라는 것도 결국 자동차나 마찬가지로 피조물에 지나지 않습니다. 내적 평화에 대한 느낌 역시 피조물이라는 점에서는 포도주와 다를 것이 없습니다. 하느님의 현존에 대한 체험적 '의식'은 맥주와 조금도 다름이 없는 또 하나의 피조물일 따름입니다. 다른 점이 있다면 묵상과 내적 평화 그리고 하느님의 현존에 대한 느낌은 영성의 쾌락이고 다른 것들은 물질의 쾌락이라는 것뿐입니다. 그렇기 때문에 영적인 것에 대한 집착은 다른 어떤 것들에 대한 무절제한 욕망과 다를 것이 없습니다. 결점이 보다 교묘하게 더 많이 숨어 있을지도 모릅니다. 그러나 어떻게 보면 그것은 쉽게 알 수 없기 때문에 훨씬 더 위험합니다.

그래서 많은 명상가들은 절대로 위대한 성인이 되지 못합니다. 절대로 하느님과 우정을 맺지 못합니다. 하느님의 무한한 기쁨에 절대로 깊이 빠져 들지 못합니다. 그들은 명상의 초보자에게나 주어지는 보잘 것없는 위로에 매달리기 때문입니다.

아직도 더 좋지 않은 상태에 있는 사람들이 얼마나 많은지 모릅니다. 중요하게 여기는 활동과 사업에 매달려 명상이라고는 생각도 못합니다. 끊임없는 활동과 변함없는 성취욕에 눈멀고 결과에 대한 노골적인 열망과 눈에 보이고 손으로 만질 수 있는 성공에 굶주려 그들은 자신을 동시에 여러 가지 일에 분주하게 하지 않으면 하느님을 기쁘게 해 드릴 수 없다고 생각할 지경에까지 이릅니다. 어떤 때에는 기도할 시간이 전혀 없다고 비탄과 불평을 해댑니다. 그러나 그들은 자기기만에 그토록 익숙해져 자기들의 비탄이 얼마나 허구인지를 알지 못할 뿐입니다. 그들은 자신이 하는 일에 점점 더 깊이 빠질 뿐만 아니라 실제로 새로운 일거리를 찾아 나섭니다. 바빠질수록 실수를 더 많이 합니다. 그들은 어떠한 경고도 받지 않을 것입니다. 그들은 현실에서 점점 더 멀어집니다. 아마 하느님께서는 그들의 실수가 그들을 뒤쫓게 허락하시는가 봅니다. 어느 날 그들은 갑자기 부주의로 인해 정의, 예를 들면 국가가 요구하는 의무에 어긋나는 크고도 명확한 잘못을 저지른 것을 알게 됩니다. 그래서 그들은 내적 힘이 소진하여 산산조각이 나고 맙니다.

불이 채 피어오르기도 전에 장작을 쌓아 명상의 불씨를 꺼 버린 사람들이 얼마나 많습니까? 하느님께서 그들에게 바라시는 것이라곤 잠잠히 평화롭게 지내며 하느님께서 그들을 통해 이루기 시작하시는 비밀스런 역사에 주의를 기울이는 것뿐인데 그들은 마음속으로 하는 기도의 열기에 흥분하여 온 세상을 가르치고 회개시킬 야심 찬 계획에 착수하고 맙니다.

하느님께서 원하시지 않는 활동을 하려고 하는 그들의 열의에 중대한 하자가 있을지도 모른다고 설명해 주려고 하면 그들은 그를 이단자로 취급할 것입니다. 그들이 이루리라고 생각하는 결과에 대한 그들의 욕구가 너무나도 강렬하기 때문에 그들은 그 사람이 틀렸다고 확신합니다.

내적 평화의 비밀은 초연함입니다. 혼란스럽고 변덕스러운 욕망의 지배를 받는 사람에게 명상은 불가능합니다. 그런 욕망이 설사 내적 생활에 보탬이 되는 것들, 성찰, 평화 그리고 기도하는 기쁨을 추구한다 하더라도, 그런 욕망이 타고난 것이며 이기적인 것에 지나지 않는다면 그런 욕망은 묵상을 어렵게 하거나 불가능하게까지 합니다.

평화와 묵상에 대한 욕망까지도 버리지 않으면 절대로 완벽한 내적 평화와 묵상을 얻을 수 없을 것입니다. 기도하는 기쁨에 대해서도 초연하지 않으면 완전한 기도는 절대로 할 수 없을 것입니다.

이런 모든 욕망을 저버리고 오직 하느님의 뜻만을 추구할 때 하느님께서는 그가 고통과 갈등과 시련을 겪어도 묵상과 평화를 허락하실 것입니다.

진정으로 거룩한 사람도 육신 오관의 쾌락을 포기하는 것이 극기라고 생각하게 하는 노골적 물질주의 같은 것이 수도 생활에 있습니다. 그러나 그것은 극기의 시작에 불과합니다.

물론 내적인 생활을 시작하기 전에 천하고 감각적인 것들에 대해서 초연해야 합니다. 그러나 이렇게 하여 내적인 생활을 시작했다 하더라도 이성적으로나 지적으로 그리고 영적으로 좋은 것들에 대해서도 점점 더 초연해지지 않으면 별로 발전하지 못합니다.

이성적으로 생각해서 금지된 것들만을 포기함으로써 명상의 경지에 이르려는 사람은 명상의 의미마저도 깨닫지 못할 것입니다. 하느님께 이르는 길은 모든 지식과 창조된 모든 지혜, 모든 쾌락과 신중함, 사람의 모든 희망과 기쁨이 하느님의 저항할 수 없는 순수한 빛과 현존으로 제압되고 소멸되는 깊은 암흑에 자리하고 있기 때문입니다.

이 정도면 괜찮다고 생각하는 범위 안에서 물질적, 정신적 사물들을 소유하고 즐기는 것만으로는 충분하지 않습니다. 하느님을 순수하게 소유하고 즐기려면 모든 기쁨을 초월하고, 모든 소유를 넘어야 합니다.

이런 구별이 대단히 중요한데도 영성 저술가들조차 자주 잊어버리곤 합니다. 하느님께서 만드신 것은 모두 다 좋은 것이고 그것을 적절하게 자제해서 사용하면 하느님과 보다 가까이 일치할 수 있다는 말도 물론 옳은 말이기는 합니다. 하느님과 가장 가까이 일치하고 외적인 자기 자신에게서 벗어난 사람은 피조물의 아름다움 속에서 순수한 기쁨을 맛볼 수 있으며 그런 것들은 더 이상 하느님의 빛을 가리는 장애물이 되지 않는다는 말 또한 옳습니다.

그러나 사물을 절제해서 사용하는 합리적 중용의 덕을 갖춘 삶과 낙원에 있을 때에 아담이 가졌던 순수함을 다시 찾은 것 같은 성인들의 완전한 영적 순수성 사이에는 심연이 놓여 있습니다. 그 심연은 덕을 닦아 초연해져서 과감하게 눈감고 뛰어내려야만 건널 수 있습니다.

합리적 절제 저 너머에 단순한 덕행이나 훈련된 극기보다 높은 자리에 있는 희생적 죽음이 있습니다. 이 경지에서 그리스도의 십자가는 명상가의 삶 안으로 들어옵니다. 모든 피조물로부터 완전히 격리시키는 신비적 죽음이 없으면 완전한 자유도 없으며 약속된 땅, 신비적 일치로 나아갈 수도 없습니다.

그러나 애착으로부터의 궁극적 해방을 가져다주는 이런 '죽음'은 덕을 닦는 사람의 노력만으로 이루어지는 것이 아닙니다. '어두운 밤', 우리를 이 세상에서 뿌리째 뽑아내는 고통의 위기는 하느님의 순수한 선물(은총)입니다. 그러면서도 그 선물은 우리가 극기라는 영웅적 행위를 통해서 어느 정도는 받아들일 준비를 해야 하는 것입니다. 우리가 진정으로 '모든 집착과 애착'을 끊어 버리려고 하는 것이 확실하지 않으면, 성령께서는 우리를 진정한 암흑, 신비적 황야 한가운데로 인도하지 않으실 것이기 때문입니다. 그 황야 한가운데에서 하느님께서는 친히 우리를 당신과 하나가 되게 해 주시기 위해 혼란과 온갖 욕망과 욕정으로부터 해방시켜 주십니다.

한마디로 사람이 닦을 수 있는 덕의 한계를 넘어 하느님의 자녀로서 자유를 누리려고 한다면, 굳은 결심으로 일반적 절제의 한계를 넘어 완전한 비움을 추구해야 합니다. 하느님의 자녀는 모든 것을 하느님 안에서 하느님을 위해서 보고 맛들이기 때문에 그들에게는 모든 것이 다 기쁨이고 광명입니다. 신비가는 마치 하느님 그리고 다른 사람들과 구별되는 고유한 특유의 '자기 자신'이 더 이상 존재하지 않는 양 자신을 비운 가운데 자유롭게 삽니다. 그렇기 때문에 그는 그리스도와 함께 죽어 하느님의 참된 자녀들에게 약속된 '부활한 생명'으로 들어간 것입니다. 약속된 땅으로 들어가려고 힘쓰는 사람은 명상의 초기 단계의 기쁨마저도 단념해야 합니다.

그렇기 때문에 진정한 명상의 삶은 내적이고 영적인 기쁨을 즐기는 것이 아닙니다. 명상은 사랑과 신앙으로 정련되어 거룩해진 지성과 의지의 탐미주의 이상의 어떤 것입니다. 보고 만질 수 있는 형태나 그 밖의 어떤 표현도 없이 순수한 개념으로서의 하느님의 아름다움 안에 안주하는 것은 아직도 인간적 수준에 속한 쾌락입니다. 아마도 그것이 본성이 접할 수 있는 최고의 쾌락이기는 하겠지만, 많은 사람이 자기네 힘만으로는 거기에 이를 수 없을 것입니다. 본성의 한계 안에 있는 이런 만족을 체험하기 위해서는 은총이 필요합니다. 그럼에도 불구하고 그런 만족은 자연적이며 또 본성적으로 원할 수도 있고 일반적 훈련을 통해 이뤄 낼 수 있는 것이기 때문에 초자연적 명상과 혼동해서는 안 됩니다.

진정한 명상은 모든 만족과 모든 체험을 초월해서 순수하고 꾸밈없는 믿음의 암흑 속에서 쉬는 사랑의 작업입니다. 이런 믿음은 우리를 하느님께로 아주 가까이 이끌어 어둠 속이기는 하지만 하느님을 계시는 그대로 느끼고 이해한다고까지 말할 수 있게 합니다. 그런 접촉의 결과는 흔히 깊은 평화로 나타납니다. 그 평화는 영혼의 하위 기능에

넘쳐흘러 '체험'을 만들어 냅니다. 그런 체험이나 평화스런 느낌은 항상 명상이 가져오는 뜻밖의 결과입니다. 그런 '느낌'이 없다고 해서 하느님과의 만남이 끝났다는 뜻은 아닙니다.

평화를 '체험'하는 일에 집착하는 것은 우리가 순수하고 완전한 사랑의 암흑 속에서 느끼고 체험하는 것 이상인 하느님과 우리 영혼의 참되고 본질적이며 생생한 일치를 위협하는 것입니다.

그래서 평화를 느끼는 이런 감정이 우리가 하느님과 일치했다는 표시일 수는 있지만 그것은 단지 표시일 뿐입니다. 우연일 뿐입니다. 일치의 본질은 그런 감정이 없어도 있을 수 있습니다. 우리가 평화나 하느님의 현존을 전혀 느끼지 못할 때 하느님께서는 그 어느 때보다도 우리에게 참으로 현존하십니다.

이런 우연적 일들에 너무 집착하면 본질적인 것을 잃을 위험이 있습니다. 본질적인 것은 우리의 감정이 어떠하든 간에 하느님의 뜻을 온전하게 받아들이는 것입니다.

그러나 인생에서 가장 중요한 것이 내적 평화를 느끼는 것이라고 생각한다면, 그런 평화를 자기가 느끼지 못하고 있다는 사실을 알 때에 마음이 훨씬 더 혼란스러워질 것입니다. 내가 원하는 감정을 내 안에 일으킬 수 없기 때문에 나의 노력이 실패했다고 여기면 혼란은 더욱 가중될 것입니다. 결국 내가 통제할 수 없는 상황을 받아들이지 않기 때문에 참을성을 잃게 되고, 평화를 이루는 데에 절대적으로 필요한 하느님의 뜻에 일치하는 가장 중요한 현실을 지나쳐 버리게 될 것입니다.

하느님의 사랑을 위해 모든 것을 포기하는 충실함, 굳은 결의와 결단이 없으면 보다 높은 차원의 순결과 명상의 단계에 올라갈 수 없습니다. 이런 충실함과 굳은 결의 및 결단을 생각할 때 우리는 우리의 나약함과 부족, 핑계와 배신 그리고 주저함에 아연실색하게 됩니다. 우리의 나약함, 바로 그것이 우리의 전망을 흐리게 합니다. 우리는 모든 것을 버려야 한다는 사실을 잘 알고는 있지만 언제 어떻게 해야 하는지 몰라 속수무책으로 있습니다. 이런 경우에는 억지로 결론을 내려고 해서는 안 됩니다. 여기에는 엄청난 인내와 겸손이 요구됩니다. 빛을 주시기를 청하는 겸손된 기도와 용기, 그리고 강인함이 필요합니다.

우리의 비겁함을 결연하게 마주하고 하느님께 고백하면 언젠가 하느님께서는 우리를 불쌍히 여기시고 우리에게 초연함을 통해 얻는 자유로 나아가는 길을 알려 주실 것입니다.

29.
마음의
기도

        명상으로 나아가는 길은 계시는 그대로의 하느님과 우리를 희미하게나마 접촉시켜 주는 순수한 사랑의 실천으로 우리의 마음과 하느님의 뜻을 일치시키는 것이기 때문에 우리의 마음과 의지와 영혼 전체를 다 발전시키고 완성시키는 것입니다. 하느님께서 직접 개입하시어 발전의 이런 모든 과정을 우리 인간 본성 수준 너머로 끌어올릴 때 주부적 명상은 시작됩니다. 하느님께서는 당신이 부어 주시는 빛과 사랑의 암흑과 시련을 통해 우리의 모든 기능을 마비시키는 것같이 하여 우리의 기능을 완성시켜 주십니다.

    그러나 이런 일이 있기 전에 하느님의 도움을 받아 우리 나름의 방법으로 마음의 준비를 해야 합니다. 적극적인 기도와 묵상을 통해 하느님의 사랑과 하느님에 대한 지식을 심화시킬 뿐 아니라 온갖 사물에 대한 애착에서 우리의 의지를 자유롭게 함으로써 준비를 해야 합니다.

이 모든 것에 대해서 쓴 책은 많습니다. 묵상과 마음의 기도에 대한 온갖 기교와 방법이 있습니다. 그러나 그런 것을 모두 다 말한다는 것은 시작조차 하기 어렵습니다. 그렇기 때문에 그 모든 기교와 방법을 쓸 수 있고 또 체계적 묵상 방법으로 도움을 받을 수 있다 하더라도 가끔은 그런 방법을 잠시 내려놓고, 간간이 잠시라도 자기 자신을 되돌아볼 수 있다면 그렇게 하기를 게을리하지 말라고 당부하고 싶습니다.

이런 모든 방법의 문제점은 그런 방법들이 너무 체계적이거나 형식적이라는 데에 있지 않습니다. 방법은 체계적이어야 하고 또 일정한 형식이 필요합니다. 있는 그대로 다 좋은 것입니다. 방법에는 아무런 하자가 없습니다. 문제는 사람들이 잘못 사용하는 데에 있습니다.

묵상 책의 목적은 생각하는 법을 가르치는 것이기 때문에 그런 책을 집어 그저 다 읽기만 하면 시간 낭비입니다. 어떤 생각이 떠오르면 즉시 책을 내려놓으십시오. 이미 묵상이 시작됐기 때문입니다. 어떻게 해서든 저자가 이끄는 특정한 결론을 알아야 한다는 생각은 큰 잘못입니다. 그 결론이 자기에게는 해당되지 않을 수도 있습니다. 하느님께서는 다른 결과를 바라실 수도 있습니다. 저자가 필요할 것이라고 제시하는 은총과는 전혀 다른 은총을 하느님께서는 계획하실 수도 있습니다.

책 제목이 명확하게 '묵상'이라고 되어 있어야만 묵상할 생각을 하는 사람들이 있습니다. 제목이 그렇지 않은 경우에는 생각을 하지 않으며 읽어도 된다고 여깁니다.

영적 주제에 집중할 수 있게 해 주는 마음의 자제력을 습득하고, 그 주제 안에 담긴 의미를 파악하여 자신의 삶 안에서 구체화한 후에, 영성 생활의 초심자가 할 수 있는 가장 좋은 것은 어디에서나 하는 모든 일에서 하느님에 대한 사랑과 느낌, 빛과 열정을 찾는 데에 도움이 되는 마음의 평화와 민첩함을 얻는 일입니다. 하루 중 일정한 때에만 하느님에 대해서 생각하는 사람은 영성 생활에 있어 절대로 오래 가지 못할 것입니다. 실제로 그들은 그들이 세심하게 정해 놓은 '기도 시간'에마저도 하느님을 생각하지 않을 것입니다.

종이 위에서 묵상하는 법을 배우십시오. 그림을 그리고 글을 쓰는 것도 묵상의 한 형태입니다. 예술품을 감상하는 법을 배우십시오. 책을 손에 들었을 때뿐만 아니라 차를 기다리거나 기차를 타고 갈 때에도 묵상하는 법을 알아야 합니다. 무엇보다도 교회에 가서 전례에 참여하고, 전례 주기가 여러분 삶의 일부가 되게 하십시오. 이런 일을 반복하여 몸과 마음에 배게 하십시오.

많은 사람이 묵상을 하고 마음의 기도를 드리면서도 그 목적을 그다지 달성하지 못하는 까닭은 그 진정한 목적을 제대로 알아듣지 못했기 때문입니다.

어떤 사람들은 하느님에 대해서 묵상하는 이유가 오로지 하느님에 대한 어떤 재미있는 생각을 얻는 데 있다고 생각하는 것 같습니다. 묵상의 기본 목적 중 하나가 우리의 종교적 신념을 강화하고 그 신념에 보다 깊은 기초와 이해를 주는 것임에는 틀림이 없습니다. 그러나 그것은 시작에 불과합니다. 묵상의 시작일 뿐입니다.

묵상의 기능은 덕행을 실행해야 하는 필요성을 알려 주고 또 용기와 결단심을 주어 주저하지 않고 무엇인가를 하게 하는 것이라고 생각하는 사람들이 있습니다. 그것도 맞는 말입니다. 이것도 묵상의 초보 단계의 한 결과입니다. 그러나 그것 또한 한 발짝 전진에 지나지 않습니다.

우리가 이제는 진리에 보다 가까이 왔기 때문에 묵상이 우리에게 하느님에 대한 보다 큰 사랑을 갖게 해 준다고 생각하는 것은 그리 큰 잘못은 아닙니다. 이런 개념이 만족스럽거나 만족스럽지 못한 것은 하느님을 사랑한다는 것이 각 사람에게 무엇을 뜻하느냐에 달려 있습니다. 묵상함으로써 내가 하느님을 사랑한다거나 그렇게 '느낀다'고 '말하게' 될 때, 묵상이 이루어졌다고 생각한다면 그것 역시 잘못된 것입니다.

묵상은 두 가지 기능을 가진 이중 구조의 훈련입니다.

첫째, 묵상은 정신과 기억을 충분히 통제할 수 있게 해 주어 자신을 반성하고 외적 사물과 사업, 활동과 생각, 그리고 현세의 것들에서 물러설 수 있게 해 줍니다. 둘째, 묵상은 하느님의 현존을 깨닫는 방법을 알려 줍니다. 이것이 묵상의 진짜 목적입니다. 무엇보다도 묵상은 하느님에 대한 거의 끊임없는 사랑의 관심과 신뢰를 갖도록 이끄는 것을 목표로 합니다.

묵상의 진정한 목적은 이것입니다. 혼란과 슬픔만을 느끼게 만드는 사물과 현세의 걱정 근심으로부터 어떻게 스스로 노력해서 해방될 수 있는지, 어떻게 하느님과의 의식적인 사랑의 친교에 들어가 그렇게도 염원하던 도움을 하느님께 받을 수 있는지, 그리고 이제는 드림으로써 기쁨을 느끼게 되는 찬미와 영광과 감사를 하느님께 바치는 법을 배우는 데 있습니다.

묵상의 성공은 묵상을 통해 얻은 뛰어난 생각이나 대단한 결심, 혹은 육체적 감각의 느낌이나 감정으로 측정할 수 있는 것이 아닙니다. 어느 정도 하느님을 실감하게 되면 묵상을 진정으로 잘한 것입니다. 하지만 그것조차도 완전한 묵상이라고는 할 수 없습니다.

결국 묵상을 해 본 사람은 하느님께 가까이 갈수록 하느님을 실감할 수 있을까 하는 의문과 그 밖의 하느님에 대한 의문들이 점점 더 적어진다는 것을 압니다.

묵상을 하다가 '어둠을 당신의 처소로 만드신' 하느님을 둘러싼 구름에 맞부딪쳐 당황하고 좌절하는 지경에 이르렀다고 합시다. 하느님을 실감하기는커녕 하느님을 알기에 자기가 얼마나 무력한지를 실감하기 시작합니다. 그리고 묵상을 한다는 것은 전혀 희망도 없고 가능성도 없다고 생각하기 시작합니다. 그런데도 무력해지면 질수록 하느님을 알고 하느님을 뵙고 싶은 마음은 점점 더해 가는 것 같습니다. 바람과 실패 사이의 긴장은 그 무엇으로도 충족시킬 수 없는 하느님에 대한 고통스러운 열망을 낳습니다.

묵상에 실패했다고 생각합니까? 그 반대입니다. 이런 당황스러움, 암흑, 주체할 수 없는 원의에 대한 고민, 이 모든 것이 묵상의 성취입니다. 묵상이 살아 계시는 하느님과의 생생한 사랑의 친교를 이루게 해 주는 모든 것보다 높은 곳에 목표를 두고 있다고 할 때에 우리가 알아들을 수 있는 형상, 생각 그리고 감정만을 유발하는 한, 그 묵상은 아직 완벽한 것이 아니기 때문입니다. 그러나 묵상이 우리를 우리의 이해와 상상 너머로 인도했을 때에 실제 하느님께로 접근이 시작되는 것입니다. 묵상은 우리를 더 이상 하느님을 생각할 수도 없는 암흑으로 이끌어 결과적으로 맹목적 믿음과 희망과 사랑으로 하느님을 찾아 나서게 억지로 떠밀기 때문입니다.

마음의 기도를 포기할 생각과 싸워 이기고, 또 어려움과 무미건조함을 느끼고 고통스러울지라도 매일 정한 시간에 묵상을 계속해야 할 때가 바로 이때입니다. 끝에 가서는 우리가 겪는 고통과 하느님의 은총의 은밀한 효과는 우리에게 무엇을 해야 할지를 알려 줄 것입니다.

아주 단순한 형태의 감정적 기도에 인도될 수도 있습니다. 그런 상태에서는 아무 말 없이 벙어리처럼 거의 절망한 것 같으면서도 초자연적으로는 하느님을 알고 또 사랑하려는 꾸준한 열망을 가지고 하느님이 숨어 계시는 암흑 속으로 하느님을 만나려고 뻗어 나갑니다.

하느님께서 현존하신다는 것을 믿음으로 받아들이고, 하느님의 무한한 현존과 그 현존의 의미를 이성적으로 생각하는 것은 사실상 불가능하다는 것을 깨닫고 나면 단순한 명상으로 편안해집니다. 우리도 끌려 들어가는 깊은 구름 속, 그 속 어디엔가 하느님이 숨어 계신다는 것을 알고 편안하게 주의를 집중할 수 있습니다.

그때부터 기도는 가능한 한 짧게 해야 합니다.

다시 묵상할 기회가 주어지면 묵상하십시오. 생각이 떠오르면 흥분하지 말고 그 생각을 발전시키십시오. 책을 읽고 전례에 참여하십시오. 기도가 무미건조해서 너무 힘들거나 혹은 무기력하거나 졸리면 소리를 내어 기도하거나 몸을 움직여 거기에서 헤어나십시오. 무리하게 어떤 좋은 생각이나 열정을 얻으려고 하지 마십시오. 틀에 박힌 묵상책에서 제시하는 복잡한 결과를 얻으려다가 헛수고했다고 속상해하지 마십시오.

30.
마음이
흩어짐

기도가 불가능해지고 마음이 돌같이 될 때에 기도와 사랑을 진정으로 배우게 됩니다.

분심이 든 적이 없다면 기도할 줄 모르는 것입니다. 기도의 비결은 하느님을 열망하고 하느님을 뵙기를 갈망하는 것이기 때문입니다. 열망은 언어나 감정보다 훨씬 깊은 단계에 있습니다. 때로는 명확한 개념과 뚜렷한 목적을 가지고 사랑을 쉽게 실천하는 사람보다 쓸데없거나 해롭기까지 한 생각으로 가득 차 번민하는 사람이 그 마음의 깊은 고통을 통해 훨씬 더 잘 기도할 수도 있습니다.

분심을 떨쳐 버릴 수 없을 때 속상해해 봐야 아무 소용이 없다고 하는 것은 바로 이 때문입니다. 기도 생활에서 분심은 흔히 피할 수 없다는 사실을 깨닫는 것이 첫째로 할 일입니다. 파도처럼 밀려오는 무모하고 허무한 생각에 시련을 겪고 굴복할 수밖에 없는 것은 명상 생활의 기본적인 시련 중 하나입니다. 물에 빠진 사람이 지푸라기에 매달리듯 이런 시련을 피하기 위해 책을 읽고 또 그 글귀에 매달려야 한다고 생각하면 그렇게 할 수 있습니다. 그러나 기도를 단순한 영적 독서로 대치하면 엄청나게 많은 결실을 잃을 것입니다. 그러나 인내심을 가지고 분심과 싸워 이기고 자기의 무력함과 무능력을 조금이라도 배우면 많은 이득을 얻을 것입니다. 책이 묵상을 돕기보다 마취제의 역할밖에 하지 않는다면 아마 책은 묵상을 망치고 말 것입니다.

분심이 생기는 이유 중 하나는 이것입니다. 묵상할 때에 정신과 기억력과 상상력은 우리의 의지를 하느님의 현존에 인도하기 위해서만 작용을 합니다. 여러 해 동안 묵상을 해 왔다면, 기도하려고 자리를 잡으면 즉시 마음이 차분히 가라앉아 말없이 아련하게 하느님을 사랑하게 되는 것은 지극히 자연스러운 일입니다. 따라서 정신과 기억력과 상상력은 할 일이 사실은 아무것도 없습니다. 마음만 바쁠 뿐, 정신과 기억력과 상상력은 한가합니다. 그래서 어느 정도 시간이 지나고 나면 무의식의 문은 열리고 온갖 신기한 형상이 나타나 춤을 추기 시작합니다. 현명하다면 그런 것들에 신경을 쓰지 않을 것입니다. 욕심 부리지 말고 편안히 하느님만을 바라보십시오. 성가시게 구는 영상 같은 것들이 멀리서 어른거리더라도 하느님께만 주의를 기울이십시오. 그런 것들에 신경 써 봐야 그것들에 대항하는 자신만을 발견할 뿐입니다.

거룩한 사람들이 가장 두려워하는 분심은 일반적으로 전혀 해롭지 않은 것들입니다. 그러나 어떤 때에는 열심한 사람들이 묵상하면서 자기를 학대합니다. 음탕하기도 하고 또 어떻게 보면 말도 안 되는 우스꽝스러운 생각이 떠오를 때 그 생각을 떨쳐 버릴 수 없으면 거기에 '동의'하는 것이라고 생각하기 때문입니다. 그들이 고통을 받는 주된 이유는 이런 연속되는 생각을 지워 버리지 못하는 무력감이 야기하는 정신적 긴장이 모든 것을 몇백 배 더 악화시키기 때문입니다.

유머 감각이라도 있다 하더라도, 그들은 너무나 신경과민이 되어 묵상을 완전히 포기하고 말았을 것입니다. 그러나 유머는 그런 경우에 아마도 가장 보탬이 되는 것일 수도 있습니다.

이런 경우에 진짜로 위험한 것은 아무것도 없습니다. 진짜 해를 끼치는 분심은 우리의 의지를 하느님과 함께하는 깊고 평화로운 일에서 멀리 떼어 하루 일과와 관계되는 근심 걱정을 하게 하는 것입니다. 우리는 우리의 마음을 사로잡는 많은 것을 대면하게 됩니다. 그럴 때에 묵상은 여러 부분으로 나뉘어 마음으로 편지를 쓰거나 강론이나 연설문 혹은 책을 쓰거나, 심지어는 모금을 기획하거나 건강 관리를 어떻게 할 것인지 생각하는 일로 채워질 위험성이 큽니다.

이런 일들을 이미 겪고 있는 사람에게는 이런 분심을 없애는 것이 어려울 것입니다. 그런 일들은 그에게 자기가 어떤 사람인지를 끊임없이 상기시킬 것이며 활동을 너무 많이 하지 말라고 주의를 줄 것입니다. 외적 활동을 줄이지 않으면 묵상할 때 물질로부터 마음을 깨끗하게 하려고 노력해 봤자 아무 소용이 없기 때문입니다.

그러나 이 모든 것 중에서도 기도의 핵심은 기도하려는 마음이며 중요한 것은 하느님을 찾고, 하느님을 알고, 하느님을 사랑하려는 열의입니다. 하느님을 알고 하느님을 사랑하려는 원의가 있으면, 이미 해야 할 일을 한 것입니다. 하느님과 일치하려는 생각 없이 하느님에 대한 생각을 하는 것보다는 하느님에 대해 명료하게 생각할 수는 없어도 하느님을 원하는 것이 훨씬 더 낫습니다.

분심이 아무리 심하게 일더라도 당황하지 말고 편안하게 하느님께 집중하려고 노력하십시오. 하느님께서는 우리의 마음이 그렇게 복잡해도 우리 안에 계십니다. 하느님의 현존은 우리가 하느님을 생각하느냐 안 하느냐에 달려 있지 않습니다. 하느님께서는 틀림없이 그곳에 계십니다. 만일 하느님께서 거기에 계시지 않다면 우리는 존재할 수조차 없었을 것입니다. 하느님께서 틀림없이 현존하신다는 생각이야말로 분심의 폭풍 속에 있는 우리의 마음과 정신을 정화하는 가장 안전한 방비책입니다.

31.
깨달음의 은총

명상은 하느님께서 우리를 창조하신 이유입니다. 명상을 통해서 우리는 '스스로 계시는 하느님'으로서 그분을 알고 사랑하며, 우리 본성으로는 이해할 수 없는 깊고 생생한 체험을 통해 하느님을 알게 됩니다. 물론 명상이 정말로 우리의 본성을 뛰어넘는다고는 하지만, 토마스 아퀴나스 성인은 명상이 우리가 가진 고유한 요소라고 가르칩니다. 그 이유는 하느님께서 다른 것이 아닌 바로 명상으로 우리 안에 깊이 자리한 능력이 온전히 발휘되기를 바라시기 때문입니다. 그렇기 때문에 창조의 목적에 다다른 모든 사람은 다 천국에서 명상가가 될 것입니다. 그러나 하느님께서는 많은 사람이 아직 세상에 있는 동안에도 이런 초자연적 영역으로 들어가 새로운 환경을 맛볼 수 있게 하셨습니다.

명상은 하느님께서 우리의 참되고 고유한 특성으로 우리를 위해 마련하셨기 때문에 처음 맛보는 것만으로도 단번에 아주 새로우면서도 이상하리만큼 친근한 느낌을 갖게 됩니다.

명상을 체험한 사람이 아니면 어떤 책도 명상에 대해서 적절한 설명을 줄 수 없기 때문에, 명상이 어떤 것인지에 대해 전혀 다른 생각을 할 수도 있겠지만 하다 보면 결국은 참된 명상이 무엇인지 알게 될 것입니다.

명상이 우리 영혼에 부어 주는 빛의 철저한 단순성과 분명함은 우리에게 갑자기 새로운 수준의 의식을 일깨워 줍니다. 우리가 전혀 예상하지 못한 곳으로 들어가게 되지만 그 새 세상은 낯설지 않으며 분명해 보입니다. 명상의 강렬한 빛이 비추는 동안 우리 감각의 옛 세상이 이제는 우리에게 낯설고 남의 것 같으며 믿기 어려운 것이 됩니다. 그 빛이 떠나고 나면 우리는 보통 때 모습으로 돌아옵니다.

명상가들이 앎으로써만이 아니라 빨려 들어감으로써 진리를 알게 되는 순수하고 평화로운 사랑의 이해와 비교해 볼 때, 보고 아는 일반적 방법은 맹목과 수고와 불확실성으로 가득합니다.

명상을 통한 자각에 비하면 자연 상태의 가장 선명한 체험도 잠자는 것이나 다름없습니다. 자연계의 가장 예리하고 확실한 정확성조차 이런 고요한 명상과 비교하면 꿈에 불과합니다.

야곱이 꿈에서 깨어나 "진정 주님께서 이곳에 계시는데도 나는 그것을 모르고 있었구나."(창세 28,16) 하고 소리치듯 우리의 영혼도 속세에서 깨어납니다. 하느님만이 실재가 되시고 다른 모든 실재는 하느님 안에 각자의 자리를 차지하여 대수롭지 않은 것이 되고 맙니다.

이런 빛이 우리의 본성을 초월하는 것이기는 하지만 이제 우리에게는 보지 않고도 아는 것처럼 정상적이고 자연스럽게 느껴집니다. 마치 암흑 중에도 명확하고, 논란을 거친 증거 없이도 확신하고, 경험을 능가하는 체험으로 가득 차며 말문을 막는 심연 속에서 조용히 신뢰하는 것과도 같습니다. "오, 하느님의 슬기와 지혜의 깊은 풍요로움이여!"

존재의 중앙에 문이 열립니다. 그 문으로 우리는 끝없는 심연 속으로 들어가는 것 같습니다. 비록 그 심연은 무한하지만 우리는 접근이 가능합니다. 모든 영원은 이와 같은 평온하고 기막힌 접촉으로 우리의 것이 된 것처럼 느껴집니다.

하느님께서는 비움으로 우리를 어루만져 우리를 비워 주십니다. 하느님께서는 우리를 단순하게 만드시는 순박함으로 우리를 순진하게 만드십니다. 모든 변화와 모든 복잡성, 그리고 모든 역설과 모든 다양성은 사라집니다. 우리의 마음은 깨달음의 공중에서, 어둡고도 평온하며 모든 것을 품고 있는 실재에서 헤엄칩니다. 더 바랄 것이 없습니다. 부족한 것이 없습니다. 슬픔이 있을 수 있다면 그것은 우리가 아직도 하느님의 밖에 살고 있다는 것을 자각하는 것뿐입니다.

초자연적 본능은, 우리 안에 이미 피어난 자유의 이런 심연이 우리를 우리의 이기심에서 끌어내 자유와 기쁨의 무한한 공간으로 이끈다는 사실을 이미 가르쳐 주고 있습니다.

같은 사람인 것 같습니다. 지금까지 항상 그러했던 것처럼 말입니다. 그러나 실제로는 과거 그 어느 때보다도 더 자기 자신이 된 것입니다. 이제 겨우 존재하기 시작한 것입니다. 마침내 새로 태어난 것처럼 느껴집니다. 지나간 모든 것은 다 실수였으며 태어나기 위한 어설픈 준비였습니다. 이제야 본연의 자기로 돌아왔습니다. 그러나 아직도 아무것도 아닙니다. 자신의 가난으로 깊이 빠져들어 가 거기에 무한한 자유와 완전한 행복으로 가는 문이 활짝 열려 있음을 알게 됩니다. 그 어느 것도 자기의 것이 아니면서도 모든 것은 다 자기에게 속해 있기 때문입니다.

이제는 무한의 세계를 자유로이 넘나듭니다. 자기 안에 입을 크게 벌리고 있는 암흑의 심연을 재려고 해 봐야 아무 소용이 없습니다. 그것은 자유와 환희로 가득 차 있습니다. 그것은 어떤 장소, 공간이 아닙니다. 엄청나게 크고 평온한 활동입니다. 이 심연은 사랑입니다. 이 심연은 우리 안에 광활한 난공불락의 나라를 세웁니다.

이 평화의 중추를 뚫고 들어갈 수 있는 것은 아무것도 없습니다. 밖에서는 아무것도 안으로 들어갈 수 없습니다. 아름다운 밤하늘의 공기마저도 들어올 수 없는 자기만의 활동 영역이 있습니다. 오관, 상상,

논쟁을 좋아하는 마음 그리고 욕망은 그런 별빛 없는 칠흑 같은 밤하늘에는 없습니다.

자유로이 넘나들 수 있다고 해서 거기에 대해 어떤 말이나 생각을 하려고 하면 그 즉시 그곳에서 쫓겨나 말할 수 있는 외부 세계로 되돌아옵니다.

상상과 지성이 이 암흑의 문밖에서 어떤 형태로 활동을 하더라도 본인은 아무런 근심 걱정 없이 이 암흑 속에, 헤아릴 수 없는 평화 속에 안주할 수 있다는 것을 알게 됩니다.

주인이 일거리를 줄 때까지 시간이 있으면 문 앞에 서서 잡담을 할 수도 있습니다. 그러나 조용히 있는 편이 더 낫습니다. 그러나 그것이 자기에게 달려 있는 것이 아니라는 것을 이제는 압니다. 그것은 평화로운 암흑의 저 깊은 곳에서부터 오고 또 사랑의 결정에 전적으로 달려 있는 은총입니다.

이렇게 벽으로 둘러쳐져 잘 보호되고 분열되지 않은 내적 평화의 순수함 안에는 무한한 희열이 있습니다. 그러나 그 희열은 인식되자마자 그 맛을 잃고 맙니다. 그 희열은 만지려 하지도 말고 잡으려 하지도 말아야 합니다. 더 좋게 하려 하지도 말고 낭비할까 걱정하지도 말아야 합니다.

명상하는 영혼의 처지는 마치 낙원에 있는 아담과 하와의 처지와 같습니다. 모든 것은 다 나의 것입니다. 그러나 대단히 중요한 한 가지

조건이 있습니다. 그 모든 것은 다 '받은' 것이라는 것입니다.

    우리가 주장할 수 있는 것, 요구할 수 있는 것 그리고 '가질' 수 있는 것이라고는 아무것도 없습니다. 마치 자기 것인 양 어떤 것을 소유하려고 하면 그 순간 우리는 에덴동산을 잃고 맙니다. 천사가 불칼을 들고 서서 하찮은 모든 이기심과 "나는…… 원해.", "나는…… 필요해.", "나는…… 요청해." 하는 '나'가 들어오지 못하게 지키고 있습니다. 완전한 한 '인격체'가 아니면 낙원에 들어갈 수 없습니다.

    가장 위대한 겸손만이 우리에게 본능적 민감성과 조심성을 줄 수 있습니다. 이 민감성과 조심성이 우리가 암흑에서도 이해하고 맛볼 수 있는 쾌락과 만족을 추구하지 못하게 막아 줄 것입니다. 자신을 위해서 무엇인가를 요청하거나 하느님 안에서의 순수하고 평온한 안식을 보다 강화하려는 행위라고 하더라도 그 행위에 의존하는 순간, 하느님께서 우리에게 말없이 주시려 하는 완전한 은총, 우리의 능력을 무력화하는 완전한 선물을 우리는 모독하고 탕진하는 것입니다.

    우리가 할 수 있는 일이 있다면, 이것이 어떤 열망이나 수고 또는 영웅적 행위로도 값을 치르고 얻을 수 없는 하느님의 순수한 선물이라는 사실을 존재 깊이 이해하는 것입니다. 우리가 직접 그 선물을 마련하거나 유지하고 증가시킬 수 있는 길이라곤 아무것도 없습니다. 대부분의 경우 우리의 활동은 평화롭고 위안을 주는 이 빛의 흐름에 방해가 됩니다. 하느님께서 우리의 활동이나 수고를 사랑이나 순명으로 요구하시는 경우와 하느님께서 당신에 대한 우리의 충실함 때문이 아닌 당신의 선한 즐거움을 위해 이런 것들을 통해서 당신과의 깊은 체험적 일치를 유지하려고 하실 때를 제외하면 말입니다.

우리가 할 수 있는 것은 기껏해야 마음으로 가난한 가운데 편히 쉬며 이 위대한 선물을 받을 수 있게 우리를 내맡기고, 가능한 우리의 본능을 기쁘게 하고 우리의 마음을 빼앗는 모든 욕심을 멀리하는 것뿐입니다. 그런 것들이 그 자체로는 아무리 순수하고 고상한 것일지라도 말입니다.

명상 중에 하느님께서 당신을 우리에게 드러내실 때에 은연중에 조용히 오시는 그분을 그대로 받아들여야 합니다. 지루하고 부자연스러운 우리의 생활양식 수준의 활동이나 생각, 논쟁이나 주장으로 그분의 오심을 방해해서는 안 됩니다.

하느님의 선물에 대해서 우리는 감사하고 행복하며 기쁜 마음으로 기꺼이 자유롭게 응답해야 합니다. 그러나 명상 중에 감사드릴 때에는 말보다는 조용히 받아들이는 평온한 행복감으로 해야 합니다.

"마음을 비우고 내가 하느님이라는 사실을 알아라."

이것이 하느님의 깊고 깊은 실재 안에 있는 우리의 비움이며, 한없이 귀중한 하느님의 침묵 앞에서의 우리의 침묵입니다. 이것이 하느님께서 빛으로 우리를 빨아들이는 고요한 암흑의 한가운데서 우리가 갖는 기쁨입니다. 하느님께 찬미를 드리는 것은 모두 이런 것들입니다. 하느님의 사랑과 그분에 대해 느끼는 경이와 존경이 그렇게도 평온한 심연에서 파도처럼 우리에게 밀려와 우리 의식의 드넓은 해변에 부딪쳐 산산이 부서지고 형언할 수 없는 찬미, 찬미와 영광의 물거품을 잠재우게 하는 것은 바로 이들입니다.

하느님의 이런 해맑은 어둠은 예수님께서 말씀하신 행복 선언의 여섯 번째인 깨끗한 마음입니다.

"행복하여라, 마음이 깨끗한 사람들! 그들은 하느님을 볼 것이다 Beati mundo corde, quoniam ipsi Deum videbunt.**"**

이 깨끗한 마음은 잠시 동안이나마 형상과 생각, 사람이 자기의 기호에 따라 원할 수 있는 모든 것으로부터의 해방을 가져다줍니다. 깨끗한 마음은 우리가 하느님께로 나아가기 위하여 흔히 쓰는 비유도 필요 없게 만듭니다. 비유 그 자체는 틀린 것이 아니기 때문에 비유를 부정하지는 않지만 깊고 투철한 체험을 통해서 확실하게 모든 것을 깨닫게 해 줌으로써 잠깐 동안 비유를 무용지물이 되게 합니다.

우리 안에 계시는 하느님의 생생한 어둠 속에서 때로는 깊은 사랑의 움직임이 일어나 잠시 동안 우리를 이기심의 오랜 고뇌에서 완전히 해방시켜 하늘 왕국을 차지할 어린이들 가운데 하나가 되게 합니다.

우리가 다시 욕망과 비판과 유혹의 혼란으로 빠지게 하느님께서 내버려 두실 때에 우리는 잠시 동안이나마 기쁨을 간직했던 마음에 상처를 받게 됩니다. 그 상처는 우리에게 고통을 줍니다. 쓰라린 상처로 속이 아픕니다. 우리는 우리가 아닌 우리로 되돌아왔으며, 하느님께서는 우리가 하느님께 속해 있기를 바라시는데 우리는 아직도 그 영역 밖에 있다는 사실을 압니다. 우리는 하느님께서 우리에게 정해 주신 곳을 갈망합니다. 정녕 청빈하게 되어 자유로워지고 다시는 타락하지 않게 되기를 눈물로 애원합니다. 순진한 어린아이들의 낙원에서 지혜롭다고 하는 사람들이 슬픔 속을 오르내리며 있지도 않은 행복을 찾으려 덫을 놓는 토론장으로 다시 떨어지지 않을 그런 때를 열망합니다.

이것이 깨달음의 은총입니다. 우리는 자신을 버리고 비움의 기쁨으로, 무無의 기쁨으로 들어갑니다. 거기에는 어떤 지식의 대상도 없고 끝도 없으며, 허물도 없고 때 묻음도 없는 하느님의 진리만 있을 뿐입니다. 낙원의 맛을 보여 주는 이 깨끗한 빛은 모든 자존심보다도 뛰어나고 그 어떤 비평보다도 훌륭합니다. 그리고 또 소유라는 차원을 넘어서는 것이며 은거 이상의 것입니다. 그 빛은 모든 것 안에서 모든 작용을 합니다. 모든 사람 안에서, '이런 세계로 들어오는 모든 사람 안에서' 빛을 비추는 이 빛이 참다운 빛입니다. 이 빛이 '우리 가운데에서 계시는데도 우리가 알아보지 못하는' 그리스도의 빛입니다.

32.
무지몽매한
감각

주부적 명상의 삶이 언제나 강력한 빛이 쏟아져 들어오는 가운데 하느님을 확실하게 체험하면서 시작되는 것은 아닙니다. 영혼이 일상의 무지와 수고스러움에서 벗어나 자유로움을 느끼는 순간은 언제나 드물게 마련입니다. 깨달음의 이런 급작스럽고 강렬한 빛을 알아보는 것은 그리 어려운 것이 아닙니다. '암흑의 이런 생생한 빛살'이 영혼의 밑바닥을 비추어 사람의 온 생애를 바꾸어 놓습니다. 그 빛살은 확신을 가져다줍니다. 그 빛살은 우리 눈에서 비늘이 떨어지듯이 무지를 일격에 제거해 버립니다. 그 빛살은 너무나 깊고 조용한, 그리고 새로운 확실함이기 때문에 우리가 그것을 잘못 알아듣거나 금방 잊어버리지 않게 됩니다.

명상가가 되기 전에 그런 생생한 체험을 하려고 한다면 아마 그 사람은 오래오래 기다려야 할 것입니다. 어쩌면 한평생이 걸릴지도 모릅니다. 아마도 그의 기대는 헛되이 끝나 버릴 것입니다.

명상법을 배우는 것은 순식간에 되는 것이 아니고 모르는 사이에 점진적으로 하느님께 배우는 것이 보통입니다. 사실 오랫동안 인내를 가지고 노력을 하는 준비 작업과 암흑과도 같은 순수한 믿음 안에서의 완만한 발전 없이는 명상을 전혀 배울 수 없을 것입니다. 가끔 예외적으로 강렬한 때도 있지만 갑자기 얻는 깨달음과 지혜가 명상가라는 말의 본래 의미에 맞는 그런 사람이 되게 해 주지는 않습니다. 명상가, 명상으로 기도하는 사람은 어느 정도는 명상이 거의 생활화된 사람만을 의미합니다.

또한 우리는 기도하는 사람 중에는 자기도 모르게 명상의 문턱에까지 이르러 자기가 어떤 상황에 와 있는지 의식하지 못한 채 그곳에 머무는 신기한 일도 있다는 사실을 기억해야 합니다. 첫째로 그런 사람들은 희미하게나마 하느님을 알게 된 지식을 올바르게 인식할 줄을 모릅니다. 그들은 내적 생활의 발전은 명확하고 확실한 지식, 그리고 감각적으로 느낄 수 있는 열정에 있다고 생각하기 때문입니다. 그래서 명상가로 태어날 준비가 되었음에도 불구하고 자신들의 내적 생활은 거의 끝났다고 생각하는 경우까지 생깁니다. 그들은 좌절하여 혼란에 빠집니다. 막다른 골목에 부딪혔다고 믿습니다. 그러나 자기를 잊고 하느님께 맡기며 겸손하게 인내하기만 하면 서서히, 그리고 조용히 그곳이 막다른 골목이 아니라는 것을 알게 될 것입니다. 확실히 좌절에 빠진 암울한 상황이지만 거기에 적응하여 평온하고 차분하게 헛된 희망과 환상을 씻어 버리고 모든 것을 다 버린 후 마침내 약속의 땅으로 인도하는 사막의 여정을 준비하고 있음을 알게 될 것입니다.

보통 명상으로 들어가는 길은 나무도 물도 아름다움도 없는 사막에 있다는 것을 절대로 잊지 맙시다. 황야로 들어가 감각의 세계에서 멀어지고 하느님으로부터 멀어지고, 모든 성공과 기쁨에서 멀어지는 듯한 방향으로 무작정 여행을 합니다. 이 길이 메마른 뼈(우리의 모든 희망과 좋은 의도의 파멸)로 가득 찬 황폐한 곳이 아닌 다른 어떤 곳에 이르는 길이라고 믿는 것이 거의 불가능할 수도 있습니다.

이런 황야에서는 앞으로의 전망이 너무나도 무시무시해서 사람들은 대부분 그 뜨거운 사막과 바윗길을 가려고 하지 않습니다. 생각과 지성, 본능적 욕구를 채워 줄 음식과 거처와 음료가 없는 황야에 명상과 거룩함이 있으리라고는 믿을 수가 없습니다.

완덕의 척도가 하느님에 대한 훌륭한 직관과 사랑으로 불타는 의지의 확고한 결심이라고 생각하고, 거룩함은 감각적 열정과 만져서 알 수 있는 결과라고 믿는다면 명상은 아무런 관계가 없습니다. 명상은 이성을 즐겁게 하지도 않고 정신과 마음에 위로와 감각적 기쁨을 주지도 않습니다. 사람들은 그들이 어디로 가는지, 지금 무엇을 하고 있는지 알고 싶어 하고, 그들의 활동이 마비되고 실질적 효과를 내지 않는 곳으로 들어가자마자 오히려 자기네가 하는 일과 가는 곳을 확실히 알 수 있는 수풀이 우거진 곳으로 되돌아갑니다. 그렇게도 염원하던 결과를 얻을 수 없으면, 기도와 강론을 많이 하고, 많은 고행을 했으며 많은 글을 쓰거나 읽고, 또 여러 가지 묵상 책을 뒤져 보아 수많은 새로운 신심을 알게 되었으며 순례를 하느라고 세상을 누볐으니 큰 진전을 이루었노라고 스스로 확신합니다. 이 모든 것이 다 나쁜 것은 아닙니다. 그러나 사람이 사노라면 이런 것들이 피난처가 되고 진통제가 되어 어둠과 불확실 그리고 무기력을 겪어야 하는 책임, 하느님께서 우리의 위선을 벗겨 주시고 우리가 창조된 목적인 새로운 사람이 되게 하시는 데 우리가 협조해야 할 책임을 회피하게 만듭니다.

하느님께서 명상에 몰두하는 사람에게 당신의 지혜와 깨달음의 빛을 부어 주시기 시작할 때에 체험은 성취라기보다는 오히려 실패로 느껴집니다.

낯설고 적막한 밤의 그늘 안으로 들어가는 것이 쉽지 않다는 것을 알게 됩니다. 밤은 그런 대로 평온합니다. 그러나 커다란 실망감을 느낍니다. 머리가 복잡하고 생각하기가 어렵습니다. 특히 피곤을 심하게 느끼고 정신 활동과 영성 활동에 염증을 느낍니다. 이와 동시에 새롭게 느끼는 이런 허약함이 죄 혹은 결점의 징표가 아닐까 하는 두려운 생각에 시달립니다. 의지와 뜻을 펴 보려고 억지를 써 봅니다. 어떤 때에는 열정을 느껴 보려고 미친 듯이 애써 봅니다. 그러나 그것은 가장 큰 실수입니다. 한때 화려하게 꽃피었던 하느님에 대한 모든 아름다운 상상과 생각이 이미 사라졌거나 불쾌하고 무서운 왜곡이 되고 말았습니다. 하느님을 찾지만 아무 데도 없습니다. 기도 소리는 굴의 막장에 부딪쳐 공허한 메아리로 되돌아옵니다.

이런 밤의 여정에 있는 사람이 두려워하거나 조급해하며 걱정만 하고 있으면 정지 상태에 머무르게 됩니다. 그는 어떤 빛을 보고 다시는 찾을 수 없는 지난날의 위로를 찾아 어떤 온정을 느껴 보려고 몸부림치며 자기를 학대합니다. 마침내 그는 어둠으로부터 멀리 도망가 자기가 할 수 있는 최고의 것, 최초에 맛본 그 빛에 취하고 말 것입니다.

그러나 하느님께서 이끌어 주시기 시작한 그 황야에서의 삶이 아무리 곤혹스럽고 어려울지라도 그 황야로 깊이깊이 빨려 들어가는 사람들이 있습니다. 그들은 생각도 할 수 없고 묵상도 할 수 없습니다. 그들은 보고 싶지 않은 것들에 대한 상상으로 괴로워합니다. 그들의 기도 생활은 빛도 없고 즐거움도 없으며 신심에 대한 어떤 느낌도 없습니다.

하지만 그들은 어둠의 한가운데에 평화가 있다는 것을 본능적으로 느낍니다. 무엇인가가 그들을 움직이지 않게 하며 하느님께 의탁하고 조용히 하느님의 소리를 듣게 합니다. 그들은 묵상하려고 하는 모든 노력은 묵상을 방해할 뿐이라는 것을 곧 알게 됩니다. 그러나 때를 같이해서 그들이 꾸밈없는 진리의 침묵 가운데 말없이 가만히 머물며, 단순하고도 깨어 있는 마음으로 그들을 당황하게 하는 어둠에 주의를 기울이면, 형언할 수 없는 묘한 평화가 마음속으로 스며들어 깊고도 표현할 수 없는 만족감을 줍니다. 이 만족은 옅으면서도 모호합니다. 잡을 수도 없고 확인할 수도 없습니다. 초점에서 벗어나 멀리 사라집니다. 그러나 아직 그곳에 있습니다.

그게 무엇이냐고요? 그것을 말하기는 어렵습니다. 하지만 '하느님의 뜻', 또는 단순히 '하느님'이라고 요약될 수 있다는 것은 알 수 있습니다.

33.
황야의 여정

무미건조함과 무기력함을 이겨 낸 사람, 황야로 이끄시는 하느님을 순순히 따른 사람, 그리고 순수한 믿음과 하느님께 의탁하는 것 이외에 어떤 도움과 안내도 바라지 않는 사람은 약속된 땅으로 인도될 것입니다. 그는 하느님과 일치하는 평화와 기쁨을 맛볼 것입니다. 그는 인생의 모든 사건에 현존하시며 그 안에서 역사하시는 하느님을 눈으로 보지 않고도 언제나 계시며 위로해 주시는 하느님에 대한 희미하지만 신비로운 깨달음을 얻게 될 것입니다.

자기의 모든 영적 발전을 하느님의 손에 맡기기를 두려워하지 않는 사람, 기도와 덕행, 공로와 은총 그리고 하느님께 오는 모든 선물을 하느님께 맡기기를 두려워하지 않는 사람은 곧바로 하느님과 일치하는 평화로 들어갈 것입니다. 하느님의 평화에는 아무런 근심 걱정도 없기 때문에 그 평화는 대단히 감미로울 것입니다.

믿음의 빛이 사람에게는 어둠인 것과 같이, 명상을 하여 사랑이 우러난 사람의 정신과 의지의 최고의 초자연적 활동은 처음에는 우리에게 전혀 작용을 안 하는 것 같습니다. 우리의 본능이 초조해하고 안절부절못하는 이유가 바로 이 때문입니다. 가만히 있지 못하는 이유가 이것입니다. 자기만이 자기 행위의 원동력이고자 합니다. 자기의 자발적 충동에 따라 행동할 수 없다는 생각은 받아들이기 힘든 모욕과 고통이 됩니다.

그러나 명상은 우리를 타고난 능력의 영역보다 높은 곳으로 들어올립니다.

지상 가까이 비행기를 타고 날면 어디론가 가는 느낌을 갖습니다. 그러나 성층권에서는 그보다 일곱 배나 빨리 날아도 속도감을 느낄 수 없습니다.

명상 중에 하느님께서 이끄신다는 어떤 믿을 만한 징후가 있으면, 즉시 활동과 생각을 버리고, 상상을 지워 버린 진정 단순한 기도로 평화롭게 마음을 비우고, 우리 안에서 하느님의 뜻이 이루어지도록 주의깊게 기다려야 합니다. 기다리면서 불안해하거나, 우리의 지식이나 기억의 범주에 속하는 어떤 체험을 의도적으로 원해서는 안 됩니다. 우리가 겪거나 알아들을 수 있는 체험이 어떤 것이든 그것은 하느님께서 우리에게 주시려는 상황에는 적합하지도 않고 비교도 되지 않기 때문입니다.

이쯤에 와서 사람들이 물어볼, 실질적으로 가장 중요한 질문은 이것입니다. 즉, 형식에 따른 묵상을 포기하고 다소 수동적으로 기다려도 안심할 수 있는 안전한 징표는 과연 무엇인가 하는 것입니다.

첫째, 묵상과 감정적 기도가 마음 편하고 자연스러우며 성과가 좋으면 포기할 필요가 없습니다. 그러나 묵상과 기도가 실제로 불가능하거나 그저 무미건조하고 몸과 마음을 지치게 하여 넌더리가 나거나, 또는 분심 잡념으로 가득한데도, 억지로 규정대로 생각을 하고 또 정해진 특정한 행동을 하도록 강요하는 것은 해로울 것입니다. 그것이 제법 활동적이라 하더라도 어떤 기쁨도 성과도 가져다주지 않을 것입니다. 그것이 매력적이고 영적인 사안에 관한 상상이라고 하더라도 상상은 피곤함과 낭패만을 가져다줄 뿐입니다. 이것이 활동적 묵상을 포기해야 하는 징표입니다. 만약 하느님께서 도와주신다는 단순하고 충실한 기대와 쉼 속에서 분명한 평화를 느끼고 분명한 결실을 끌어낼 수 있다면 그러한 생각 안에 머무는 것이 생각과 감정을 물리치느라 마음과 의지를 괴롭히며 헛수고를 하는 것보다 더 낫습니다. 자기의 상태를 되돌아보면 하느님에 대한 엄청나게 크고 희미한 생각에 몰두하고 있다는 사실을 쉽게 알게 되고, 무엇인가에 홀린 것이 아닌 한, 자신의 의지가 하느님에 대한 이해하기 어렵고 손으로 더듬는 것 같은 분명하지 않은 열망으로 차 있다는 것을 알 수 있을 것입니다.

이와 같은 두 상황은 힘을 합쳐 마음 안에 불안과 어둠과 무기력함을 일으켜서 명확하고 두드러진 행동을 단번에 괴롭고도 쓸모없는 것으로 만들어 버립니다. 마음을 비우고 조용히 있으면, 어둠 속에서 목마르게 마냥 찾아 헤매던 그 하느님에 대한 열의가 자기 안에서 자라나는 것을 알게 될 것입니다. 동시에 뭔가 분명한 것은 발견한 것 같지 않더라도 평화가 마음 안에서 자랄 것입니다.

반면에 묵상을 포기하는 것이 단순히 정신은 마비되고 마음은 돌같이 굳어져 벽에 기대어 '오늘 저녁으로 뭘 먹을까.' 하는 생각으로 반시간 남짓한 묵상 시간을 보내는 것을 의미한다면 차라리 어떤 구체적인 일에 몰두하는 편이 더 낫습니다. 게으름이 '단순한 기도' 또는 '조용한 기도'로 가면을 쓰거나 또 무감각 상태로 들어가 잠들고 말 가능성은 항상 존재합니다. 단순히 활동을 하지 않는다고 해서 '그 자체로' 명상에 들어가는 것은 아닙니다.

바로 이런 경우에 책이 도움이 됩니다. 어떤 특별한 생각 없이 기도를 '시작하기' 위해 기도서나 성경을 사용하는 경우가 대단히 많습니다. 관심이 가는 문단이나 문장이 나오면 읽기를 그치고 그것을 받아들여 마음에 새기고 깊이 '생각'합니다. 그리고 편안하게, 인위적인 수고 없이 그 생각에 머뭅니다. 그러나 구체적으로 조목조목 생각하는 것이 아니고 무엇을 들고 있거나 냄새를 맡듯 개괄적으로 생각합니다.

그렇게 이 과정을 거쳐 하느님을 조용히 기다립니다. 분심이 생기면 책으로 되돌아가 먼저 읽었던 구절을 읽거나 다른 구절을 읽습니다.

이런 방법으로 묵상 기도를 할 수 있습니다. 책뿐 아니라 그림이나 십자가를 바라보며 할 수도 있고 가장 좋은 방법인 성체 앞에서 할 수도 있습니다. 들에 나가 나무 아래서 하는 것도 좋습니다. 드넓고 평온한 경치, 들판과 언덕은 명상가로 하여금 오랜 시간 동안 내적으로 자기의 평화와 소망을 마음껏 즐기게 하기에 충분합니다.

명상 기도를 할 때 활동하지 않는 것은 외적으로만 그럴 뿐입니다. 속으로는 정신과 마음이 활동의 궤도 안으로 끌려 들어갑니다. 그 활동은 깊고 격렬하며 초자연적입니다. 그 활동은 우리 안에서 흘러넘쳐 헤아릴 수 없는 결과를 가져다줍니다.

기도 중에 아무것도 전혀 하지 않는 그런 기도는 없습니다. 아무것도 하지 않으면 기도하는 것이 아닙니다. 반면에 하느님께서 내적 활동의 근원이 되시면 오관의 활동은 우리의 의식권을 완전히 넘어설 것이며 그 결과는 보이지도 않고 이해도 되지 않을 것입니다.

명상 기도는 깊고도 간단한 영적 활동입니다. 그런 활동 안에서 정신과 마음은 하느님에 대해 흐트러짐이 없는 한결같은 집중력을 가질 수 있으며, 하느님께 열중하며 하느님의 빛 안으로 빨려 들어갑니다. 그저 한 번 쳐다만 보아도 완전한 경신 행위가 됩니다. 말없이 조용히 쳐다보는 한 번의 눈길은 하느님께 이렇게 말하기 때문입니다.

'우리는 당신을 위해 모든 것을 버렸습니다. 당신 때문에 모든 욕망과 우리 자신마저도 버렸습니다. 우리에게는 당신만이 중요하고 당신만이 우리의 희망이요 생명입니다. 당신 외에는 누구도 우리에게 기쁨을 줄 수 없습니다.'

이런 어두운 여정에서 가장 필요한 것은 하느님의 인도를 의심하지 않고 굳게 믿는 것과 하느님을 위해 모든 것을 걸고 모험하는 용기입니다. 이 여행은 여러 면에서 어리석은 도박과도 같습니다. 여러 가지 실수를 할 수도 있습니다. 자기를 감쪽같이 속일 수도 있습니다. 겸손하고 훌륭한 선생님의 지도에, 겸손하고 온순하게 순종하면 실수하더라도 그 실수는 별것 아닌 것이 될 것입니다. 선생님이 항상 옳은 것은 아니더라도 말입니다. 그러나 하느님께 맡겨야 합니다. 하느님께서는 '굽은 줄 위에 곧은 선線'을 그으시며 악에서 큰 선을 끌어내십니다. 명상 생활에 있어 문제가 되는 것은 명상가와 그의 지도자가 항상 틀리지 않고 옳은가 하는 것이 아니고 명상하는 사람이 은총과 사랑에 영웅적으로 충실한가 하는 것입니다. 하느님께서 우리를 당신께로 부르실 때, 우리가 당신께로 가는 데에 필요한 모든 은총을 암암리에 우리에게 약속하십니다. 우리는 이 약속에 무작정 충실해야 합니다.

34. 허황된 열정

영성 생활의 어떤 수준에서든지, 영성 생활이라고 할 것조차 전혀 없는 경우에도 자기는 종교심이 강하다고 스스로 생각할 사람이 있을 수 있습니다. 그런 경우에 그 사람은 눈에 띄게 달라지고 또 하느님과 다른 사람들에 대한 사랑을 지성보다는 감정에 바탕을 두고 실천합니다. 그가 만일 경험이 전혀 없는 사람이라면 자기 마음에 가득 찬 거룩한 느낌 때문에 자기가 대단히 성스러운 사람이라는 생각을 갖게 될 것입니다.

이 모든 것은 아무런 뜻도 없습니다. 그것들은 쾌감이나 다른 어떤 것에 의해 생긴, 감각적 흥분의 일종입니다. 이런 것들과 영화를 보며 우는 아이들의 눈물이 서로 다른 것은 단지 우연적 차이일 뿐입니다.

열정적 활동 그 자체는 좋은 것도 아니고 나쁜 것도 아닙니다. 그것은 좋게 쓰일 수도 있고 나쁘게 쓰일 수도 있는 것이지만 영성 생활을 시작하는 사람에게는 일반적으로 필요합니다. 그러나 시작하는 사람이라 하더라도 그런 것에 의존하는 것은 어리석은 일일 것입니다. 조만간 그런 것 없이 영성 생활을 해야 하기 때문입니다. 사실 영성 생활은 감정의 자극이 없이 사는 법을 어느 정도 배웠을 때에 진정으로 시작됩니다.

명상 생활을 시작했다 하더라도 우리는 마치 휘발유를 안전장치 없이 가지고 다니듯 열정과 감각적 본능을 아직도 가지고 있습니다. 어떤 때에는 명상의 칠흑 같은 밤에 튀는 불티가 우연하게도 휘발유에 떨어져 감정과 오관에 불을 붙입니다.

만취한 것 같은 기쁨이나 좋고 건전할 수도 있는 폭풍 같은 양심의 가책에 온 영혼이 뒤흔들리고 휘청거립니다. 불을 지핀 불씨가 초자연에서 왔다손 치더라도 그것은 아직 동물의 수준에 지나지 않습니다.

이 불꽃은 타올라 몇 분 또는 반시간 안에 다 타 버리고 맙니다. 불이 타는 동안 어떤 때에는 하늘로 떠오르는 것 같은 강렬한 기쁨을 맛봅니다. 그러나 이런 기쁨은 때때로 감각의 세계에 속하는 어떤 무기력함으로 그 본성을 드러냅니다. 그것이 조잡한 감정에 지나지 않는다는 것을 말입니다. 어떤 때에는 흔히 있는 좋은 결과를 내기도 합니다. 여러 주간 동안 몸부림치고 수고한 끝에 영혼의 폭발적 만족감은 축제처럼 흥을 돋우어 줍니다. 그러나 이런 소동의 결과는 일반적으로 평상시의 것과 다를 것이 조금도 없습니다. 이런 모든 일이 지나가고 나면 샴페인 한 잔을 한 후나 기분 좋게 수영을 한 후의 기분과 다를 것이 없습니다. 이런 의미로 본다면 그것도 좋은 것입니다.

그러나 이런 종교적 감정을 드러내는 것을 중요한 것으로 잘못 알고 집착하는 것이 위험합니다. 그런 것들은 정말로 전혀 중요하지 않습니다. 때에 따라서는 피할 수 없는 것이기는 하지만 그런 것을 바란다는 것은 결코 현명해 보이지 않습니다. 사실 내적 생활에 대한 어떤 훈련을 받은 사람은 누구나 지나치게 목적의식을 갖고 그런 위로를 추구하는 것은 잘하는 일이 아니라는 점을 압니다. 그럼에도 불구하고 종교에 있어서 감각적 요소들을 월등히 뛰어넘은 듯싶은 많은 사람이 감상적인 그림과 감상적인 음악, 그리고 감상적인 내용으로 가득 찬 책을 영적 독서 삼아 읽는 일에 열중하는 것을 보게 됩니다. 결국 그들의 내적 생활의 전부가 '빛'과 '위로' 그리고 '참회의 눈물', 환시 그리고 결국에는 성흔(聖痕, 五傷)에 전력을 기울이고 있다는 것을 보여 주는 것입니다.

'체험'을 이와 같이 좋아하는 것은 주부적 명상에 진정으로 불린 사람 누구에게나 내적 생활에 있어 가장 위험한 장애 중 하나가 될 수 있습니다. 그것은 명상에 도달할 수도 있었던 많은 사람이 부딪쳐 파선하는 바위입니다. 그것이 더욱더 위험한 것은 관상 수도회 수도자들조차 진정한 의미의 신비적 명상과 이런 우연적인 모든 것, 이런 체험과 현상들, 그리고 호기심을 항상 명확하게 구별하지는 못하기 때문입니다. 이런 것들은 초자연적 것일 수도 있고 아닐 수도 있습니다. 그러나 거룩함이나 진정한 명상의 핵심인 순수한 사랑과는 본질적으로 아무런 관계가 없습니다.

그렇기 때문에 이런 것들이 쏟아져 나올 때 그에 대한 가장 건전한 반응은 거기에 따라오는 쾌락과 흥분을 표 안 나게 거부하는 것입니다. 이런 것들은 아무런 실질적 결과를 맺지 못하며 지속적 만족을 주지 못한다는 것을 우리는 압니다. 이런 것들은 하느님과 우리 자신에 대해서 믿을 만한 것은 아무것도 말해 주지 않습니다. 진짜 힘은 주지 않고 거룩함에 대한 순간적 착각만을 갖게 합니다. 경험을 더 하고 나면 그런 것들이 얼마나 우리를 눈멀게 하고 속이고 바른 길에서 벗어나게 할 수 있는지 알 것입니다.

당신이 만약 그런 감정이 어떤 결과를 가져오는지 알 수 있다면 그런 느낌을 피하고 그런 것들이 생길 수 있는 기회마저 피하려 할 것입니다. 그러나 거칠게 저항하며 괴로워할 것은 아닙니다. 그저 편안한 마음으로 그런 것들에 대해서 무관심하면 충분합니다.

술에 취한 듯한 이런 감정과 영적 기쁨을 피할 길이 없을 때에는 자기 안에 그러한 자연적인 활력마저 없다면 그런 흥분을 경험하지 않으리라는 것을 알기에 인내와 자제로, 그리고 겸손과 감사하는 마음까지도 가지고 그대로 받아들입니다. 무절제한 것이라고 할 수 있는 것은 다 거절하고 나머지는 하느님께 맡기고 진정한 기쁨으로 인도될 때까지 기다립니다. 진정한 기쁨, 명상을 통한 순수한 영적 기쁨 중에는 본능과 감정, 그리고 자아가 더 이상 날뛰지 않습니다. 술에 취해 비틀거리는 감각 속이 아닌 하느님 안에서 해방된 영혼의 깨끗하고 더없이 순수한 흥분에 깊이 빨려 들어가 잠깁니다.

 기도 생활에도 열정과 감정의 자리가 있습니다. 그러나 열정과 감정은 정화되고 정리되어야 하며 최고의 사랑에 순종해야 합니다. 그래서 열정과 감정도 영혼의 기쁨을 나눌 수 있으며 나름대로 그 기쁨에 기여할 수 있습니다. 그러나 영적으로 성숙할 때까지는 열정을 엄히 다스려야 하며 자제해야 합니다. 기도가 주는 '위안' 역시 마찬가지입니다. 영적으로 성숙할 때가 언제일까요? 순수하고 깨끗하고, 부드럽고 조용하며, 비폭력적이고 자기 자신을 생각하지 않으며 초연할 때, 무엇보다도 겸손하고 이성과 은총에 순종할 때입니다.

35.
끊어 버림

명상의 길은 분명하게 드러나는 것이 아닙니다. 너무나 모호하기 때문에 극적이라고 할 수도 없습니다. 명상에는 손으로 잡을 수 있는 것도, 대단하거나 특별해서 소중히 할 만한 그 어떤 것도 없습니다. 그렇기 때문에 명상가에게는 최고의 가치가 매일 하는 일상적인 일, 가난, 고통 그리고 가난한 사람들과 잊혀져 관심 밖에 있는 모든 세상 사람의 생활이라고 사람들이 말하는 단조로움에 있습니다.

명상가들을 길러 내고 사람들에게 기도와 성덕의 길을 알려 주시기 위해 이 세상에 오신 그리스도께서는 죽을 정도로 단식하고 이상한 황홀경으로 사람들을 겁에 질리게 하는 고행자들을 당신 곁에 불러 모으실 수도 있었습니다. 그러나 그리스도의 사도들은 노동자와 어부, 그리고 세리들로서 그들은 복잡한 신심 행사와 의식 절차, 그리고 직업적으로 거룩하다고 하는 사람들의 윤리 실천에는 관심이 없는 사람들이었습니다.

가장 확실하게 덕을 닦는 길은 정말로 가난한 사람들이 겪는 쓰라린 불안정과 고통 그리고 비천함입니다. 무시당하고 멸시받고 잊혀지는 것입니다. 존경이나 위로는 전혀 모릅니다. 명령을 받고 몇 푼 안 되는 돈이나 아니면 돈을 전혀 못 받고 일을 하는 것입니다. 이것은 어려운 훈련입니다. 대부분 열심하다는 사람들도 최선을 다해 피하려고 하는 것들입니다.

그렇다고 그들이 전적으로 비난받아야 하는 것은 아닙니다. 불행이라든지 가난 같은 것이 명상으로 가는 길은 아닙니다. 성인이 되기 위해 빈민촌에 살아야 한다거나, 관상 수도회가 셋방살이 같은 삶을 살아야 한다고는 정말 생각하지 않습니다. 성인이 되게 하는 것은 더럽고 배고픈 삶이 아닙니다. 가난 그 자체도 아닙니다. 그저 가난을 좋아하고 가난한 사람을 사랑하는 것입니다.

그러나 최소한의 경제적 안정성이 없으면 기도의 생활이 불가능하기 때문에 어느 정도의 안정성은 사실 필요합니다. 그러나 '어느 정도의 경제적 안정성'이 안락한 생활, 즉 육체적, 정신적 욕구의 충족과 높은 생활 수준을 의미하는 것은 아닙니다. 명상하는 사람들도 적당히 먹고 입고 살 수 있는 거처가 필요합니다. 그러나 그들도 가난한 사람들의 어려움을 어느 정도 함께해야 합니다. 가난한 사람들의 눈으로 삶을 볼 수 있기 위해서는 솔직하고 성실한 마음으로 가난한 사람들과 같아져야 합니다. 그들이야말로 가난한 사람들 중 하나이기 때문에 그렇게 할 수 있습니다. 어느 정도 가난에 직접 참여하지 않으면 그렇게 될 수 없습니다. 다시 말하면 안 해도 될 일을 많이 해야 하고, 많은 불편을 인내로 참아야 하며, 훨씬 더 좋은 것도 많지만 덜 좋은 것들로 만족해야 합니다.

하느님을 사랑한다고 말하는 신심이 두터운 많은 사람은 불안과 배고픔, 그리고 사실상 더러움을 의미하는 가난에 대해서는 생각조차 하기 싫어하고 또 두려워합니다. 그래도 가난한 사람들에게로 내려가 그들과 함께 사는 사람들이 있습니다. 그것은 그들이 믿지도 않는 하느님을 사랑하기 때문이 아니요, 가난한 사람들을 사랑하기 때문도 아닙니다. 단순히 부자이기 때문에 밉고, 그래서 가난한 사람들을 충동해서 그들도 부자를 미워하게 하기 위해서일 뿐입니다. 증오로 가득 찬 쾌락을 위해서도 이런 모든 어려움을 겪을 수 있는 사람이 있는데 가난 속에서 하느님을 찾고 또 하느님을 다른 사람들에게 전하기 위하여, 사랑하기 때문에 가난해지는 사람은 왜 그다지도 없는 걸까요?

그렇다고 언제나 드러나게 비참하고 진저리가 나는 삶이 아니면 아무도 명상가가 될 수 없다고 생각해서는 안 됩니다. 이미 포기한 물질에 매달리지 않고 하느님께 의지하고 검소하게 열심히 사는 것, 우리를 좋아하지 않는 사람들, 겉으로만 친절하고 관심을 보이는 사람들과 더불어 잘 살려고 최선을 다하는 것, 이런 모든 것이 모여 평화롭고 조용하며 만족스럽고 즐거운 환경을 만들 것입니다. 거기에는 어떤 단아함마저 있을 수 있습니다. 사실 노동자와 가난한 사람들의 단순한 생활은 때때로 돈으로 아름다움을 살 수 있고 좋아하는 물건들을 즐비하게 주위에 늘어놓을 수 있다고 생각하는 사람들의 복잡한 생활보다 더 아름다울 수 있습니다. 프랑스나 이탈리아의 농가를 가 본 사람은 누구나 그 사실을 잘 압니다.

트라피스트 수도원의 생활은 근본적으로 농촌 생활입니다. 땅을 일구어 생계를 유지하는 사람들의 가난과 검소함, 그리고 단순함에 더욱 가까이 일치할수록 그들은 수도자로서의 삶의 근본 목적, 즉 명상에 더욱더 마음을 쓰게 됩니다.

수도원이 가난하다는 것은 좋은 일입니다. 수도자들이 해어져 낡고 기운 옷을 입고 만족해하며 농토에 의존하고 사는 것이 미사 예물과 은인들의 희사에 의존해 사는 것보다 낫습니다. 그러나 수도원의 가난에는 넘어서는 안 될 한계가 있습니다. 궁핍은 수도자에게도 그 누구에게도 좋은 것이 아닙니다. 늘 아프거나 배고파 죽을 지경이거나 살아남기 위해 육체적으로 몸부림치는 사람에게 명상을 가르칠 수는 없습니다. 수도원이 가난하다는 것이 좋은 일이기는 하지만 너무 가난해서 육체 노동과 물질적 궁핍에 대한 걱정에만 매여 있다면 수도원의 보통 수사들은 영적으로 성장할 수 없을 것입니다.

한평생 치즈를 만들거나 빵을 굽고, 아니면 구두 수선을 하거나 당나귀를 끌던 늙은 수사가 성경과 신학을 모두 섭렵하고 위대한 성인과 신비가의 모든 저술을 다 알며 많은 시간을 묵상과 명상, 기도로 보낸 신부보다도 위대한 명상가가 되고 또 보다 훌륭한 성인이 된 경우가 흔히 있습니다.

이런 이야기는 널리 알려져 상투적인 표현이 되고 말았지만 맞는 말임에는 틀림이 없습니다. 그러나 명상 생활에서 배움이 중요한 몫을 차지하고 있다는 점을 잊어서는 안 됩니다. 지성이 올바르게 활동한다면 그 지성이 겸손을 가르쳐 준다는 사실도 잊어서는 안 됩니다. '치즈를 만드는 늙은 수사'와 '교만한 지성적 신부'에 대한 낡아빠진 이야기는 신학을 공부하는 사람을 비난하거나 당연히 해야 할 신학 공부를 하지 않기 위한 핑계로 종종 사용되곤 합니다. 겸손하게 육체노동에 헌신적으로 기여하는 사람들이 수도원에 많이 있는 것은 좋은 일입니다. 그러나 그 사람들이 공부도 하고 신학도 아는 사람들이라면 그들의 겸손과 육체노동에의 참여는 훨씬 더 의미 있는 일이 될 것입니다.

겸손은 무엇보다도 먼저 인생을 살아가면서 자기의 의무를 성실하게 받아들이는 것을 의미합니다. 공부를 해야 할 신부가 자기는 겸손하고 단순한 사람이 되겠다는 핑계로 공부를 게을리해서 다른 사람에게 조언과 지침을 줄 수 없게 되면 그 신부는 겸손한 것이 아닙니다. 별로 아는 것이 '없다'는 그 자체가 마치 자신을 명상가의 지위로 자동적으로 올려 주기라도 하는 것처럼 명상가들 중에는 배우지 못한 것을 자랑하고 신학을 멸시하면서 자기만족을 느끼는 사람이 있습니다. 지능적 속물근성이 정체를 드러낸 것이지요.

사실 명상은 신학과 반대되기는커녕 신학의 정상적인 완성입니다. 하느님께서 계시해 주신 진리에 대한 지성적인 연구와 그 진리에 대한 명상적인 체험을 서로 관계가 없는 양 분리해서는 안 됩니다. 반대로 지성적 연구와 명상적 체험은 같은 하나에 대한 두 가지의 관점일 뿐입니다. 신비 신학은 성스런 여인들의 것이고 신학 공부는 실천적이지만 성스럽지는 못한 남정네들의 것이거나 한 것처럼 교의 신학과 신비 신학 또는 신학과 '영성'을 서로 배타적인 것으로 구분해서는 안 됩니다. 이 같은 그릇된 분류는 신학과 영성 각각이 결여하고 있는 많은 것을 말해 주고 있는지도 모릅니다. 영혼과 육신이 하나이듯 신학과 영성도 하나입니다. 그들이 하나가 아니면 신학에는 열정도 생명도 영적 가치도 없으며 명상 생활에는 실체도 의미도 확실한 방향도 없습니다.

명상가가 되려는 사람이 첫 번째로 배워야 할 것은 자기 분수를 제대로 지키는 법을 배우는 것입니다.

성스럽게 보이는 사람이 다른 사람을 회개시키겠다고 안달하는 것처럼 석연치 않은 것은 없습니다.

묵상에 심각한 장애가 되는 것은 자기에게 맡겨지지도 않은 사람들을 지도하려는 열정, 부탁도 받지 않은 사람들을 회개시키려는 열정, 자기 권한 밖에 있는 사람을 바로잡으려는 열정입니다. 어떻게 이런 일들을 할 수 있으며 또 마음이 편할 수 있겠습니까? 남의 문제에 대한 이런 쓸데없는 걱정을 끊어 버리십시오!

가능한 한 다른 사람의 잘못에 대해서 신경을 쓰지 마십시오. 더구나 타고난 허물과 괴팍함에는 전혀 주의를 기울이지 마십시오.

모든 성덕의 원천은 끊어 버림, 초연함, 그리고 자기 부정입니다. 그러나 자기 부정은 의도적인 모든 잘못과 불완전을 포기하는 데에서 끝나지 않습니다. 확실한 죄를 피하는 것, 자기를 망신시키고 품위를 떨어뜨리기 때문에 결과적으로 잘못인 것을 피하는 것, 인간의 존엄성이 요구하기 때문에 보편적으로 존경받는 행위를 하는 것, 이런 모든 것도 아직은 성덕이 아닙니다. 죄를 피하고 덕행을 실천하는 것은 성인이 되기 위한 것이 아닙니다. 사람다운 사람이 되기 위한 것일 뿐입니다. 이런 것은 하느님께서 우리에게 바라시는 것들의 시작일 뿐입니다. 그러나 필요한 시작입니다. 사람이 하느님의 은총에 힘입어 자기의 수준에서 자기의 본성을 먼저 완성시키지 않고서는 초자연적 완성을 이룰 수 없기 때문입니다. 성인이 되기 전에 먼저 사람이 되어야 합니다. 동물은 명상가가 될 수 없습니다.

그러나 우리가 잘못인 줄 아는 그런 잘못은 고치기가 대단히 어렵지만 비교적 간단합니다. 완덕과 내적 순결의 결정적 문제는 사물과 우리의 의지와 욕망에 대한 '무의식적' 집착을 끊어 내고 뿌리를 뽑아 버리는 것입니다.

의도적이며 자명한 악습과 맞서 싸우는 데 가장 좋은 방법은, 계획적으로 결심하는 것과 고해성사를 보는 것입니다. 계획을 짜고 실천에 옮기고, 전세戰勢 상황의 변화에 따라 계획을 재조정합니다. 기도하고 어려움을 겪고, 버티고 어떤 것을 포기하면서도 희망을 잃지 않습니다. 땀을 흘리며 애를 씁니다. 이런 여러 가지 몸부림의 양상에 따라 자유의 모습이 결정됩니다.

전쟁이 끝났으면, 좋은 방법을 찾아냈으면, 부상당하고 무장 해제를 당했을 때, 속수무책이었던 전쟁의 순간을 잊지 마십시오. 우리의 모든 노력이 있긴 했지만, 무엇보다 우리와 함께 싸워 주신 하느님 덕분에 이겼다는 사실을 잊지 마십시오.

그러나 들춰내 알아볼 수 없는 무의식, 심하게 집착하는 습관과 싸울 때에는 우리의 모든 묵상과 자기반성, 그리고 계획한 방법이 그 효과를 내지 못할 뿐만 아니라 때로는 원수를 돕기까지 합니다. 우리의 결심이 우리가 없애 버리려는 악습의 지배를 받는 일이 쉽게 일어날 수 있기 때문입니다. 그래서 자존심이 강한 사람은 자기가 마치 운동선수인 것처럼 느끼고 싶어서 단식을 더 하기로 결심하고 또 육신을 더욱 괴롭힙니다. 그의 단식과 단련은 헛된 것입니다. 이런 것들은 가장 철저히 없애야 하는 것을 강화시켜 줍니다.

거의 완전하다고 자기를 속일 수 있을 정도로 자만해질 때 그는 무분별의 위험한 상태로 들어갑니다. 그런 상태에서 궁극적으로 완덕을 이루려하는 난폭한 노력은 그의 숨겨진 불완전성을 강화시키며 자기의 판단과 의지에 대한 집착을 굳게 해 줍니다.

영적으로 눈멀게 하는 주원인인 숨은 집착을 극복하기 위한 우리 자신의 주도적 노력은 거의 항상 아무런 도움이 되지 않습니다. 우리는 이 선제 노력을 무미건조와 고통 중에 직접 우리의 영혼 안에서 역사하시거나 사건과 다른 사람들을 통해 역사하시는 하느님 손에 맡겨야 합니다. 그렇게도 많은 거룩한 사람이 부서져 산산조각이 나는 곳이 바로 여기입니다. 그들은 자기네 등불로는 갈 길이 더 이상 보이지 않는 지점에 도착하자마자 더 멀리 나아가기를 거부합니다. 그들은 자기 외에는 누구도 믿지 않습니다. 그들의 믿음은 대개 감정적 환상입니다. 그들의 믿음은 그들의 느낌과 체격 그리고 기질에 뿌리를 두고 있습니다. 그런 믿음은 도덕적인 활동으로 자극을 받고, 또 다른 사람들이 인정해 주면 감격하는 타고난 낙천주의의 일종입니다. 사람들이 반대하면 이런 믿음은 자기만족 안에서 피난처를 찾습니다.

우리가 벌거벗고 의지할 데 없이 홀로 있는 어둠, 우리의 강한 능력이 부족하고 그토록 강한 우리의 덕성들이 텅 빈 것이었음을 알게 되는 어둠, 우리가 의지할 것이라고는 아무것도 없는 어둠, 우리를 뒷받침해 줄 것이라고는 아무것도 없는 어둠, 우리를 인도하거나 우리에게 빛을 비추어 줄 것이라고는 이 세상에 아무것도 없는 그 어둠 안으로 들어갈 시간이 오면, 우리가 믿음으로 살고 있는지 아닌지를 알게 됩니다.

우리의 마음을 즐겁게 해 주고 위로해 줄 수 있는 것은 아무것도 우리 안에 남아 있지 않을 때, 자신이 무가치하고 온갖 모욕을 다 받아도 마땅하다고 여겨질 때, 실패한 것 같을 때, 파괴되어 제정신이 아닌 것 같을 때, 바로 이때에 우리가 확인하기에는 너무나도 가까이 있던 깊고 은밀한 이기주의가 우리의 영혼에서 떨어져 나갑니다. 이 어둠에서 우리는 진정한 자유를 발견합니다. 우리가 강해지는 것은 이런 포기에서입니다. 이것이 우리를 비우고 순수하게 만드는 밤입니다.

어떠한 쾌락에도 머무르려 하지 마십시오. 우리는 쾌락을 위해 창조되지 않았기 때문입니다. 우리는 영적 기쁨을 위해 창조되었습니다. 쾌락과 영적 기쁨의 차이를 모르면 인생을 아직도 시작하지 않은 것입니다.

현세에서의 삶은 고통으로 가득 차 있습니다. 그러나 쾌락의 반대인 고통이 반드시 행복이나 기쁨의 반대가 되는 것은 아닙니다. 영적 기쁨은 자유가 마음껏 펼쳐질 때 활짝 피어납니다. 자유는 아무런 방해도 받지 않고 최고의 목적으로 뻗어 나가고, 창조의 목적대로 사심 없는 사랑의 활동으로 완성됩니다.

이기적 쾌락은 우리 자신을 위해 맛보고 싶어 하는 어떤 좋은 것을 우리에게서 빼앗아 가는 모든 것으로 인해 손상을 받습니다. 그러나 헌신적 기쁨은 이기심이 아니면 그 어떤 것으로도 손상을 받지 않습니다. 쾌락은 고통과 고뇌로 인해 제한되고 말살됩니다. 영적 기쁨은 고통을 무시하거나 비웃고 때로는 영적 기쁨의 가장 큰 장애물인 이기심을 정화하는 데에 그것을 활용하기까지 합니다.

진정한 기쁨은 창조주의 의도에 따라 원하는 데에 있습니다. 즉 진정한 기쁨은 우리 자신을 위해서 선을 좋아할 뿐 아니라 선 자체를 좋아하는 의지의 열렬하고 유순하며 자유로운 활동 안에 있습니다.

어떤 때에는 쾌락이 기쁨의 종말일 수 있습니다. 그래서 진정한 기쁨을 맛본 사람은 쾌락에 대해 탐탁지 않게 생각합니다. 그러나 진정한 기쁨을 아는 사람은 누구나 고통을 절대로 두려워하지 않습니다. 고통이 자기에게는 자유를 주장하고 맛볼 수 있는 또 하나의 기회가 될 수 있다는 것을 알기 때문입니다.

그럼에도 불구하고 기쁨이 쾌락을 뒤집어 놓고, 고통 안에서 쾌락을 추구한다고 생각하지 마십시오. 사실 기쁨은 고통보다 상위에 있으며 고통을 느끼지 않습니다. 그렇기 때문에 기쁨은 고통을 비웃고, 고통을 조소하며 기뻐합니다. 기쁨은 무관심으로, 이타심으로, 완전한 사랑으로 고통을 정복하는 것입니다.

고통은 감각과 감정, 그리고 이기심으로부터 영혼이 자유로워야 한다는 것을 강력히 주장함으로써 또 고통의 단계를 뛰어넘는 깨끗한 자유로 우리의 의지를 이끌어 기쁨의 순수성을 우연히 증가시킬 수 있을 뿐, 결코 고상한 기쁨을 어떻게 하지 못합니다.

그렇기 때문에 명상하는 사람들이 명상에서 쾌락에 지나지 않는 것을 찾는 것은 슬픈 일입니다. 그것은 시간 낭비이며 무미건조와 어려움, 그리고 고통이 죄악이기나 한 것처럼 이들을 피하기 위해 무리를 해서 지치게 만드는 것입니다. 그들은 그들의 평화를 잃을 것입니다. 기도하면서 쾌락을 추구하기 때문에 그들은 기쁨을 거의 누릴 수 없게 됩니다.

변덕과 우유부단은 자애自愛의 표시입니다. 하느님께서 원하시는 것을 받아들일 결심을 할 수 없고, 이 생각에서 저 생각으로, 이것을 하다 저것을, 이 방법을 쓰다 저 방법으로 항상 바꾸면, 그것은 하느님의 뜻을 피해 편안한 마음으로 자기의 뜻을 펴려고 하는 징표입니다.

하느님께서 한 수도원으로 인도해 주시면, 즉시 다른 수도원으로 가고 싶어 합니다. 기도하는 방법을 하나 익히자마자 다른 방법을 시도하고 싶어 합니다. 그리고 언제나 결심을 합니다. 그러고 나서는 그와 반대되는 결심을 함으로써 그 결심을 깨 버립니다. 고해 신부에게 물어보고는 그 대답은 기억하지 못합니다. 책을 한 권 읽기 시작하면 그 책을 다 읽기 전에 다른 책을 읽기 시작합니다. 책을 읽을 때마다 내적 생활의 계획을 통째로 바꿉니다.

얼마 안 가서 내적 생활은 아주 없어지고 말 것입니다. 전 존재는 혼동된 욕망과 공상과 꿈으로 엮인 누더기가 되고 말 것입니다. 이런 것들은 은총의 역사하심을 헛되게 할 뿐 아무것도 못합니다. 이것은 하느님께 저항하려는 본능적인 무의식의 정교한 책략입니다. 우리 안에서 역사하시는 하느님께서는 우리가 원하고 즐기는 모든 것을, 우리 자신을 통째로 희생할 것을 요구하십니다.

그러니 조용히 하느님께서 무슨 일을 하시도록 기다립시다. 이것이 쾌락과 소유만 끊어 버리는 것이 아니고 자기 자신마저도 끊어 버린다는 말의 뜻입니다.

36.
마음의 가난

명상가들이 하느님을 찾아 나섰다가 찾지 못했을 때에 겪는 가장 큰 고통 가운데 하나는 인간으로서 가능한 가장 고차원적인 사랑과 지성의 방법조차도 하느님의 빛 안에서 보면 무척이나 조잡하고 거칠고 부적당하며 또 그것을 면할 수도 없다는 것을 깨닫는 것입니다.

하느님께서는 지금 우리가 누구이고 또 우리가 앞으로 될 수 있는 것이 무엇이든 그것을 다 철저히 초월하는 지복을 우리에게 주시기로 이미 정해 놓으셨다는 사실을 알았을 때의 그 슬픔을, 우리에게는 아무것도 없고, 있다면 우리 자신뿐이라는 사실을 알았을 때의 슬픔을, 우리 존재의 의미인 은총이 우리에게 없다는 사실을 알았을 때의 그 슬픔을 헤아릴 수 있으면 헤아려 보십시오. 육신 생명의 최고의 완성,

인간 이해의 최고의 완성, 완전한 것이라면 무엇이나 다 좋아서 찾아다니는 인간 의지의 가장 순수하고 멋진 적응력도 우리에게는 근본적으로 속되고 무가치한 것으로 보입니다. 우리에게 잘못이 없고 죄도 없다 하더라도 지금의 우리, 앞으로 될 수도 있는 우리, 그리고 우리가 소유할 수 있는 모든 것은 우리에게 아무것도 아닌 것처럼 보입니다. 그것은 우리를 완전히 초월하고 또 우리가 태어난 유일한 실제 이유인 무한한 은총을 우리에게 보장할 힘이 없기 때문입니다.

이 모든 것은 다 그만두고라도, 본성이 이기심과 무질서한 죄로 뒤틀리고 일그러진 것을 볼 때에, 쾌락과 이익으로 끊임없이 되돌려 놓는 생활양식에 휘말려 묶여 있음을 알 때에, 우리의 힘으로는 이 같은 일그러짐을 피할 길이 없음을 알 때에, 이런 상황을 피할 자격도 없음을 알 때에 그 슬픔은 어떠하겠습니까? 이것이 성인들이 말하는 양심의 가책의 뿌리입니다. 즉, 원하지도 않는 '나'가 될 수밖에 없는 무력함에 대한 비탄과 고민.

그렇게 되면 기도 중에 맛보는 모든 감미로움은 메스꺼워집니다. 위로를 조금만 맛보아도 식상하기 때문에 위로를 거절합니다. 모든 빛은 그 자체가 불충분하기 때문에 마음에 고통을 줍니다. 이제는 활동할 엄두가 나지 않습니다. 아무리 작은 활동이라도 그것이 소용없는 것이라는 생각이 들어 부끄러워 죽을 지경입니다.

그럼에도 불구하고 기쁨이 시작되는 것은 이렇게 무력한 때입니다. 우리가 조용히 있기만 하면 고통이 그리 나쁜 것만은 아니며 두들겨 맞고 땅바닥에 엎어져 있을지라도 희망을 가지면 어떤 평화, 풍요로움, 힘 그리고 우정의 관계가 우리에게 선물로서 주어진다는 사실을 알게 됩니다.

그러면 영혼은 평화 속에 안주하고, 우리 자신과 우리 자신이 아닌 우리를 받아들이고, 이런 소중한 가난이 우리의 가장 큰 행운임을 알게 됩니다. 우리의 것도 아니며 우리에게 걱정거리밖에는 아무것도 줄 수 없는 풍요로움을 벗어 버렸을 때, 진정한 목적과 행복을 줄 수 없는 지성과 의지의 정당하고 또 좋은 활동마저도 그만둘 때에 우리는 삶의 의미는 패배라기보다는 잠재력인 위대한 초자연적 은총인 가난과 비움이라는 것을 알게 됩니다.

우리는 포도주를 담으려고 물을 비운 그릇같이 됩니다. 우리는 햇빛을 받으려고 먼지와 때를 말끔히 씻고 햇빛을 받으면 그 빛 속으로 사라지는 유리잔과도 같습니다.

우리가 이런 비움을 찾아내기만 하면 어떤 가난도 충분히 가난하지 않고, 어떤 비움도 충분히 비워 있지 않으며, 어떤 겸손도 원하는 만큼 우리를 낮추어 주지 않습니다.

그렇기 때문에 우리의 가장 큰 슬픔은 우리가 아직도 우리 자신을 중요하게 생각하고 있으며, 우리 자신을 아직도 대단하게 여기고 있다는 사실을 발견하는 것입니다. 맑고 투명하게 비어 있는 영혼에 드리워진 그림자는 그것이 어떤 것이건 간에 하느님의 순수한 빛에는 장애가 되고 착각을 일으킨다는 것을 알기 때문입니다. 능력은 최대의 약점이며 우리가 하느님의 능력을 받아들일 수 없게 만듭니다. 사람의 모든 욕구는 우리를 속이고 마음을 어지럽히고 하느님으로부터 떠나게 합니다.

사물에 대한 욕심과 끌림을 비우면 비울수록, 내적 침묵과 평화를 찾아 마음을 가다듬고 그다지도 염원하는 하느님께서 계시는 어둠 속으로 들어가면 갈수록 자기와 비움 사이에 있는 모든 장애와 집착을 없애고 자유로워지려고 하는 순수하면서도 불타오르는 조바심을 더욱더 느끼게 됩니다. 하느님께서 그 비움을 메우실 수 있습니다.

수도자가 자신이 따르는 규율이 제시하는 극기의 가장 간단하고 또 가장 기본적인 방법이 가진 엄청난 가치를 발견하는 때가 바로 이때입니다. 보속이라고 하는 것들에 대한 생각이 바뀌기 시작합니다. 전에는 보속을 하기 위해 운동선수와 같은 긴장감을 가짐으로써 용기를 얻고, 또 다른 사람들도 다 그렇듯이 도덕적 지지와 단식, 노동 그리고 함께 기도는 것에 주로 의존했습니다. 그러나 이제는 보속의 방법을 힘들고 드러나지 않으며 평범한 방법으로 바꿉니다. 이런 방법이 안식과 평화를 주기 때문입니다. 그러나 이런 방법이 자기를 깨끗하게 하여 주고 완덕으로 이끈다고 생각하기 때문이 아닙니다. 그 방법을 택하는 것은 자기의 의지만으로는 안심할 수 없기 때문입니다. 그의 평화는 다른 사람의 의지에 달려 있습니다. 그의 평화는 다른 사람을 통해서 하느님께 의존하는 데에 있습니다.

순명함으로써 성장하고, 어린이나 새내기의 순박함에서 평화를 찾는 사람이야말로 진정한 명상가입니다. 하지만 이런 비유 또한 크나큰 오해를 불러일으킬 수 있습니다. 성숙한 명상가는 어린이나 새내기보다 훨씬 더 순박합니다. 어린이나 새내기의 순박함에는 다소간의 소극적인 면이 있습니다. 그들의 순박함에는 아직 드러나지 않은 숨어 있는 문제점들이 있기 때문입니다. 그러나 명상가에게 있어서는 복잡한 모든 것이 다 깨끗이 청산되어 일치와 비움과 마음의 평화 속으로 녹아듭니다.

비움으로 양육되고 가난이 몸에 배고 악의 없이 순명하여 모든 슬픔에서 해방된 명상가는 모든 일에 있어 하느님의 뜻에서 용기와 기쁨을 얻습니다.

그의 삶은 복잡한 생각이나 정신적 노동, 혹은 특별한 활동을 하지 않고도 하느님으로부터 온 세상으로 흐르고 모든 것을 하느님께로 되돌아오게 하는 고요한 강 밑에 오래오래 머물러 있습니다.

하느님의 사랑은 저 깊은 하느님의 실체에서 솟아올라, 하느님의 창조를 통해서 한없이 흐르는, 모든 것을 생명과 선과 능력으로 채워주는 강과도 같습니다.

죄를 제외하고는 모든 것이 이렇게 순수하고 저항할 수 없는 물의 흐름을 통해서 우리에게 전해집니다.

순수하고 의심 없는 믿음과 어떤 반항도 없는 사랑으로 흐르는 물의 압력에 순응하여 조용히 받아들이면, 하느님의 뜻은 우리의 자유 저 밑바닥으로 들어오고 우리의 삶과 행위와 욕망을 하느님의 기쁨의 파도에 실어 멀리멀리 가져갈 것입니다. 진정한 평화는 이런 강의 거센 물결을 타고 넘을 줄 아는 사람만이 찾을 수 있습니다. 그들에게는 삶이 단순하고 쉽습니다. 순간마다 행복으로 가득 찹니다. 모든 것이 다 이해가 갑니다. 구체적이지 않더라도 적어도 거대한 삶 전체와 연관해서 알아듣습니다. 그러나 하느님의 뜻을 받아들이기를 거부하면 (그것은 죄입니다) 우리 또한 어떤 힘도 막을 수 없는 홍수에 휘말리고 맙니다.

슬픔과 곤란, 어려움과 몸부림, 고통과 불행, 끝으로 죽음 자체까지도 이 모든 것은 그 원인을 거슬러 올라가면, 우리에 대한 하느님의 사랑에 반항하면서 시작된 것임을 알 수 있습니다.

명상 중에 깨달음의 은총이 우리 눈을 열어 줄 때 마음속으로라도 일시적 행동으로 소란을 피워 하느님을 방해해서는 안 됩니다. 우리는 조용히 평온하게 깊이 감사하며 하느님의 빛을 받아들여야 합니다. 이 순간에 우리가 하느님께 바칠 수 있는 최고의 찬미는 인간의 언어로 하느님을 찬미하려는 모든 시도를 포기하고 하느님을 인간의 개념과 이해의 수준으로 끌어내리려는 유혹을 물리치는 것이라는 것을 알아야 합니다. 인간의 언어가 하느님을 찬미할 수 없다는 의미는 아닙니다. 다만 인간의 언어는 인간의 수준에서만 하느님을 찬미할 수 있습니다. 말과 생각이 따로 갈라져 나와 우리 마음 안에 꼴을 갖추기 전에 우리는 하느님의 심연에서 빠져나와 하느님을 떠나야 할 겁니다. 깊은 명상 중에는 주체와 객체의 구분이 없는 듯하고 하느님이나 자기 자신에 대해 어떤 말도 필요 없기 때문입니다. 하느님께서는 계십니다. 그리고 하느님의 이 실재가 모든 것을 빨아들입니다.

그러므로 하느님에 대한 훌륭한 찬미는 하느님의 침묵과 어둠에 머무는 것입니다. 이런 은혜를 하느님께 받았을 때 우리 자신의 희미한 빛을 더 좋아하고 또 하느님의 존재에 대해 잘못된 인간적 생각을 갖게 하는 하느님에 대한 어떤 감정을 원하는 것은 정말이지 초라한 감사입니다.

37.
명상의
결실을 나눔

　명상할 때 우리는 하느님을 보지 않습니다. 우리는 하느님을 사랑으로 압니다. 하느님께서는 순수한 사랑이십니다. 우리가 다른 이유 없이 순수하게 하느님을 사랑하는 것을 체험하기만 하면 우리는 체험을 통해 하느님께서 누구이시고 어떤 분이신지를 압니다.

　하느님에 대한 참되고 신비스런 체험과 하느님 이외에 모든 것을 끊어 버리는 최상의 포기는 일치합니다. 이 둘은 같은 것의 두 가지 단념입니다. 정신과 의지가 모든 사물에 대한 집착에서 완전히 자유로워질 때에 정신과 의지는 즉시 하느님께서 주시는 사랑의 선물로 채워지기 때문입니다. 저절로 그렇게 되는 것이 아닙니다. 그것은 하느님의 뜻, 하느님의 사랑의 선물입니다.

"내 이름 때문에 집이나 형제나 자매, 아버지나 어머니, 자녀나 토지를 버린 사람은 모두 백 배로 받을 것이고 영원한 생명도 받을 것이다."(마태 19,29)

우리는 하느님의 창조물에 대한 애착을 떨쳐 버리는 정도에 비례해서 하느님을 체험합니다. 모든 욕망에서 해방되면 변하지 않는 완전한 기쁨을 맛볼 것입니다.

하느님께서는 우리 자신만을 위해서는 당신의 기쁨을 주시지 않습니다. 우리 자신만을 위하여 하느님을 차지할 수 있었다고 한다면 그것은 하느님을 전혀 차지하지 못한 것입니다. 우리에게서 흘러넘쳐 다른 사람들이 하느님 안에서 기뻐하도록 도움을 주지 않는 모든 기쁨은 하느님으로부터 온 것이 아닙니다(그러나 나에게서 흘러넘친 기쁨이 다른 사람에게로 흘러 들어가는지를 직접 보아야 한다고 생각하지는 마십시오. 하느님의 은총을 누군가와는 나누지만 그가 누구인지는 죽은 후에 천국에 가서야 알게 될 것입니다. 그것이 하느님의 섭리입니다).

명상 중에 하느님을 체험한다면 그것은 자기 자신만을 위한 것이 아니며 다른 사람을 위한 것이기도 합니다.

하느님에 대한 체험이 하느님으로부터 온 것이라면 그 징표들 중 하나는 그 사실을 다른 이에게 말하기를 무척 꺼리는 것입니다. 하느님께서 주신 은총에 대해서 말하면 그 은총이 사라질 것 같고 하느님의 빛이 비추는 그 순수한 비움에 얼룩을 묻히는 것 같기 때문입니다. 자기가 하는 명상에 대해서 명상가가 수줍어하는 것보다 더 수줍어하는 사람은 없습니다. 자기가 하느님에 대해서 본 것을 다른 사람에게 말하는 것은 어떤 때에는 그에게 거의 육체적 고통과도 같습니다. 적어도 그것이 자기의 체험이라고 말하는 것을 견딜 수 없어 합니다.

그러면서도 그는 모든 사람이 자기의 평화와 기쁨을 함께 나누기를 진정으로 바랍니다. 명상은 인간 세계에 대해서 새로운 시각을 갖게 합니다. 그는 누구에게도 알리고 싶지 않은 은밀하고도 평온한 생각을 가지고 다른 사람들의 얼굴과 목소리에서도 자기가 누리는 그런 깊은 행복과 지혜에 대한 가능성과 소명의 징표를 찾을 수 있기를 바라면서 주변을 둘러봅니다. 그는 자신이 누리는 평화의 빛과 비밀의 깨우침을 알아차렸기를 바라는 사람에게 하느님에 대해서 말하는 자신을 발견하게 됩니다. 혹 사람들에게 말할 수가 없으면 그들에게 글을 씁니다. 나눔이 없으면, 함께하는 사람이 없으면, 일치가 없으면 명상 생활은 아직도 불완전한 것입니다.

영성 생활 중에 하느님의 사랑에 대한 지식을 다른 사람들과 나누려고 할 때에는 그 어느 때보다 더 하느님의 의지와 그 은총의 가장 섬세한 변화에 철저히 순응하고 따라야 합니다. 자기가 그런 은총을 받기도 전에 그 은총을 다른 사람들과 나누려 하다가 몽땅 잃어버리는 것보다는 차라리 수줍어서 다른 사람들과 전혀 나누지 않는 편이 훨씬 더 낫습니다. 명상이 무엇인지를 자기 자신이 제대로 알기도 전에 다른 사람에게 가르치려고 하는 명상가는 자기는 물론 다른 사람도 하느님의 평화로 가는 참된 길을 찾지 못하게 만들 것입니다.

먼저 그는 자기 안에 있는 실체의 빛을 자기의 본능적 열정과 상상과 시적 감응으로 대치시킬 것이며 말로 표현할 수 없는 어떤 것을 전하려는 일에 휘말리고 말 것입니다. 이것이 자기에게는 어떤 도움이 되더라도 (이것도 영성 생활과 하느님에 대한 묵상의 한 종류이기 때문에) 말과 개념의 힘을 빌리지 않고도 하느님을 알려 주는 단순한 빛과 침묵에서 멀리 밀려나는 위험을 겪게 될 것이며, 생각하고 말하며 비유를 찾느라고 자기를 잃을 것입니다.

하느님 나라에서의 가장 숭고한 소명은 자기의 명상을 다른 사람과 나누는 것이며, 하느님을 완벽하게 사랑하는 사람에게 주어지는 하느님에 대한 지식의 체험을 다른 사람에게 전하는 것입니다. 그러나 소명 그 자체가 중요한 만큼 오해와 실수의 가능성도 큽니다.

애당초 명상 중에 어떤 것을 얻었다는 사실만으로 그것을 누구에겐가 전해 주어야 하는 것은 아닙니다. 다른 사람과 명상을 나누는 데에는 두 가지 할 일이 있습니다. 첫 번째는 명상가가 되는 것이고, 두 번째는 명상을 가르치는 일입니다. 이 두 가지 모두 반드시 이루어져야 합니다.

그러나 자기가 명상을 다른 사람에게 가르치고 있다고 생각하는 순간 그는 또 하나의 실수를 범하게 됩니다. 명상을 허락하시는 하느님 외에는 누구도 명상을 가르칠 수 없습니다. 할 수 있는 최선의 것은 무엇을 쓰거나 말하는 것입니다. 그래서 하느님께서 원하시는 것이 무엇인지를 깨달을 기회를 제공하는 것입니다.

명상의 지혜를 다른 사람들과 나누는 데 있어서 적절하지 못한 노력 중에 가장 잘못된 예는, 사실은 그렇지 않은데 다른 사람들도 자기가 보는 관점과 같은 관점에서 사물을 보려 한다고 생각하는 것입니다. 그들은 그가 하는 모든 말에 이의를 제기할 것입니다. 그렇게 되면 그는 신학적 오류를 범하게 될 것입니다. 보다 심하게는 사이비 과학적 오류까지도 범할 수 있습니다. 명상가에게 논쟁보다 더 쓸데없는 것은 없습니다. 자기에게 영성 생활이 대단히 중요하다고 해서 자기와는 성소가 다른 사람들도 영성 생활에 열의를 갖게 하려는 것은 무모한 짓입니다. 그 사람들이 명상을 위한 소명을 받았을 경우 그들이 거기에 이르도록 주어야 할 도움은 잡다한 기교와 추상적 원칙이 난무하는 긴 논쟁이 아닙니다.

나가서 다른 사람들과 자기의 명상을 나누어야 한다고 너무 쉽게 생각하는 사람들은 자기의 명상을 망치고 다른 사람들에게는 명상에 대한 잘못된 인식을 주는 경향이 있습니다. 하느님께서 부어 주시는 빛에 의해 사람의 영혼 깊은 곳에서만 성취될 수 있는 일을 하면서 말과 언어와 논쟁을 너무 믿기 때문입니다.

　영성 생활에 대해서 우리가 안다고 생각하는 것이 무엇인지를 알려 주겠다고 남의 일에 끼어드는 것보다는 자기 할 일이나 하며 그들을 편안하게 내버려 두는 것이 그 사람들이 명상가가 되는 데에 더 많은 보탬이 됩니다. 이것 자체가 명상입니다. 우리가 침묵과 어둠 속에서 하느님과 일치할 때에, 우리의 모든 기능이 일상적 활동 이상의 단계로 올라갈 때에, 그리고 하느님의 현존을 에워싸고 있는 순수하고 평온하며 알아들을 수 없는 구름에서 쉴 때에 우리의 기도와 하느님이 주시는 은총은 저절로 그리스도의 신비체를 통하여 흘러넘치기 때문입니다. 또한 하나이신 하느님의 영에 의해 보이지 않는 끈으로 엮여 하나가 되어 사는 우리는 하느님과 일치함으로써 그리고 하느님 안에서의 왕성한 영적 활동으로 우리가 생각할 수 있는 것보다 훨씬 더 많이 서로에게 영향을 주기 때문입니다.

　이런 기도를 거의 하지 못하는 사람, 이제 겨우 명상을 시작한 사람, 자기에게 어떤 능력이 있는지 거의 모르는 사람이라 하더라도 설명할 엄두조차도 내기 어려운 하느님의 어렴풋한 현존에 조용히 주의를 기울이는 것만으로도 다른 사람들의 영혼을 위해 놀라운 일들을 할 수 있습니다. 하느님의 현존에 대해 말을 하거나 생각하려 한다면, 그는 즉시 그가 갖고 있는 얼마 안 되는 것마저도 잃을 것이며, 아무도 도울 수 없을 뿐더러 자신에게도 전혀 도움이 되지 않을 것입니다.

그렇기 때문에 다른 사람들과 명상을 나눌 수 있는 소명을 위한 가장 좋은 준비 방법은 명상에 대해서 어떻게 말하고 생각하느냐 하는 것을 공부하는 것이 아니라 말과 논쟁을 가능한 한 피하고 하느님께서 인간의 모든 결점에도 불구하고 우리의 사랑을 정화해 주시는 마음의 겸손과 침묵으로 물러나는 것입니다. 하느님께서는 당신이 원하시는 때에 우리 손에 일거리를 쥐어 주십니다. 우리가 어쩌다 여기까지 왔는지, 우리가 어떻게 시작했는지 알지도 못하는 사이에 우리는 명상을 나누고 있음을 알게 될 것입니다. 그쯤 되면 우리가 몰두하는 일조차 우리의 마음을 어지럽히지 않을 것입니다. 우리는 고요와 자유를 지킬 수 있을 것입니다. 무엇보다도 우리는 그 결과를 하느님께 맡기는 법을 배워 만나는 사람마다 즉시 가시적 회개를 요구하는 허영에 빠지지 않을 것입니다.

이론상으로는 아마 쉬울 것입니다. 우리가 단순해져서 하느님께서 우리 안에서, 그리고 우리를 통해서 역사하시도록 하는 데에 어려움을 느끼지 않는다면 아마 정말 쉬울 것입니다. 그러나 실제로 실천할 때에 자만심의 마지막 장애 중 하나는 많은 성인도 전적으로 포기하기를 거절했던, 일도 '자기가' 하고 결과도 '자기가' 내고 그 성과도 직접 누리겠다고 하는 고집입니다. 아마 이 때문에 어떤 성인들은 명상의 최고의 경지에까지 이르지 못한 것 같습니다. 그들은 너무나도 많은 것을 자기들의 힘만으로 하려고 했습니다. 그래서 하느님께서는 그들이 그것만 가지고 떠나가게 하셨습니다.

명상은 다른 좋은 모든 것과 마찬가지로 공유해야 하고 명상에 부르심을 받은 사람들이 그 명상을 공동으로 함께 나눌 때 우리들 각자가 그것을 소유하고 완전히 누리게 된다고는 하지만, 이런 완전한 일치는 하늘나라에서만 가능하다는 것을 잊어서는 안 됩니다.

좋아하고 친구가 된 사람들이 자신과 공동 관심사가 많다고 해서 그들도 명상으로 부르심을 받았으며, 그들 모두에게도 명상가가 되는 법을 가르쳐 주어야 된다고 생각하지 않도록 조심하십시오. 명상이 그들 적성에 맞을 수도 있고 맞지 않을 수도 있습니다. 적성에 맞을 가능성이 많을지도 모르겠습니다. 그러나 적성에 맞는다고 해도 그들의 발전은 하느님께 맡기는 것으로 만족하십시오. 하느님께서 당신을 기회나 도구로 사용하시면 기뻐하십시오. 그러나 당신의 타고난 동료애가 지나쳐 하느님께 방해가 되지 않도록 조심하십시오. 이 세상에서 살면서 어떤 성공에 대한 지나친 열망을 갖는 것은 좋은 것이 아닙니다. 목적이 아무리 좋아도 그렇습니다. 하느님께서는 언제 어느 곳에나 계신다는 것과 하느님께서는 언제든 당신을 사랑하는 사람에게는 당신을 알려 줄 준비가 언제나 되어 있으시다는 것을 체험으로 아는 사람은 인간 활동의 불확실한 가치보다는 이처럼 무한하고 중요한 가치를 갖는 평온함과 확실성을 더 좋아합니다.

38.
순수한
사랑

구체적으로 구분을 하지는 않았지만, 지금까지 명상의 세 가지 형태에 대해 말했습니다. 세 가지 방법으로 명상을 시작할 수 있습니다.

1. 명상을 시작하는 방법 중 가장 좋은 것은 갑자기 마음을 비우는 것입니다. 마음에서 상상이 사라지고 말과 개념이 잠잠해지며 전 존재가 경이와 심연과 명료함을, 그러면서도 비움과 하느님을 알아들을 수 없음까지도 기꺼이 받아들이도록 자유와 명석함이 갑자기 마음속에서 피어납니다. 다른 두 가지 방법은 평상시의 상태일 수 있습니다.

2. 명상에 들어가는 가장 평범한 방법은 무미건조한 사막을 통해서입니다. 그 사막에서 아무것도 보지 못하고 아무것도 느끼지 못하며 아무것도 깨닫지 못하고 단지 어떤 내적 고통과 불안만을 의식한다 하

더라도 이렇게 어둡고 무미건조한 곳에 붙들려 있습니다. 어떤 안정과 평화를 찾을 수 있는 곳은 그곳뿐이기 때문입니다. 명상이 발전함에 따라 이런 무미건조한 고요함 속에서 쉬는 법을 배웁니다. 이런 경험을 하는 가운데 위로에 대한 확신과 강한 힘이 생깁니다. 그리하여 본능과 본능의 모든 기능이 느끼기에는 고통인 빛 안에서 하느님께서 당신을 드러내신다는 것을 차차 알게 됩니다. 그 빛은 본능보다는 무한히 높은 곳에 있고 빛의 깨끗함은 이기심과 어둠, 그리고 불완전함과 전쟁을 벌이고 있기 때문에 그것이 우리에게는 고통처럼 느껴집니다.

3. 다음으로 맛과 휴식과 향유가 가득한 '고요함'이 있습니다. 거기에는 감각이나 상상, 또는 지성을 채워 주고 만족시켜 줄 만한 것은 아무것도 없지만 깊고 분명하며 마음을 사로잡는 사랑을 체험하며 의지는 편히 쉽니다. 사랑은 타볼산에서 사도들을 에워싸 "주님, 저희가 여기에서 지내면 좋겠습니다."(마태 17,4) 하고 말하게 한 빛나는 구름과도 같습니다. 이 구름의 깊은 속에서부터 우리를 안심시키는 암시와 말없이 당신 자신의 말씀을 알리시는 하느님의 목소리가 들립니다. 우리의 전 존재를 진리와 참다운 평화로 넘치게 하는 이 깊고 아름다우며 의미 있는 평온이 우리 영혼 안에 계시는 그리스도의 사명과 관계가 있는 것이며, 그 사명에 수반되는 것이고 그러한 사명의 표지라는 것을 희미하게나마 알기 때문입니다.

많은 사람에게 명상의 구름은 신비스럽게도 그리스도의 신성과 그리고 우리에 대한 예수 성심의 사랑과 같은 것입니다. 그래서 명상 자체는 그리스도 자신이 되고 그들은 그리스도와의 감미롭고 순수한 일치 안에 흡수됩니다. 이런 평온은 무엇보다도 성체성사에서 얻을 수 있습니다.

그들에게는 그리스도가 그들과 함께 계시는, 느낄 수 있는 현존이 되십니다. 그리스도는 그들이 어디를 가든지 무엇을 하든지 그들을 감싸 주십니다. 낮에는 구름 기둥이 되시고 밤에는 불기둥이 되십니다. 그들이 마음을 흩뜨리는 일에 몰두하게 되더라도 자신을 잠깐 살펴보면 하느님을 쉽게 되찾습니다. 어떤 때에는 그들이 심연으로 돌아가 하느님 안에서 쉴 생각도 하지 않더라도 하느님께서는 갑자기 당신의 어둠과 평화로 그들을 끌어들이거나 고요와 말할 수 없는 기쁨의 파도로 그들의 내면에서부터 밀고 들어오십니다.

기쁨의 이런 파도는 하느님과의 강한 감응과 접촉에 집중됩니다. 그 접촉은 우리의 영혼을 놀라움과 기쁨으로 일깨워 줍니다. 형언할 수 없는 행복의 외침같이 솟구치는 불길과도 같고, 때로는 고통스럽기는 하지만 기쁨을 주는 상처와도 같습니다. 그러나 하느님께서 이런 불길로 사람들을 만나시는 경우가 많지 않을뿐더러 이렇게 강한 불길로 오시는 경우는 더더욱 그러합니다. 그럼에도 불구하고 하느님의 사랑의 영의 이런 깊은 움직임은 한 사람 한 사람 모두에게 하느님께서 그들을 이런 행복과 안온한 빛으로 이끄신다는 인상을 주려고 꾸준히 애쓰는 것 같습니다.

명상을 시작하는 이 세 가지 방법 모두에 있어서 우리는 다소 모호하기는 하지만 자신이 어떤 것의 문턱에 있음을 압니다. 두 번째에서는 그런 것을 전혀 느끼지 못합니다. 자기 자신을 알게 되는 어둠과 무미건조한 상태 밑에 평화가 있다는 막연하고 말로 표현할 수 없는 느낌만을 가질 뿐입니다. 스스로 이것을 인정하려 하지 않습니다. 그러나 불안함에도 불구하고 자기는 어디론가 가고 있으며, 그 여정은 인도를 받고 있고, 그리고 안전하다는 것을 압니다.

세 번째에서 우리는 보다 확실하고 친근한 하느님 사랑의 면전에 있습니다. 하느님의 사랑은 우리가 알아들을 수도 없고, 붙들고 놓지 않으려는 우리의 어떤 노력도 피해 가는 방법으로 우리의 마음과 정신으로 밀고 들어옵니다. 우리는 이 '현존'이 하느님이시라는 것을 압니다. 하느님께서는 우리에게 너무 가까이 계셔서 우리 안에, 우리 밖에, 그리고 우리 주위에 계시기는 하지만 여전히 하느님께서 구름 속에 가려져 계십니다.

하느님과의 이런 접촉이 깊어지고 더 순수해지면 그 구름은 엷어집니다. 구름이 맑아지는 것에 비례해서 하느님에 대한 체험은 우리 안에 훌륭한 비움을 열어 줍니다. 우리가 경험하는 것은 순수하게 비워진 우리의 기능, 재능입니다. 이것은 하느님의 사랑이 우리 안에서 이루신 결과입니다. 그렇기는 하지만 이런 결과를 직접 만들어 주시고 또 이 결과를 통해서, 다른 매개체 없이, 당신을 알려 주시는 분은 하느님이시기에 그 체험은 순전히 주관적인 것을 넘어서는 것이고 하느님에 대해 우리가 다른 방법으로는 알 수 없는 어떤 것을 말해 줍니다.

이런 결과는 깨달음의 빛으로 보완됩니다. 하느님의 영이 이런 결과를 우리 마음에 부어 주시고, 이 결과들은 우리를 어둡고 더 없이 맑은 경지로 갑자기 끌어올려 줍니다. 이 경지에서는 하느님께서 우리의 자연적 모든 지식을 완전히 헛되게 하시지만, 당신은 분명하게 드러나십니다.

이런 모든 사정에도 불구하고 우리는 하느님께로부터 멀리 떨어져 있습니다. 우리가 생각하는 것보다 훨씬 더 멀리 있습니다. 우리는 언제나 둘입니다. 하나는 우리 자신이고, 또 하나는 이런 결과를 통해 우리에게 당신을 알려 주시는 하느님이십니다.

분리된 느낌, 하느님과 우리 자신 사이에 거리가 있고 하느님과 우리가 서로 다르다는 의식이 있는 한, 우리는 아직도 완전한 명상에 들어가지 못한 것입니다.

명상 체험의 확실한 주체로서의 '나', 자신과 자기의 명상을 의식하는 '나', '어느 정도의 영성'을 소유할 수 있는 '나'가 존재하는 한, 우리는 아직도 홍해를 건너지 못한 것입니다. 우리는 아직도 '이집트를 빠져 나오지' 못했습니다. 우리는 다양성, 활동, 불완전, 노력 그리고 욕망의 영역에 남아 있는 것입니다. 진정한 내적 자신, 진정으로 불멸하는, 죽지 않는 인격, 자기와 하느님에게만 알려진 새롭고 비밀스러운 이름에 걸맞은 '나'는 '가지고' 있는 것이라고는 아무것도 없습니다. '명상'까지도 가지고 있지 않습니다. 이와 같은 '나'는 경험을 축적하고 그 경험을 손상시키고 또 반성하는 그런 주체로서의 '나'가 아닙니다. 이 같은 '나'는 우리가 일상생활에서 아는 피상적이며 경험적인 자아가 아니기 때문입니다.

(하느님과 일치하고 있는 영적이며 감추어진) '인격persona'과 외적이며 경험적인 자아, 즉 내적이며 감추어진 자기에게 탈을 씌워 주는 심리적 개체인 '자아ego'를 혼동하는 것은 큰 잘못입니다. 이와 같은 외적 자아는 사라져 가는 그림자일 뿐 아무것도 아닙니다. 그런 자아의 내력來歷과 존재는 둘 다 죽음과 함께 끝납니다. 내적 자아에는 내력도 끝도 없습니다. 외적 자아는 '가지는' 것도 많고, '즐기는' 것도 많고, '성취하는' 것도 많습니다. 그러나 결국 모든 소유와 기쁨과 성취는 아무것도 아닙니다. 외적 자아도 그 자체로는 아무것도 아닙니다. 벗어 버리고 썩어 없어질 외관外觀이요 그림자입니다.

외적 자아는 육신이고 내적 자아는 영혼이라고 하는 것 또한 잘못입니다. 이것은 이해할 만한 실수이긴 합니다. 그러나 이런 실수는 대단히 그릇된 인상을 줍니다. 결국 육신과 영혼은 불완전한 실체이며, 하나인 전 존재의 일부분이기 때문입니다. 내적 자아는 우리의 '부분'이 아니고 우리의 모든 것입니다. 내적 자아는 우리의 '전 실체'입니다.

내적 자아에 덧붙여지는 것은 그것이 무엇이든 간에 뜻밖의 것이며 일시적 것이고 하찮은 것입니다. 그래서 영혼과 육신은 둘 다 진정한 자아에 속합니다. 속한다기보다는 존재한다는 편이 더 낫겠습니다. 반면에 '외적 자아'는 스스로 만들어 낸 환상입니다. 이 환상은 제멋대로 우리의 육신과 영혼의 한 부분을 가지고 있습니다. 외적 자아가 인간 타락의 결과로 내적 자아의 기능을 대신하기 때문입니다. 정확히 말해서 이것이 타락의 주요 결과 중 하나입니다. 즉, 사람은 하느님의 모상인 내적 자아로부터 소외된 것입니다. 영성적으로 안과 밖이 뒤바뀐 것입니다. 그래서 '외적 자아'가 사실은 해서는 안 되는 내적 자아의 역할을 부분적으로 하는 것입니다.

하느님과 우리 자신에게로 돌아오기 위해 우리는 실제로 우리 자신이 무엇이든 거기에서부터 시작해야 합니다. 소외된 우리의 상태에서 시작해야 합니다. 우리는 '낯선 지역', 먼 지방에 있는 타락한 자식들입니다. 우리는 살겠다고 간 그 고장을 떠나 우리 자신의 땅에 이를 때까지 먼 여행을 해야 할 것 같습니다(하지만 우리는 사실 비밀스런 모습으로 우리 자신의 땅에 있습니다). 하느님께서도 '외적 자아'를 존중하셔서 '내적 자아'가 자기 몫을 아직 하지 못할 때에 그 기능을 외적 자아가 하도록 허락하십니다. 우리는 마치 우리의 외적 자아가 우리에게 되라고 가리키는 그런 우리인 것처럼 일상생활에서 행동해야 합니다. 그러나 동시에 우리는 우리가 생각하는 우리가 전혀 '아니고' 또 우리의 '자아'로 보이는 것은 곧 무無로 사라질 것이라는 점을 기억해야 합니다.

우리 시대에 가장 널리 퍼진 잘못 중의 하나는 피상적 '인격주의'입니다. 인격주의는 '인격'을 외적 자아, 경험적 자아와 동일시하고 이런 자아를 키우는 데 정성을 기울입니다. 그러나 이것은 순전히 환상에 대한 그릇된 숭배에 지나지 않습니다. 이 환상은 흔히 사람들이 '성격'이라고 하는 것이며, 더 심하게는 '역동적' 그리고 '성공적' 성격이라고 합니다. 이런 잘못이 종교 안으로 들어오면 더할 수 없는 어리석은 짓을 저지릅니다. 우리의 문화적 자아와 영적 자아를 통째로 더럽히는 심리주의와 자기표현에 대한 그릇된 숭배인 것입니다.

우리의 실체, 우리의 진정한 자아는 우리 눈에는 아무것도 아니고 빈 것으로 보이는 것에 숨어 있습니다. 우리의 진정한 실체는 실재하지 않는 것처럼 보이고 오히려 참되지 않은 실체가 실재하는 것처럼 보입니다. 우리는 실체가 아닌 것을 극복함으로써 감추어진 우리의 정체성을 되찾을 수 있습니다. 이 때문에 실체에 이르는 길은 겸손에 이르는 길입니다. 겸손은 실체가 없는 자아를 거절하고, 우리와 사람들의 눈에는 '아무것도 아니'지만 하느님의 눈에는 우리의 진정한 실체인 '빈' 자아를 받아들입니다. 이런 실체는 '하느님 안에', '하느님과 함께' 있으며 전적으로 하느님께 속해 있습니다. 물론 존재론적으로는 하느님과 구별이 됩니다. 어떤 의미로도 하느님의 본성의 한 부분이거나 하느님의 본성에 흡수된 것이 아닙니다.

마음의 가장 깊은 곳에 있는 이런 자아는 "나는 원해.", "나는 사랑해.", "나는 알아.", "나는 느껴." 하고 말하는 경험의 범위를 넘어섭니다. 내적 자아는 알고, 사랑하고, 경험하는 자기 고유의 방법을 가지고 있습니다. 그 방법은 사람의 방법이 아니고 하느님의 방법입니다. 이 방법은 신원을 밝히는 방법이며 일치의 방법이고 '결혼'과 같은 방법입니다. 이런 방법에는 모든 선과 모든 진리를 끌어당기는 분리된 심리적 개체가 없습니다. 그래서 스스로 알고 스스로 사랑합니다. 사랑하는 사람과 사랑받는 사람은 '하나의 영혼'입니다.

그렇기 때문에 우리가 기도 중에 우리 자신을 하느님이신 순수함과 비움의 심연의 문턱에 서 있는 '나'로서, 하느님께 무엇인가를 받으려고 기다리는 '나'로서 체험한다면 우리는 아직도 순수한 명상인 가장 가까우면서도 신비한 통합적 지혜에서 멀리 있는 것입니다.

문턱의 이쪽, 우리 편에서 보면 이 어둠과 비움은 깊고 방대하며 손에 땀을 쥐게 하는 것으로 보입니다. 그 안으로 들어가기 위해 우리가 할 수 있는 것은 아무것도 없습니다. 거기에 장벽이 없다고 하더라도 우리는 그 경계를 넘어 들어갈 수 없습니다.

그러나 그 이유는 아마도 거기에 심연 또한 없기 때문일 것입니다.

웬일인지 다음 단계에는 뛰어내려 우주를 날게 될 것이라는 생각을 하며 거기에 있습니다.

다음 단계가 오면 그 단계로 들어가지 않습니다. 다음 단계로 접어드는 전이 과정을 모릅니다. 어떤 것에도 뛰어들지 않습니다. 아무 곳에도 가지 않습니다. 그러니까 온 길도 모르고, 나중에 되돌아갈 길도 모릅니다. 그러나 길을 잃은 것은 확실히 아닙니다. 날지도 못합니다. 공간이 없습니다. 아니면 모두가 다 공간입니다. 어떻든 아무 상관이 없습니다.

마치 계단을 오르듯이 다음 단계로 옮기는 것이 아닙니다. 한 등급에서 다른 등급으로 옮겨지는 것이 아닙니다.

이제 '우리'라는 독립 개체가 확실히 사라지고 무한한 자유(하느님)와 구별이 되지 않는 순수한 자유, 사랑(하느님)과 일치한 사랑밖에는 아무것도 남아 있지 않은 것 같습니다. 하나가 다른 하나를 기다리고, 찾고, 얻으려는 두 개의 사랑이 아닌, 자유롭게 사랑하는 사랑입니다.

이것을 체험이라고 하겠습니까? 그것은 사람의 기억 속에서만 체험이 된다고 말하는 사람도 있을 것입니다. 그것을 어떤 일어나는 일이라고 말하는 것조차 잘못일지도 모릅니다. 어떤 일이 일어나면 그 일이 일어나는 주체가 있어야 하며, 경험도 경험의 어떤 주체가 있어야 하기 때문입니다. 그러나 분열되고 한정된 피조물의 체험의 주체는 이미 사라진 것 같습니다. 우리는 우리가 아니고 결실입니다. 우리가 원하면 우리는 체험을 하지 않고 우리 자신이 체험이 됩니다. 그러나 그것은 전적으로 다릅니다. 우리는 자신을 반성하거나 체험을 한다거나 무슨 일이 벌어지는지 판단하는 그런 형태로는 더 이상 존재하지 않기 때문입니다. 어떤 일이 벌어지고 있다고 말할 수 있으면 그것은 영원한 것도 아니며 불변의 것도 아니고 영원히 정지하고 있을 만큼 엄청나게 큰 활동도 아닙니다.

이쯤 되면 모든 형용사는 그 의미를 잃고 맙니다. 말마디들은 뜻을 잃습니다. 하는 일마다 토를 붙이며 "이것은 그것이 아니다.", "내가 말하는 것은 그게 아니다." 하고 말해 주지 않으면 우리가 하는 모든 말은 오해를 불러일으킵니다. 은유는 이제 아무 소용도 없게 되었습니다. '어둠'에 대해서 말을 해야 한다면 말해 보십시오. 그러나 어둠에 대한 생각은 이미 포화 상태가 되었고 조잡한 것으로 꽉 차 있습니다. 어쨌든 그 어둠은 이미 어둠이 아닙니다. '비움'에 대해서 말할 수 있습니다. 그러나 '비움'은 허공을 떠돌아다니는 것을 생각하게 합니다. 이 비움은 공간과는 관계가 없습니다.

있는 그대로가 자유입니다. 자유는 완전한 사랑이며 순수한 버림입니다. 자유는 하느님께서 하신 일의 결과입니다. 그 자유는 타고난 자유가 아닙니다. 그 사랑은 자기 존재와 관련된 충동의 지배를 받는 행위와 같은 사랑이 아닙니다. 덕을 닦기 위해 계획하고 실천하는 그런 끊어 버림이 아닙니다.

자유이신 하느님 안에서 떠돌며 사는 것이 자유입니다. 사랑이신 하느님 안에서 사랑하는 것이 사랑입니다. 하느님의 자유 안에서 기뻐하는 것이 하느님의 순수성입니다.

이제 명상은 본연의 자기 모습을 갖게 됩니다. 피조물에게 하느님께서 넣어 주시는 어떤 것이 아니라 하느님 안에 사시는 하느님이시며 하느님의 삶과 함께 사는 피조물의 삶이 됩니다. 중요한 것이라고는 아무것도 없고, 다만 하느님 안에 사시는 하느님만 계실 뿐입니다.

혐의를 벗어 자유로워지고 성공을 하고 실패를 한 사람이 생각하고 말할 수 있는 것이 있다면, 확실히 자기 자신을 독립된 어떤 개체라고 하거나 엄청난 체험을 한 사람이라고 하는 것이 결코 아닐 것입니다.

이 모든 것이 이어지는 단계에서 가장 높은 지점이고 또 비교적 대단하지 않은 다른 경험에 비추어 보아 대단한 것이라고 말하는 것이 아무런 의미가 없는 것은 이 때문입니다. 그것은 비교의 대상이 아니며 비교가 아무런 의미도 없습니다. 우리가 여행에 대해서 갖는 '길', 발전의 개념에 상응하는 단계와는 전혀 다른 것입니다.

아직도 이것은 시작입니다. 그것은 어떤 단계도 재어 보거나 생각할 수도 없는 새로운 질서의 최하위의 단계입니다. 그것은 아직도 영성 생활의 완성이 아닙니다.

모든 것과 욕망을 완전히 끊어 버림으로써 영혼 자신마저도 사라져 버리는 완전한 명상에 대해 더 할 말 중에 가장 중요한 것은 우리가 생각하는 대단하다든지 고상하다든지 하는 것은 아무런 의미가 없다는 것입니다. 따라서 그런 것은 교만의 죄에 해당하는 것도 아닙니다.

사실 완전한 명상은 그 속성상 모든 겸손의 완성입니다. 교만은 어떤 형태로도 명상과 함께할 수 없습니다. 명상을 완전히 잘못 알아들어 명상도 아니고 명상일 수도 없는 것을 명상으로 받아들였을 때에는 그것은 자랑거리나 무절제한 욕망, 아니면 죄의 계기가 됩니다. 사물과 가치와 영광을 언젠가는 사라질 외적 자아에 돌리는 교만은 하느님과 떨어져 사는 분리된 '자아'를 반성할 수 없는 곳에는 있을 수 없기 때문입니다.

자기 자신을 반성할 수 없거나 자기를 의식하거나 알 수 없는 사람이 무엇에 대해 교만할 수 있겠습니까? 윤리적으로 말하면 그는 없어진 것입니다. 사람의 모든 행동의 원천과 동기와 목적은 하느님이시기 때문입니다. 이런 명상의 본질은 하느님은 하느님이시기 때문에 하느님 안에 있는 순수하고 영원한 기쁨입니다. 즉, 완전하신 그분은 하느님이시며, 영원히 완전하시고 또 완전 자체이시라는 진리 안에 있는 평화롭고 끝없는 환희입니다.

그 기쁨을 찾아 얻고 해방감을 맛보았기 때문에 그 기쁨을 자랑할 수 있다고 생각하는 것은 공기가 공짜라는 이유로, 바다가 젖었다고 해서, 산이 높고 산꼭대기의 눈이 깨끗하고 눈 위로 바람이 불어 높은 봉우리로부터 깃털 구름을 끌어간다고 해서 거만을 떠는 것이나 다름없습니다.

여기에 죽어서 묻힌 사람이 있습니다. 그는 세상 사람들의 기억에서 사라졌습니다. 그는 살아 돌아다니는 사람들 사이에 더 이상 존재하지 않습니다. 지난날 그가 살아 있을 때에 그가 살다가 죽어 묻힌 지방의 하늘에 햇빛이 가득히 비친다고 그 사람을 교만하다고 할 수 있겠습니까?

순수한 명상을 통해서 하느님 안으로 사라진 사람의 경우도 이와 같습니다. 하느님만이 남아 계십니다. 하느님께서 그곳에서 활동하는 '나'입니다. 사랑하고 알고 기뻐하는 분은 하느님이십니다.

하느님께서 교만하실 수 있으십니까? 혹은 죄를 지으실 수 있겠습니까?

어떤 사람이 일생에 한 번 잠깐 동안 하느님 안으로 잠적했었다고 가정합시다. 그는 인생의 남은 시간을 모두 죄와 덕행, 선과 악, 고통과 몸부림, 질병과 건강, 은총과 슬픔, 성공과 후회, 계획과 희망 그리고 사랑과 두려움 속에서 보냈습니다. 그는 여러 가지를 보았고 생각했으며 그것들을 파악했습니다. 판단도 하고 말도 했으며 현명하게 처신도 했지만 그렇지 못한 때도 있었습니다. 그는 명상의 초심자 단계를 알게 모르게 드나들었습니다. 그는 구름, 세상에는 알려지지 않은 하느님의 감미로움을 맛보았습니다. 기도하며 쉬는 법을 배웠습니다.

그의 생애는 이런 모든 것으로 뒤엉켜 뒤죽박죽이 되어 불확실했습니다. 이들 중 가장 좋은 여건에서도 아마 죄를 지었을지도 모릅니다.

온전치 못한 명상 중에 죄를 발견했을 수도 있습니다.

그가 어느 한순간만이라도 하느님 안으로 진정으로 들어갔더라면, 그의 삶은 순수했을 것이고, 하느님께 영광을 드렸을 것이며, 따라서 죄를 짓지 않았을 것입니다. 순수한 사랑을 하고 있을 그때에 죄를 지을 수 없었을 것이라는 점에는 의심의 여지가 없습니다.

하느님과의 그런 일치가 무절제한 욕망의 대상이 될 수 있을까요? 사실을 알면 그럴 수가 없습니다. 하느님이 하느님이시기를 바라는 것이 무절제한 욕망일 수는 없습니다. 하느님의 뜻이 하느님을 위해서 이루어지기를 무절제하게 바랄 수는 없습니다. 우리가 하느님과 일치하기 위하여 비우고 하느님의 기쁨으로 변모하며 죄를 지을 수 없게 되는 것은 이 두 가지 욕망을 제대로 알고 실현할 때입니다.

모든 계명 가운데 첫째 계명, 마음을 다하고 정신을 다하고 힘을 다하여 하느님을 사랑하라는 것을 우리가 진정으로 이행하는 것은 순수한 사랑의 이런 황홀경에서입니다. 그렇기 때문에 하느님을 기쁘게 해 드리려는 모든 사람이 몹시 바라야 하는 것입니다. 잠깐 동안이 아니고 영원히 바라야 할 것입니다. 이런 사람들에 의해서 세상의 평화가 이루어지는 것입니다.

그 사람들이야말로 이 세상에 있는 하느님의 거처이기 때문에 세상의 힘입니다. 그들은 우주의 파멸을 막는 사람들입니다. 그들은 보잘것없는 사람들입니다. 그들은 자기 자신을 모릅니다. 온 세상이 그들에게 의존합니다. 아무도 그 사실을 알고 있지 않습니다. 창조의 첫째 목적은 그들을 위한 것이었습니다. 그들이 땅을 물려받을 것입니다.

그들은 인생을 송두리째 즐길 수 있는 유일한 사람들입니다. 그들은 세상을 송두리째 끊어 버렸습니다. 그러나 세상은 그들의 소유로 넘겨졌습니다. 세상과 세상에 있는 모든 것을 올바로 인식할 수 있는 사람은 그들뿐입니다. 기쁨을 이해할 수 있는 사람은 그들뿐입니다. 다른 모든 사람은 기쁨을 즐기기에는 너무 허약합니다. 기쁨은 이렇게 양순한 사람들이 아니면 모두 심한 고통을 줍니다. 그들은 마음이 깨끗한 사람들입니다. 그들은 하느님을 뵙습니다. 하느님께서는 그들의 뜻을 이루어 주십니다. 하느님의 뜻이 그들의 뜻인 까닭입니다. 하느님께서는 그들이 원하는 것을 다 하십니다. 그들이 원하는 것은 다 당신이 원하시는 것이기 때문입니다. 원할 수 있는 것을 다 이루는 사람은 그들뿐입니다. 그들의 자유는 한이 없습니다. 그들은 우리의 불행을 이해하려고 우리에게 가까이 옵니다. 그리고 그 불행을 그들의 드넓은 순결 안으로 끌어들여 없애 버리고 세상을 그 빛으로 깨끗이 씻습니다.

오시오, 와서 저 빛 안으로 들어갑시다. 깨끗한 노래를 부르며 삽시다. 옷을 벗듯이 세상사를 벗어 버립시다. 벗은 몸으로 지혜로 들어갑시다. "당신의 뜻이 이루어지소서." 하고 외칠 때에 그들이 온 마음으로 기도하는 것이 바로 이것이기 때문입니다.

39.
다 함께
춤을

주님께서는 심판하기 위해서 세상을 창조하시지 않았습니다. 단순히 지배하시기 위해서도 아니요, 알아들을 수도 없고 막강한 힘을 가진 의지의 명령에 순종하게 하기 위해서 만드신 것도 아닙니다. 세상이 돌아가는 모습 안에서 즐거움이나 불만을 찾으려고 만드신 것도 아닙니다. 하느님께서 세상과 사람을 창조하신 것은 그런 이유에서가 아닙니다.

주님께서는 당신 자신이 이 세상으로 내려오시기 위해, 또 당신 자신이 사람이 되시기 위해 이 세상과 사람을 만드셨습니다. 주님께서는 당신이 만들 세상을 생각하셨을 때 당신의 지혜가 "어린아이처럼 세상에서의 당신 앞에서 언제나 노는 것"을 보셨습니다. 주님께서는 "나의 기쁨은 사람의 아이들과 함께 있는 것이다."라고 생각하셨습니다.

세상은 하느님께 쫓겨난 죄지은 영혼들의 감옥으로 만들어진 것이 아닙니다. 이것은 영지주의의 오류입니다. 하느님께서는 당신 친히 내려오셔서 돌보시고, 세상에 보내신 영혼들과 가까이 사시려고 세상을 신전이요 낙원으로 만드셨습니다.

창세기의 처음 몇 장들은 (지구의 생성 과정을 설명하는 데에 있어 의사 과학과는 거리가 먼) 시적이며 상징적인 계시입니다. 우주에 대한 하느님의 관점과 사람에 대한 하느님의 의도를 드러내는 이 계시는 자의字意적으로는 아니지만 전적으로 '진리'입니다. 이 아름다운 장章들의 요점은 하느님께서 세상을 당신이 즐기실 정원으로 만드셨다는 것입니다. 하느님께서는 사람을 만드시고 사람에게 당신과 함께 피조물을 보살필 임무를 주셨습니다. 하느님께서는 사람을 당신의 모습에 따라 당신과 비슷하게 만드셔서 예술가가 되게 하시고, 노동자, '목수', 당신의 낙원을 가꾸는 정원사가 되게 하셨습니다. 하느님께서는 창조된 것들이 어떻게 해석되고 이해되며 사용될 것인지를 사람 스스로 결정하도록 하셨습니다. 아담이 동물들에게 이름을 지어 주었습니다(하느님께서는 동물들에게 어떤 이름도 붙여 주시지 않으셨습니다). 아담이 이름을 붙여 주면 동물들은 그렇게 되었습니다. 그래서 지능을 가진 사람은 지능을 통해 피조물에 대한 하느님의 창조적 사랑을 어느 정도 본받았습니다. 사물을 살펴보면 하느님의 사랑은 그것들을 창조하셨고, 사람의 사랑은 사람의 정신에 따라 하느님의 생각과 하느님의 진리를 재현했습니다.

하느님께서 당신의 말씀 안에서 사물들을 보심으로써 그것들을 창조하시듯이, 사람은 다른 대상 안에 있는 하느님의 빛과 자신의 이성 안에 존재하는 하느님의 빛을 결합함으로써 그의 마음 안에서 진리에 생명을 불어넣습니다. 하나의 마음 안에 있는 두 빛의 만남이 바로 진리입니다.

그러나 사람이 능동 지성의 도움으로 개념을 설정하고 '이름을 지어 주는' 빛이 아닌 이름이 없는 어두운 빛, 하느님께서 사물을 매개로 해서가 아니고 당신의 순수성으로 사람을 대하시는 어두운 빛, 보다 높은 빛이 있습니다. 하느님의 순수한 빛이 사랑 안에서 사람의 순수한 빛과 하나가 되는 것이 명상입니다. 이 두 순수성은 하나입니다. 본래 그랬듯이 이 두 순수성은 비움을 만들어 냅니다. 그 비움에는 보탤 것이 없고 도리어 이름과 형상, 주제가 되는 것, 그리고 본질을 제거해 버립니다. 성경은 여기에 대해서 "오후 산들바람이 불 때에 하느님께서는 아담과 함께 낙원을 걸으셨다."라고 간단하게 말하고 있습니다. 오후, 창조된 날의 빛이 기우는 때였습니다. 바람은 불고 싶은 데로 불어 아무도 그 방향을 모릅니다. 그런 바람의 자유로운 비움 안에서 하느님과 사람이 소리나 동작이나 어떤 형태의 말도 없이 함께 있습니다. 그것이 창조의 의미요 낙원의 의미입니다. 그러나 거기에는 더 많은 것이 있었습니다.

하느님의 말씀은 '모든 창조물의 맏물'이셨습니다. 모든 것을 품고 계시는 하느님께서는 오후에 시원한 바람을 쏘이시며 사람과 함께 산보만 하신 것이 아닙니다. 당신 자신이 사람이 되셨고 또 형제로서 사람과 함께 사셨습니다.

주님께서는 아버지로서 당신의 창조물을 사랑만 하신 것이 아닙니다. 주님께서는 마치 하느님이 아니고 피조물인 것처럼 당신을 비우시고 그리고 당신을 감추시고 피조물 안으로 들어가셨습니다. 왜 이렇게 하셨을까요? 당신의 피조물을 사랑하셨기 때문입니다. 주님께서는 당신의 피조물들이 당신을 단지 거리가 있고, 멀리 떨어져 있으며, 초월적이며, 전능하시기 때문에 찬미하는 것을 참으실 수 없었기 때문입니다. 하느님께서 찾으시는 것은 영광이 아니었습니다. 주님께서 단지 위대하신 분으로서만 찬미를 받으시면 피조물들도 따라서 자기 자신을 위대하게 만들 것이며 서로 다른 사람 위에 군림하려고 할 것이기 때문입니다. 하느님께서 계시는 곳에는 자신을 왕으로 만들고 또 지배자로 만드는 하느님 같은 사람들이 있기 때문입니다. 하느님께서 자기 작품에 자만하는 훌륭한 예술가에 지나지 않는다면 사람도 도시와 왕궁을 짓고 자기의 영광을 위하여 다른 사람들을 착취할 것입니다. 이것이 바벨탑 전설의 의미이며, 교수대를 만들어 놓고 거기에 원수의 목을 매달고 '하느님 행세'를 하는 탑을 세운 사람들의 의미입니다. 그들은 하느님을 가리키며 이렇게 말할 것이기 때문입니다. "하느님도 위대한 건축가입니다. 하느님도 당신의 원수를 모두 멸하셨습니다."

하느님께서 말씀하셨습니다. "나는 나의 원수를 비웃지 않는다. 누구도 나의 원수가 될 수 없게 하기 위해서이다. 그렇기 때문에 나는 내 자신이 나의 원수의 숨겨진 자아와 하나가 된다."

그래서 하느님께서는 사람이 되셨습니다. 하느님께서는 사람의 약점과 평범함을 취하셨습니다. 알려지지 않고 대수롭지 않은 사람이 되시어 시시한 곳에 당신을 숨기셨습니다. 하느님께서는 사람들의 지배자나 왕, 지도자, 개혁가가 되는 것, 당신의 창조물보다 어떤 형태로든 더 우월해지는 것을 항상 거부하셨습니다. 하느님께서는 사람들의 형제요 상담자요, 그들의 종이며 친구일 뿐입니다. 어떤 인간적 기준에서 보더라도 그분은 중요한 인물이 아니셨습니다. 비록 그 이후 우리가 그분을 가장 중요한 분으로 만들긴 했지만 말입니다. 하지만 그것은 또 다른 문제입니다. 하느님께서 우리 모두의 왕이시며 주님, 죽음의 정복자, 산 이와 죽은 이의 심판관 그리고 '전능하신 우주의 주님'이시기는 하지만, 또한 숨겨져 있고 알려지지 않았으며 대수롭지도 않고 상처받기 쉬운 '사람의 아들'이셨습니다. 그분은 죽임을 당하실 수도 있습니다. 사람의 아들이 죽임을 당하셨을 때에 그분은 죽음에서 다시 살아나셨습니다. 그리고 다시 우리와 함께 계셨습니다. 그분이 "나를 죽이시오. 아무래도 괜찮습니다." 하고 말씀하셨기 때문입니다.

주님께서는 이미 돌아가셨기 때문에 다시는 당신 친히 죽지 않으십니다. 그러나 하느님께서는 사람이 되시고 당신을 사람의 본성과 일치시키셨기 때문에, 사람을 위하여 죽으셨고 죽음에서 다시 살아나셨기 때문에 모든 사람의 고통이 당신의 고통이 되게 하셨습니다. 사람의 나약함과 무능력은 당신의 약함과 무능력이 되었고 사람의 비천함은 당신의 비천함이 되었습니다. 그러나 그와 동시에 당신의 능력과 불멸성, 영광과 행복을 사람들에게 주셔서 그들의 것이 되게 하셨습니다. 따라서 사람이신 하느님께서 그래도 위대하시다면 그것은 하느님께서 위대하시고 능하시기를 원해서라기보다 우리를 위해서입니다.

장점과 약점, 삶과 죽음은 인간 삶의 불가피한 쌍대성雙對性일 뿐, 하느님과는 관계가 없고 하느님께서는 이들을 넘어서 당신의 초월적 일치 안에 머무십니다. 하느님께서는 우리를 당신과 하나가 되게 하심으로써 우리도 이 쌍대성 위로 높여 주실 것입니다. 우리가 하느님을 버리고 살고 소외되고 또 비현실로 유배된 그 덧없는 외적 자아에 악과 죽음이 영향력을 미칠 수 있다고는 하지만 우리가 하느님과 일치를 이루고 있는 진정한 내적 자아에는 절대로 영향력을 미칠 수 없습니다. 사람이 되심에 있어 하느님께서는 예수 그리스도만 되신 것이 아니고 또한 잠재적으로 모든 사람, 지금까지 있었던 모든 사람이 되신 것입니다. 하느님께서는 그리스도 안에서 '이 사람'만 되신 것이 아니고 보다 넓고 신비적인 의미로 또 진정으로 '모든 사람'이 되셨습니다.

창조주로서 이 세상에 계시는 하느님의 현존은 하느님께만 달려 있습니다. 사람으로서 이 세상에 계시는 하느님의 현존은 어느 정도 사람에게 달려 있습니다. 우리가 하느님 강생의 신비 자체를 바꿀 수 있다는 것은 아닙니다. 그러나 우리가 우리 자신과 우리에게 속한 이 세상의 한 부분을 하느님의 현존에 대해 '깨닫게' 하거나 그로 인해 축성되도록, 그리고 그 빛으로 변형되게 결정할 수는 있습니다.

우리는 두 신분 중에 하나를 선택할 수 있습니다. 하나는 진짜 같은 외적 가면, 이 세상에 있는 짧은 기간 동안 임시 자치권을 가지고 사는 외적 가면이며 다른 하나는 우리에게는 아무것도 아닌 것 같은, 그러나 자기가 존재하는 진리로 영원히 인도해 줄 수 있는 감추어진 내적 인격입니다. 하느님의 사랑과 성령이 그리스도의 신비로 데리고 들어가는 것은 내적 자아입니다. 그래서 우리는 신비스럽게 '그리스도 안에' 삽니다.

그럼에도 불구하고 '외적 자아'를 다룰 때 너무 부정적인 방법을 써서는 안 됩니다. 외적 자아는 근본적으로 악은 아닙니다. 외적 자아가 허울뿐이라는 사실이 외적 자아에게 어떤 범죄를 뒤집어씌우는 것은 아닙니다. 그것은 형이상학적으로 잘못된 것입니다. 불행한 모든 것은 동정을 받을 자격이 있습니다. 우리의 외적 자아의 경우도 그렇습니다. 그릇된 신념으로 자기를 소외시키지 않는 한, 외적 자아도 그리스도의 자비와 사랑의 축복을 받습니다. 드러나는 모습이 있는 그대로 받아들여집니다.

　보잘것없고 덧없는 존재의 부수적인 것들도 말로 표현할 수 없는 가치를 가지고 있습니다. 그런 것들은 우리가 이 세상에서 하느님의 현존을 깨닫는 데 투명한 매개체가 될 수 있습니다. 외적 자아는 가면이라고 말할 수 있습니다. 그렇게 말하는 것이 반드시 그것을 비난하는 것만은 아닙니다. 사람들 각자가 쓰는 가면은 사람의 내적 자아에게만 가면이 되는 것이 아니라 당신의 피조물 안에서 순례하고 유랑하며 떠돌아다니시는 하느님께도 가면이 될 수 있기 때문입니다.

　진정으로 그리스도께서 사람이 되셨다면 그것은 어떤 사람이든, 모든 사람이 되시기를 원하셨기 때문입니다. 하느님 아드님의 강생을 믿는다면 신비스럽게 현존하시는 그리스도 안에서 우리가 마주할 수 없는 그런 사람은 이 세상에 아무도 없습니다.

　사람에게 중요한 것은 흔히 하느님께서 보시기에는 대단히 하찮은 것입니다. 우리에게는 '놀이'같이 보이는 것이 하느님께는 가장 소중한 것일지도 모릅니다. 주님께서는 당신 피조물들의 정원에서 놀이를 하시며 기분을 푸십니다. 중요하다고 생각하는 집념을 모두 떨쳐 버릴 수 있으면 우리는 하느님의 부르심을 듣고 하느님의 신비스러우면서도 우주적인 춤사위를 따를 수 있을 것입니다. 그 놀이, 그 춤사위를 흉내 내기 위해서 그리 많은 노력을 할 필요는 없습니다.

밝은 별이 비치는 밤에 혼자 있을 때, 가을에 철새들이 먹이를 찾으러 곱향나무 작은 숲으로 내려앉는 것을 우연히 볼 때, 아이들이 아름다운 모습을 보여 주는 것을 볼 때, 우리의 가슴속에 사랑이 있음을 알 때, 일본 시인 바쇼처럼 고요한 연못에 늙은 개구리 한 마리가 뛰어들어 텀벙 하고 물 튀기는 소리를 들을 때, 이럴 때에 깨우침, 가치관의 전환, '새로움', 비움 그리고 자신을 깨닫게 해 주는 순수한 시각은 우주적인 춤사위의 의미를 어렴풋이나마 알게 해 줍니다. 세상과 시간은 비움 안에서 춤추는 주님의 춤이기 때문입니다. 천체의 침묵은 결혼 축제의 음악입니다.

인생에 대한 잘못된 생각을 고집하면 할수록, 그 잘못된 생각을 이상한 결론과 복잡한 목적으로 분석하면 할수록 우리는 더욱더 슬픔과 모순, 실망에 빠져 들게 됩니다. 그러나 그것도 별문제가 되지 않습니다. 우리의 어떤 실망도 실재를 바꾸어 놓을 수 없으며 언제나 그곳에 있는 우주적인 춤의 기쁨을 훼손할 수 없기 때문입니다. 우리는 참으로 그 안에 있으며 그것은 우리 안에 있습니다. 우리가 원하든 원하지 않든 우리의 핏속에서 고동치고 있기 때문입니다.

우리가 의식적으로 우리 자신을 잊고, 거만한 권위를 바람에 흩날려 버리고, 모두 함께 어우러져 춤추는 데에 초대받았다는 사실을 잊지 마십시오.